互联网市场营销实战手记

舒腾杰　刘佳佳　著

北京大学出版社
PEKING UNIVERSITY PRESS

内 容 简 介

本书是网易、阿里巴巴前资深市场经理和中国传媒大学广告学博士联合创作的互联网时代广告营销创意指南。从新环境下广告营销的定义开始，结合作者自身的工作经历，解读了在移动互联网和社交媒体时代，如何建立品牌，如何进行定位，如何制作影视广告，如何进行跨界营销，如何用好娱乐资源，如何打造爆款"刷屏"，以及如何用营销思维升级自我，打造自我品牌。本书适合新入行市场营销行业人员，也适合各个创业公司的管理层阅读。

图书在版编目(CIP)数据

互联网市场营销实战手记 / 舒腾杰，刘佳佳著. —北京：北京大学出版社，2019.9

ISBN 978-7-301-30584-3

Ⅰ.①互… Ⅱ.①舒… ②刘… Ⅲ.①网络营销 Ⅳ.①F713.365.2

中国版本图书馆CIP数据核字（2019）第133666号

书　　　名	互联网市场营销实战手记 HULIANWANG SHICHANG YINGXIAO SHIZHAN SHOUJI
著作责任者	舒腾杰　刘佳佳　著
责任编辑	吴晓月　孙　宜
标准书号	ISBN 978-7-301-30584-3
出版发行	北京大学出版社
地　　　址	北京市海淀区成府路205号　100871
网　　　址	http://www.pup.cn　　新浪微博：@北京大学出版社
电子信箱	pup7@pup.cn
电　　　话	邮购部 010-62752015　发行部 010-62750672　编辑部 010-62570390
印　刷　者	北京大学印刷厂
经　销　者	新华书店
	787毫米×1092毫米　16开本　15.5印张　244千字 2019年9月第1版　2019年9月第1次印刷
印　　　数	1-4000册
定　　　价	49.00元

未经许可，不得以任何方式复制或抄袭本书之部分或全部内容。
版权所有，侵权必究
举报电话：010-62752024　电子信箱：fd@pup.pku.edu.cn
图书如有印装质量问题，请与出版部联系，电话：010-62756370

世界偶尔沮丧，但总归充满希望（代序一）

写序的时候，正值2019年年初，互联网行业开始大裁员。身边不少在一线互联网公司从事市场、品牌、公关工作的朋友，突然被通知"收拾东西回家"，尤其是许多30多岁背负着房贷的朋友，突然就不知道接下来的职业和生活之路该怎样走下去了。

绝大多数突然被辞退的互联网市场人都明白，自己每天起早贪黑地到公司上班：开会、写PPT、走流程、签合同、花掉手中大笔的市场预算，这样的工作看起来很充实、很有成就感，其实是一天天的重复工作，没有给自己带来任何进步，也没有对公司的业务发展起到显著的作用。在大部分的互联网乃至全行业的公司中，市场部门都是一个相对边缘且职责不清晰的部门；市场人都是看似重要、体面，却又会在危机到来之时被无情抛弃的群体。而造成这种现象的根本原因就是，绝大部分的市场人根本不具备基本的市场营销专业知识和技能，完全是凭借经验和领导的喜好进行工作。这就导致这些市场人根本不知道自己的真正价值是什么，也不知道自己的核心竞争力是什么。

市场人的真正价值是什么？绝不仅仅是写几篇公关稿、做几次活动，让领导们开心；也绝不是想办法"忽悠"消费者，促成短期内的销量和流量的提升。真正优秀的市场人，其核心价值是，帮助企业充分认识到自己的最大优势、建设长期稳固的品牌、获得长期稳固的收益。

市场人的核心竞争力是什么？不是会沟通、会写东西、认识一些媒体、会想创意，而是能够敏锐地洞察企业、消费者、市场行业的变化和发展，能为企业的商业问题提出创意性的解决方案，并且能整合资源，将方案落地实施。市场人应该是专业的，也应该是全能的。

我写作本书的核心目的就是，帮助刚刚入门的市场营销人轻松且系统地学习市场营销的常识，并且帮助他们认识到自己的核心价值，发现自己的竞争力。

我是广告学专业出身的，广告是市场营销中的重要部分，所以我算是半个科班出身。上学时候背过的很多理论，在工作好多年后才逐渐领悟其真正的含义。毕业后我折腾了很久，在著名的广告公司——奥美、麦肯写过文案，学习了经典的创意技巧；后来去了网易市场部，一待就是三年，其间帮助网易云音乐实现了从0到1亿用户的跨越；后来去了阿里巴巴，感受了阿里巴巴的营销流程管理；再后来又去了拼多多，学习了拼多多疯狂的社交裂变模式。最后，我开始创业，开了一家新型创意营销热店——"有为青年"，希望能帮助更多的年轻品牌，用更好玩的方式，实现品牌营销的效果最大化。

当然，我也喜欢写作。两年前，我运营过一个关于青年发展的公众号——"孤独的人不睡觉"，一度获得10万"粉丝"关注，但后来由于某些原因关停。好在我在知乎的账号"炸乌鸦面"还有将近5万的关注者，我也经常在那里写些有趣好玩儿的内容。不仅仅是关于市场营销的，还有关于世界的一切。欢迎你来和我一起探索这个偶尔令人沮丧，但总归充满希望的世界。

本书的绝大部分内容都将会围绕"如何创作最有效的内容"（例如，探寻写出"走心"文案的套路，策划"刷屏级"H5的方法，以及打造创意性公关事件的方法等）和"如何寻找最有效的媒介"（例如，如何选择可靠的社交媒体，如何进行媒介管理，如何发掘可靠的互联网广告平台等）展开。

如果你是一位互联网营销新人，可以在快速通读全书的基础上，有的放矢地选取自己感兴趣的部分进行深入研究。毕竟互联网营销是一个庞大、包罗万象、日新月异的行业，而这本书只是进入互联网营销世界前的一张导航图，指引你前往自己喜欢的方向。

舒腾杰

适度遵循传统，才能有中生新（代序二）

2009年夏末，我在读了7年广告后，开始了大学广告教师的新旅程，刚好遇到了正在读大学的舒腾杰，从我是他的导师，到后来他给我分享业界的变化，到今年正好十年。他是实战派中的思考者，在4A、阿里、网易、拼多多等企业中实践之余，不断地思考、写作、阅读、沉淀。我则是学院派里的观察者，在广告营销教学之余，也在广告行业开展社会服务。每每有新的感悟，我们便会邀请三五知己好友，在美食、美酒、美景中讨论广告与营销话题。

广告和营销走向专业化的历程，也是不断把理论带入实践，通过实践总结理论的过程。一手理论，一手实践，两手都要抓，两手都要硬。纵观广告学与营销学中的人物，从大卫·奥格威到杰克·特劳特，概莫如是。

李鸿章曾说过，中国处在三千年未有之大变局。这一看法被后来的中国近代史研究大家蒋廷黻给予极高的评价，认为这是19世纪中国人眼界最高、看得最远的一句话。今天的广告业也是如此。回想这几年来行业内的变化，诞生于1954年的戛纳国际广告节在2011年更名为戛纳国际创意节；成立于1917年，代表着广告行业最高水平的4A广告公司遇到了巨大的挑战，其生与死的问题成了热门话题。2013年，《哈佛商业评论》（增刊）刊发了题为《传统广告已死》的封面文章，风光了一百多年的广告行业一时间陷入了前所未有的焦虑和迷茫。

的确，广告的概念在模糊，广告的流程和工具在失去其原有的效力，甚至广告的知识体系也正在重构。但广告行业从来都不畏惧变化，挑战风险的能力是广告行业的基因。有效应对变革本身就是广告行业最为基本的要求。在变革时代，我们需要做的首先是明确哪些是变化的，哪些是未变的。对于变化的，还要弄清楚是什么变化，这些变化是由什么引起的。

基于此，这本书回应了两个问题：第一，如何让理论重新焕发出它应有的生命力，使其可以真正地帮我们发现问题、解决问题，让我们可以"站在巨人的肩膀上"思考；第二，如何让纷繁多变的广告与营销实践活动变得清晰，尤其在一些重要的命题中，如何做到游刃有余、应对自如。

形象地说，舒腾杰和我像是两个合作默契的厨师，我们收集诸如理论、广告与营销实践等"食材"，然后经过十年的不断"熬煮""晾晒"，最后摆盘上桌：市场营销基础知识、专业营销人必备的基本功、营销人的十八般武艺、移动互联网时代的营销新方法、跨部门沟通与营销项目管理、营销人的职业发展和打造自我品牌。这也是本书的目录与框架。

好了，十年磨一剑，大餐已经上桌，大家请享用。

刘佳佳

目 录
Contents

第 1 章
没有营销基础，如何迅速玩转互联网营销？
——市场营销基础知识大扫盲

第一节　市场营销到底是什么？什么是营销思维？　// 1

第二节　如何用市场营销的知识追到"女神""男神"？——广告、公关知识扫盲　// 9

第三节　基业常青的大公司，都是如何做营销的？　// 14

第四节　做营销，理性和感性哪个更重要？　// 24

第五节　"定位"是什么意思？它的来龙去脉与使用方法又是什么？　// 26

第六节　品牌到底是什么意思？如何从 0 到 1 构建品牌？　// 30

第七节　4P 原则与 4C 原则：营销行业的"牛顿定律"与"相对论"　// 36

第八节　大公司的市场营销部每天都在做什么？　// 43

第九节　究竟什么样的人能成为优秀的市场营销人？　// 47

第2章

从0到1建立一个伟大品牌
——专业营销人必备的基本功

第一节　市场调研：十分钟学会设计问卷、分析数据和洞察消费者　// 50

第二节　用户群体细分：如何准确地划分消费者群体　// 58

第三节　研究产品：如何迅速了解一个陌生的产品？　// 60

第四节　写好营销文案：看一遍就会用的商业文案写作技巧　// 65

第五节　创意到底是什么？如何提高你的创意水平？　// 76

第六节　理解媒体：深入理解传统媒体、新媒体、社交媒体　// 80

第七节　我的亲历案例：网易云音乐从0到1建立品牌　// 88

第3章

广告、公关、活动、跨界、爆款
——营销人的十八般武艺

第一节　拍摄和制作一部广告影片的基本流程　// 97

第二节　公关传播：学会公关稿件的基本写法，一天写出10篇公关稿　// 105

第三节　应对危机：以网易为例，如何做出教科书般的危机公关　// 112

第四节　线下活动：如何策划一次引起轰动的线下活动　// 119

第五节　运营微博、微信：掌握运营"套路"，轻松成为杜蕾斯第二　// 127

第六节　爆款文案：如何写出阅读量10万+的新媒体广告文案？　// 133

第七节　打造跨界营销：如何与别的品牌合作，实现1+1>2的效果？　// 140

第 4 章

让你的品牌"刷爆"全网
——移动互联网时代的营销新方法

第一节　社群营销：网易和拼多多是如何"刷爆"朋友圈的？　// 146
第二节　娱乐营销：如何让你的品牌与当红艺人产生联系？　// 153
第三节　饥饿营销：饥饿营销如何创造销售奇迹？　// 161
第四节　事件营销：如何在预算有限的情况下花小钱办大事？　// 168
第五节　效果营销：搞懂令人头大的一些概念　// 174

第 5 章

好好沟通，管好项目
——学会跨部门沟通与营销项目管理

第一节　学会沟通：与所有人顺利沟通的法则　// 185
第二节　管理好营销项目，避免反复加班　// 189
第三节　好创意都是碰出来的：如何组织一次不拖延的头脑风暴会议？　// 194
第四节　管理营销预算：不同的市场预算，分别能做什么类型的营销？　// 198

第6章

营销你的人生
——营销人的职业发展道路和打造自我品牌

第一节　成为CMO还是CEO？市场营销人的职业发展道路　// 203
第二节　营销人最为核心的能力：洞察力　// 209
第三节　如何营销你的人生、打造个人品牌？　// 215
第四节　优化你的简历和面试，获得知名企业的工作机会　// 220

附录

爆款营销案例深度分析

玩转消费者心理：蒂芙尼为什么要把一根回形针卖到1500元？　// 225
为什么LV的包卖得这么贵，还能让人心甘情愿为它的品牌付费？　// 229
视频广告片《啥是佩奇》为什么能一夜走红？　// 234

第1章 没有营销基础,如何迅速玩转互联网营销?
——市场营销基础知识大扫盲

第一节
市场营销到底是什么?什么是营销思维?

我从事与营销有关的工作已经六年多了,如果算上大学期间的专业学习,我和营销这件事相伴已然超过十年。在一个行业待了十年,倒也算不上特别资深,但总归有自己的一些理解。

在开始写这本书的几个月前,我收到一家互联网教育平台的邀请,开设了一门关于互联网营销的课程,和许多对营销感兴趣的年轻朋友有了非常深入的交流。他们中有的是名校市场营销或者广告学专业的学生;有的是非营销专业出身,却在一些创业型公司工作的职场新人。在和他们的交流中,我发现的一个最大的问题就是,他们对于市场营销的理解非常混乱。

没有系统地学过营销的人,会把营销过于简单地理解为"销售"或者"推广";而在名校学习过市场营销的人,又会把营销想得过于复杂——他们记下了太多高深的理论和生涩的名词,却不知道这些知识究竟有什么用。

几年前我曾为一家初创型的互联网公司做与广告策划有关的服务。在和这家公司的市场部门接触的过程中，我感到与他们沟通非常困难，他们很难表述清楚自己拍摄与投放广告片的目的和需求——他们只是觉得公司融资了、有钱了，所以要花钱。

在广告拍摄过程中，他们对拍摄制作过程更是一窍不通，导致工作大幅延期。后来我得知，这个市场部成员的平均年龄还不到25岁，而且大多是非营销专业的，来这里之前也没有从事过任何与广告营销相关的工作。他们加入这家公司市场部的理由只是想做互联网行业的工作，但不会技术，不懂运营（运营需要懂大量数据分析知识），也不懂产品（产品策划更难），所以只能做市场。

这是过去几年互联网行业市场营销岗位的招聘实况。过去几年，互联网行业的发展呈井喷式爆发，涌现出大量的用人需求，许多感觉自己没有一技之长但是"喜欢交流"的人加入了互联网公司的市场部门，导致整个互联网营销行业的水平参差不齐。

但是，从2017年下半年开始，随着互联网产业野蛮生长期的结束，以及线上流量价格的逐渐升高，许多互联网创业公司开始倒闭，互联网营销行业也随之开始洗牌。与此同时，由于竞争力的降低，大型互联网公司，如阿里巴巴、百度、网易等，也开始削减市场营销岗位，并且开始降低营销预算。这也导致许多市场营销人开始意识到危机，他们希望学习更多市场营销方面的知识。

市场营销之父——菲利普·科特勒在《营销管理》一书中写道，市场营销（Marketing）应当定义为，企业为从顾客处获得利益回报而为顾客创造价值并与之建立稳固关系的过程。

其实说得通俗一些，就是"我卖了你一个包子，满足了你对食物的需求，然后从你身上赚到了钱"。但是，很多的读者，尤其是学习过市场营销的人肯定会说，这不是一句废话吗？这确实是一句正确的废话。所以就有人提出了4P理论来解释市场营销（关于4P会在下一节中讲解）。但是，这些概念会让营销初学者感到一头雾水，所以我把这个定义稍加修改并添加了一些内容，更容易让大家理解。

（1）市场营销是一项工作：企业通过一切方式生产出满足消费者需求的商品，然后通过一切方式让消费者使用并认可，且赚取尽可能多的收益。

（2）市场营销是一种思维：企业在任何时候都要重视消费者的真实需求，注重在消费者心中的形象塑造，获取来自消费者的尽可能多的收益。

这是我对市场营销最简单直接的定义。可能这两句话不具有学术意义上的简洁的美感，但绝对可以帮助营销新人认识到他们到底在做什么，以及他们应该怎么做。下面我将结合自己的实际工作，来解释一下这两句话。

营销的基础工作：生产出满足消费者需求的商品

很多不理解营销的人，会把市场营销部门定义成仅仅是推广或销售的部门。但其实在类似宝洁这样成熟的消费品公司里，市场营销部门所负责的工作远远不止推广和销售。

宝洁（见图1-1）存在多个产品线和多个品牌，仅仅洗发水这一个品类就有飘柔、海飞丝、沙宣等品牌，不同的品牌又对应不同的产品。这些产品的开发可不是企业的研发部说了算，而是市场营销部门通过对消费者的长期洞察，并且经过一系列的调研，得出某个结论，比如说，"止屑洗发水"可能会很有需求。然后市场营销部门会为这款还在概念中的洗发水取名字，设计广告语，设计外包装，设计其最大的亮点（如特殊的气味或者功效），定价，制定销售的渠道，等等，最后提交公司高层讨论。

图1-1 宝洁公司

当高层决定开发后,才会由市场营销部门牵头将概念中的产品交给产品部门和研发部门,将其生产出来。换句话说,任何新产品开发的源头都应该来自于营销部和市场营销人。因为市场营销人与消费者离得最近,他们的本职工作就是发现和管理消费者的需求,而只有满足消费者真实需求的商品,才是真正有价值的商品。

在互联网公司里,市场部门应当更进一步地参与产品的策划、设计和迭代。比如,网易云音乐在2014年时曾经更新了一个叫作"歌词明信片"的新功能(见图1-2)。

图1-2 歌词明信片功能

这个功能很简单,就是用户可以选中几句自己喜欢的歌词,然后一键生成一张漂亮的类似明信片的图片。用户可以保存图片,然后通过微信朋友圈等方式将图片分享给朋友。但是像这样的功能,专业的产品经理(在互联网公司中负责策划和管理互联网产品开发的人员）其实是很难花大量时间考虑的，因为这些功能属于"额外的"或者说"看起来没有什么用"的功能。

产品经理策划产品功能，往往是基于实际的用户反馈，而用户本身不可能提出"我想让几句歌词变成明信片"这样的需求，他们更多的是提出对已有功能的升级反馈，比如"让软件打开的速度更快""让曲库量更大"之类的。所以，当时网易云音乐的市场团队通过全面的调研和深入的洞察，发觉了用户在听歌过程中发现好歌词时"激动得想分享"的心理，提出了"歌词明信片"的功能设想，然后邀请产品团队一起讨论落实这个功能。当时在"歌词明信片"功能上线之后，网易云音乐的主动分享量提升数倍，用户量也有了非常显著的增长。

营销学的经典 4P 理论认为，市场营销有四个核心的构成部分，分别是产品（Product）、价格（Price）、渠道（Place）、促销（Promotion）。

而"产品"毫无疑问排在了第一位。换句话说，一个企业发展起来的前提条件就是，它的产品足够好——这个"好"不仅仅是质量和技术上的好，更是指其要充分满足消费者的全方位的需求。

鼎盛时期的诺基亚有着全球最领先的生产技术，拥有手机行业 30% 以上的专利，能在全球铺设上千万家专卖柜台，还能每年花费上百亿美元的广告公关推广费用。无论从哪方面看，诺基亚公司都是遥遥领先于当时的苹果公司的，但苹果能在短时间内超越诺基亚，最重要的就是乔布斯拥有发现消费者真实需求的能力。

营销的主要工作：通过一切方式让消费者使用并认可商品与品牌

通过一切方式让消费者使用并认可商品与品牌，简单地说，就是做推广。这是占据市场营销人最多时间的工作，也是狭义上的市场营销。我接触过很多创业公司的 CEO，他们在组建市场营销团队的时候总会有一个困惑：他们知道市场营销部门的最终目标就是提高公司商品知名度，或者说是让公司的商品更好卖，但他们不知道如何去定义营销团队的具体职责，因此也就不清楚应该招聘有何种能力的员工。其实，所谓的做推广说到底就是两句话：创作最有效的内容；寻找最有效的媒介。因此，一个靠谱的市场营销团队，至少要具备以下两类人。

第一类：脑洞大、文笔好、审美水平高，负责研究消费者的需求和创作营销内容。

第二类：人脉广、情商高、会沟通，负责寻找合作方及媒体渠道并与其谈判。

这两类人往往代表了两种不同的能力方向，一种善于思考和创作，另一种善于沟通和管理。假设每种能力的满分是100分，那么一个市场营销人能在其中一种能力上达到80到90分，就已经非常出众了。当然，偶尔也会有人同时拥有这两种能力，并且都在80分以上，那他必定能成为大师级的市场营销人。然而现实的情况是，大部分的市场营销人在这两种能力上的得分都是不及格的。有些市场营销人觉得自己拥有全面的营销能力，会谈判、会沟通、会写文案、会做设计，但其实他们的全面是指全面的平庸。

因此，对于要招聘靠谱的市场营销人的CEO或者HR而言，需要记住的是，尽量招聘在某种能力上特别突出的"专才"，而不要招聘"全才"。对于想提升自己的年轻市场营销人而言，首先要明确自己重点努力的方向，是成为策略创意大神，还是成为协调管理大神？明确了方向，有的放矢地去学习，才能取得更快的进步。

营销的重要目的：赚取来自消费者的收益

现代广告营销之父、奥美公司创始人大卫·奥格威说过："一切为了销售，否则我们一无是处。"奥格威的意思是，一切广告、公关等营销工作，都是为了促进销售，而促进销售也就是为了赚取利润。在20世纪六七十年代，也就是奥格威写下这句名言的年代，任何企业的营销推广预算都需要经过严密的计算。许多企业都强烈希望，每投入一美元的营销费用，都能获得超过10美元的利润回报。

当然，在移动互联网时代，许多企业的商业模式比五六十年前的传统企业复杂得多。比如，微信、微博、QQ这些社交类App都是免费使用的，企业采取提供增值服务的方式赚取利润。许多新闻类App，用户长期使用不需要花一分钱，企业是通过引入广告商来赚取利润的。而像小米这样的企业，每卖一台手机的直接利润微乎其微，甚至是负数。它们更多的是通过"增值服务"和"广告收入"来获得利润。所谓"增值服务"，就是向部分消费者出售高客单价的服务。例如，小米手机上有各种各样的VIP机制，用户花钱开通VIP，可以玩到更多的游戏，看到更多的电影，获得更大的云端储存空间，等等。小米通过"增值服务"获得了大量的利润收入。而"广告收入"就是其他的企业在小米的平台上投放广告，并且支付给小米广告费用。例如，当小米卖出一亿台手机后，对于许多第三方品牌主来说，小米的手机系统就是拥有一亿个潜在消费者的超级大市场，他们非常愿意支付给小米巨额的广告费用来投放广告。小米通过"广告收入"，也获取了大量的利润。

所以，当今市场营销人需要关注的利润往往不再是真金白银的实际利润，而是"注意力"。一个互联网公司的产品，吸引的有效用户注意力越多，未来获得实际利润的可能性也就越高。值得注意的是，"有效注意力"才是真正值得关注的。什么是有效的注意力？比如，你给王者荣耀这款游戏做了一次推广活动，吸引了极大的关注度，但如果关注人群中绝大部分是不玩游戏的中老年人，那么你吸引的注意力就是无效的；而如果你做的活动吸引的都是爱玩游戏的人的关注，那么你吸引的注意力就是有效的。

作为互联网市场营销人，必须要时刻关注推广的有效性。2017年，百雀羚与微信公众号"局部气象局"合作，推出了一则有趣的长图文广告，并且"刷爆"了朋友圈，获得了1000万次以上的阅读量。然而，在这1000万人中，90%以上的人根本没有注意到这是一则广告，而注意到这是广告的人中也有大部分人根本不是百雀羚的目标消费者——最终，这则广告给百雀羚带来的销售增长微乎其微。关于有效性的问题，在本书后面的章节中还会有详细的讨论。

营销思维：洞察需求、塑造形象、获取利润

市场营销人的核心竞争力是什么？不仅仅要会写文案，会策划活动，会跟媒体沟通，还要具备一种"营销思维"。如果你了解经济学，你一定会听到很多人一直在说，学习经济学可以让你用"经济学家的思维"看待世界，从而极大地提升自我的竞争力。营销思维其实也是如此。

经济学思维告诉我们，一切人类行为的背后都是理性的博弈。营销思维告诉我们，一切事物的背后都包含着某些人群的需求。

1. 营销思维中最重要的一点是"洞察需求"

不懂得洞察需求的中低收入者，看到杭州安缦法云酒店（见图1-3）居住一晚要8000元，却连电视和无线网络都没有，觉得很不能理解。但其实这是因为别墅的目标消费群体是高收入者，他们的需求和中低收入者不一样，他们愿意选择花费高价去住安缦法云酒店，就是为了享受短暂的"与世隔绝"的放松感；而中低收入者住酒店看重的却是方便与舒适感。

图1-3 杭州安缦法云酒店（官网图片）

再如，许多一二线城市的白领会觉得拼多多上的商品虽然便宜，但质量参差不齐，鲜少有人会去购买。但其实拼多多满足了中国数亿在小城镇和农村生活的人的购物需求，而且他们的人数其实比一二线城市的白领多多了。也正因如此，拼多多才会迅速发展起来。

2. "营销思维"中的第二点是"塑造形象"

许多男生在追求女生的时候屡遭失败，很大程度上就是因为他们不懂得塑造形象。这些男生追求女生的方法很简单，如不断花钱买礼物、死缠烂打地表白等。但其实追求女生的关键就是改变自己：让自己更帅、更有修养、赚更多钱、更有上进心、更幽默、更聪明、更懂女生的心思，从而靠个人魅力吸引女生。做市场营销也是如此，关键不在于死缠烂打地让消费者来买东西，而是在消费者的心目中塑造专业、热情的品牌形象，从而吸引消费者主动关注和购买。

3. 营销思维中的第三点是"获取利润"

就像前面所探讨的，市场营销的最终目的是盈利，绝不能把营销做成不图回报的公益项目。而运用营销思维，也就意味着我们在生活中、工作中做每一个决策的时候，都需要考虑和分析这个决策所能带来的利益。

当然，这种利益不一定是直接的经济利益，也可以是让你"更快乐"的利益，让你"更有名"的利益，让你"更健康"的利益。利益不一定是短期的，也有可能是一段时间后才能显现出来的。总而言之，在分析要不要做一件事情的时候，必须先分析这件事情是否有利益。比如，我之前在做自媒体的时候，就经常有学生发来一些作业让我帮他们改一改，无论从哪个方面看，做这种事情对我而言都基本不存在利益。而在工作中，有时候上级让你做一项并不在你分内的工作，如果做得优秀，你就会有更多升职的可能性。这种事情就属于有着长期利益的事情，千万不要错过。

第二节
如何用市场营销的知识追到"女神""男神"？
——广告、公关知识扫盲

我大学时期所学的专业就是市场营销，后来又特意辅修了广告学和公共关系学。当年我学习市场营销，使用的教材就是菲利普·科特勒教授所著的《营销管理》，这是市场营销行业最知名和最全面的入门教材。《营销管理》中介绍了各种概念和企业案例，但事实上我们考试的时候，往往只是对其中的一些概念死记硬背，譬如"营销是什么""4P是什么"。我当然知道4P就是Product、Place、Promotion和Price，可是我完全不了解这些概念有什么用处，甚至连学校的营销学教授也不知道。所以，当时我是非常反感这些枯燥的知识的。

但随着在市场营销行业工作得越来越久，我逐渐从一个只会执行的新人成长为某些营销项目的负责人，甚至很多时候需要规划企业整体的市场策略、分配市场预算，我便越发感觉到基础营销知识的重要性。我听很多人说过，市场营销是一个入行门槛低，但竞争激烈、上升困难的行业，这是因为作为一个初级的执行者，只要听话、有耐心，就完全可以胜任市场营销的基础工作。但如若想快速升级，成为团队的负责人，甚至成为大型企业的 CMO（首席营销官），就必须具备丰富和坚实的市场营销知识。

接下来我用一个"高富帅"追求女生的故事，将市场营销的基本概念融入其中，在真实的情景中解释清楚营销的基本概念。

【第一幕】

故事发生在一所大学里，我们叫它"流星大学"。大四的男生小寺暗恋大二的女生小菜很久了，毕业前夕，小寺下定决心要大胆追求小菜，让小菜成为自己的女朋友。但是小菜在学校里是有名的校花，很多条件和小寺一样甚至比小寺更好的男生都想追求小菜。因此小寺必须好好准备。

小寺所准备的内容如下。

（1）了解小菜的个人爱好、习惯，以及她身边的人的情况，等等。（消费者调研）

（2）了解恋爱竞争者的情况，包括对方的优势、劣势等。（竞品调研）

（3）推导出小菜喜欢什么样的男生，喜欢什么样的追求方式。（洞察）

（4）通过调研和洞察，明确并突出自己追求小菜时的优势。（独特的销售主张）

（5）给自己一个区别于其他情敌的独一无二的形象，让自己在小菜的心中占有独一无二的地位。（定位）

消费者调研：对商品或者品牌的目标消费者进行详细的调研，目的是掌握目标消费群体的年龄构成、地域构成、职业构成、喜好、经济实力、文化信仰等。调研的结果将成为后续制订具体的营销推广计划时的重要参考。

竞品调研：对与商品或品牌存在直接或潜在竞争关系的商品和品牌进行调研，目的是掌握竞品的卖点、价格、市场策略等。直接竞争关系往往存在于同类商品之间，如可口可乐和百事可乐就是典型的直接竞争关系。潜在竞争关系存在于非同品类，却抢夺着同一消费群体、满足着类似的消费需求的商品之间，如外卖平台和方便面。

洞察：商业中的洞察是指，对目标消费者和目标市场对于商品的需求有着极为深刻的见解。例如，在100多年前，人们都认为自己需要的是更快的马车，但只有最会洞察的人才明白，人们需要的不是更快的马车，而是更快的交通工具，如果新的交通工具的速度可以高于马车十倍，马车就会立刻退出市场。

独特的销售主张（USP）：USP理论是20世纪50年代初美国营销大师罗瑟·里夫斯提出的，意思是，最有效的塑造品牌的方式，就是让消费者记住这个品牌独特的销售主张。比如，王老吉当年的USP就是"防上火"，劳斯莱斯的USP就是"豪华"，淘宝的USP就是"啥都有"。USP理论认为，一个品牌如果有太多的"卖点"，就会导致品牌定位混乱，不易于被消费者记住。

定位：定位理论来自于USP理论，是美国营销理论大师特劳特提出来的。定位理论是指，使品牌在顾客的心智阶梯中占据最有利的位置，并使其成为某个类别或某种特性的代表品牌。这样当顾客产生相关需求时，便会将该品牌作为首选，也就是说，这个品牌代表了这个定位。例如，可口可乐在消费者心中是"可乐"的代表；淘宝在消费者心中是"购物平台"的代表；王者荣耀在很多消费者心中是"手机MOBA游戏"的代表；iPhone在消费者心中是"智能手机"的代表。

【第二幕】

准备好了以后，小寺就要开始发起追求的攻势了。他决定先做如下三件小事情。（营销战役）

（1）根据调查和洞察的结果改造自己。（用市场思维打造产品，4P理论中的产品才是营销的核心）

（2）先和小菜身边的闺蜜、朋友、老师等搞好关系，让他们在小菜面前不

经意提起自己,给自己说说好话。(公关:让可信赖的第三方为你说话)

(3)每天去小菜必去的自习室给她送早餐。这样潜移默化地过了一段时间,小菜果然就注意到了小寺。(品牌开始有知名度)

营销战役(Marketing Campaign):企业为了达成某一阶段的销售目标或者提高知名度的目标,在某一阶段内围绕某一个主题,将各种营销方式(如产品优化、广告、公关、促销、事件营销等)进行组合,并且集中地推向市场。例如,淘宝每年的"造物节"就是一次营销战役。"造物节"的目的是进一步提高和维持淘宝的流量,淘宝不仅在线下将其打造成了一次大规模的活动,更在线上投放了大量与"造物节"有关的电视广告,还围绕"造物节"进行了许多公关活动。

4P理论:它不是一个方法论,而是一种市场营销思维。它告诉我们做营销首先要关注产品本身的品质是否过硬,产品是否能符合消费者的需求。其次要做好渠道的铺设,也就是要让商品能轻易地被消费者看到和买到。再次是商品的定价要在保证利润的情况下尽可能地与目标消费者的消费能力相匹配(如两款生产成本相似的手提包,LV的定价是两万元,而达芙妮的定价可能就是两千元)。最后才是策划有创意、好玩的促销活动、广告和公关事件。

公关:一种常用的营销方式,通俗点说,公关就是借助第三方,为商品和品牌"说话"。在国内,常用的公关方式就是媒体公关。例如,某商品要上市了,就会邀请一些媒体过来,为这个商品的上市做一些新闻报道——注意,从表面上看,新闻报道往往是看不出商业成分的。因此,媒体公关也就是企业利用媒体的权威性和公信力,为自己的商品或品牌"说话"。同理,还可以有政府公关、专家公关等,也就是让政府或者专家为商品和品牌"说话"。当然"说话"也有说好话和说坏话之分,要是媒体、政府和专家开始"说坏话"了,那就意味着企业遭遇了公关危机。比如,每年的"3·15"晚会,央视都会公布一批有问题的企业,这些被点名的企业就需要用各种方法去应对这一公关危机。

品牌和品牌的"三度":品牌是一个非常复杂并且争论很多的概念。作为市场营销的初学者，可以将品牌理解成一个使某企业的商品或服务区别于其他任何竞品的独特的系统。这个系统包含了这个商品独特的品牌名称、广告语、商标、颜色、音乐、设计特点、品牌故事等。比如，苹果公司的品牌系统包含名称（Apple）、商标（被咬了一口的苹果）、设计特点（极简主义）等。这一系列的元素组合在一起，就形成了某个品牌的品牌系统。

品牌的"三度"包括知名度、美誉度和忠诚度。知名度也就是这个品牌被多少人知道。比如，20年前，几乎没有人知道刚诞生的阿里巴巴，但今天几乎所有人都知道阿里巴巴，阿里巴巴的知名度在20年间有了极大的提升。美誉度就是有多少人喜欢这个品牌。比如，2008年，汶川地震发生以后，王老吉捐款一亿元，这让许多人当时非常喜欢王老吉，王老吉的品牌美誉度大大提升。忠诚度就是人们对一个品牌的认可度和忠实度。比如，苹果公司有一大批的"果粉"，无论苹果出什么产品，他们都会第一时间购买；网易云音乐和哔哩哔哩也有一大批"忠粉"，无论发生什么，他们都不会去用其他的竞品。

【第三幕】

小寺决定进行下一步行动。

他找了三个朋友故意在很多地方和小菜作对，甚至差点打起来。这时小寺突然出现，挺身而出，英雄救美。（事件营销）

围观群众纷纷拿出手机拍照，并发到了朋友圈。（事件营销的目的是分享传播）

经过这次事件以后，小菜对小寺的印象加深了很多，但她还是没有答应和小寺在一起。

这时小寺的生活费到账，他买了学校广播电台和电视台的广告，向小菜进行表白："小菜小菜，我喜欢你！"（广告）小菜一听，感动极了，终于答应和小寺在一起了。

事件营销：最近几年新出现的概念，本质就是将可以安排的营销事件以一种突然、不经意、真实的方式表现出来。其实，事件营销这个概念虽然新，但有着很悠久的历史。1914年巴拿马的万国博览会上，北洋政府派出的中国代表团将展台上的茅台酒"不小心"摔到了地上，顿时酒香四溢，一时间吸引了大量游客的关注。改革开放初期，海尔当时的总经理张瑞敏在北京中关村的街头"怒砸"几十台质量不合格的海尔冰箱，一时间吸引大量群众围观，很多媒体也开始报道，使得海尔电器的知名度和美誉度都大大提升。

广告：我们非常熟悉的一个概念，是指企业主通过大众媒体直接向消费者传递商品或品牌信息。广告和公关不同，广告是以企业的名义，借用大众媒体的平台，向消费者直接宣传商品；而公关是以媒体的名义去进行报道，在报道中植入企业的商品信息。比如，伊利在中央电视台一套买了30秒的广告时间，用来播出伊利的宣传片，这就是广告；而如果伊利邀请一些媒体来自己的公司参观，然后这些媒体回去后做了一档新闻节目，把在伊利公司参观时的所见所闻放在了新闻节目里，那就是公关。

事实上，能将上面这几个市场营销的基本概念理解透彻，就算是对市场营销有了基本的了解，或者说已经入门了。本书的后面几章其实就是对这些基本概念的扩展。

第三节
基业常青的大公司，都是如何做营销的？

成功的大企业有各自不同的优势，比如说，有些公司擅长产品的设计，有些公司擅长核心技术的开发，还有些公司擅长分销渠道的把控和建设。但无论如何，他们有一个共同点，就是始终用市场营销的思维去管理整个公司的运作。像可口可乐、宝洁、联合利华、卡夫这种典型的快消品500强公司，他们每年在中国招聘的应届生中，有80%以上都是所谓的营销经理的岗位。对于营销经理来说，每天的工作主要可以分为以下三部分。

第一部分，通过大量的用户调研去决定是否要开发某一款新产品。

第二部分，寻找消费者能接触到的并且购买意愿很强的渠道。

第三部分,打磨创意广告和公关事件。

对于那些老牌的快消品公司来说,他们的产品本身可能相当长的一段时间内都不会发生改变,所以他们取得业绩增长的关键方法在于,开展五花八门的营销活动,铺设新的营销渠道,赋予老产品新的营销价值。

在这些快消品公司中,最值得市场营销人津津乐道的无疑是可口可乐和宝洁公司。这两家公司发展迅速,遍布全球,原因之一就是运用了非常出众的市场营销策略。

1886年,可口可乐公司在美国的亚特兰大诞生。可乐是制药师约翰·彭伯顿无意中制造出来的。当时他喝了一口可乐,感觉味道棒极了,因此他觉得这种神奇的黑色小饮料肯定非常有市场。

后来,彭伯顿的朋友——罗宾逊为这款神奇的饮料确定了名字,叫Coke-Cola(见图1-4),并且将这款饮料定义为"可以提神的健康饮料"。这是世界上非常早的使用定位思路去定义一款商品的营销行为。

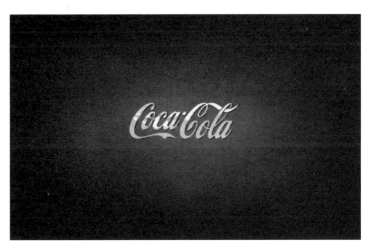

图1-4 可口可乐

在这之后,罗宾逊购买了亚特兰大最大的广场上的巨幅广告牌,第一次打出了"夏日畅爽"这样的广告标语。又过了几年,阿萨·坎德勒全资收购了可口可乐的全部股份,并且将可口可乐的外包装——经典的小瓶子——进行了视觉上的统一化处理。坎德勒在那个时候就意识到了,产品本身也是一种传播媒介。此外，坎德勒进一步加大了对可口可乐的广告投放（见图1-5）。到1900年，可口可乐在美国的广告预算已经达到了10万美元，按照美国当时的购买力，10万美元相当于今天的10亿美元。

图1-5　可口可乐的巨幅广告

有人做过一个粗略的统计，可口可乐从诞生至今，在全球所花费的广告费，相当于三个非洲国家一年的GDP之和。可口可乐作为全球最大的广告主，在一定程度上影响了全球广告行业的发展。许多经典的广告作品都是以可口可乐为原型创作的。现如今，可口可乐已经不仅仅是一种饮料，更是一种美好的、年轻的、流行的生活方式的代名词。

再来看宝洁公司，它是世界上第一家在同一品类里开创了多品牌运营，并且取得了巨大成功的公司。市场营销行业里有一句话——宝洁是市场营销行业的黄埔军校。确实，我之前在阿里巴巴和网易工作的时候，发现阿里巴巴和网易的许多高管都来自宝洁，可见宝洁有一整套非常独特且完善的营销训练。

宝洁开创了一个新的营销名词，叫作"多品牌管理"。说得通俗一点，就是宝洁将整个大的市场划分为若干个小的细分市场，然后为每一个小的细分市场提供它们特有的产品，去满足这个细分市场中特有的需求。

举个例子，宝洁发现，有些人的发质比较干枯，有些人的发质比较油腻，有些人可能白头发比较多，有些人可能头皮屑比较多。不同人群对于洗发水有不同的诉求点，于是宝洁就根据这些不同的诉求点推出了不同的产品，如去屑的海飞丝，使头发柔顺的飘柔，女性专用的潘婷，专业发廊使用的沙宣，等等。正是这种多品牌的营销策略，帮助宝洁的洗发水在全球的洗发水市场上占据了一半以上的销售额。

这种多品牌管理的策略，在实际执行时是非常困难的。因为这些品牌同属于一个大的集团体系，在很多时候，不可避免地会出现相互竞争、相互抢夺广告资源、相互抢夺营销预算的情况，并且由于这些品牌各自的定位不同，其对集团的利润贡献肯定也是不一样的。因此，如何解决这些品牌之间的冲突，让这些品牌实现合作共赢，共同为宝洁集团的整体利益做贡献，成了每一个宝洁的市场营销人要思考的终极问题。

许多来自宝洁的营销人，他们对如何制作一支广告，编辑一句广告标语，拓展某一个渠道，都有自己独特的经验。很多时候他们会去思考问题，会站在更高的角度，也就是公司管理层或者集团战略层的角度去思考营销问题。也正是由于这一特质，使得宝洁出来的营销人，能够在各大公司担任营销高管。因为作为一名宝洁的营销人，他们所要思考的问题绝不是如何去投放好一支广告，而是如何站在更高层级的战略角度去思考，如何用营销的思维体系去改造整个公司。

还有一家大公司——耐克，它给自己的定位是一家运动产品研发公司。我之所以想介绍耐克，是因为耐克从创始一直到现在，都保持着一种非常独特的营销传播策略，就是将耐克塑造成流行文化的一部分（见图1-6）。

很多人都看过《阿甘正传》。在《阿甘正传》里，阿甘买到了耐克推出的第一双慢跑鞋。那个时候正是美国"垮掉的一代"运动的后期，许多年轻人渴望从这种颓废的文化环境中解脱出来，重新追求世俗上的成就。耐克就是在这时候开始进军市场，并且推出了经久不衰的广告语：Just do it（见图1-7），用来鼓励当时的年轻人，想做就做。

图1-6　耐克在足球场的广告

图1-7　耐克的广告语——想做就做

例如，耐克从创始之初就开始赞助NBA的顶级球星们，将耐克与20世纪90年代风靡美国青少年群体的篮球文化绑定在一起。又如，耐克将自己与美国的嘻哈文化也绑定在一起，美国的多位嘻哈歌手都成了耐克的代言人。

而像乔布斯所创立的苹果公司，更是一个将营销理念运用到极致的公司。当时有一个传闻，说乔布斯重返苹果之后，就把公司市场调研部门的所有员工都开除了。于是就有许多人指责乔布斯这样做是独裁主义，是不重视市场营销的价值。但恰恰相反，乔布斯在开除所有市场营销部门员工的同时，强调市场营销是一个公司的核心业务，而不应该是某一个部门、三四个人所做的一件工作。他要求公司的所有人，哪怕只是一个程序员，都要在进行工作之前，想一想自己所做的工作能给用户带去什么样的价值，能满足他们什么样的需求。

只有将市场营销的思维贯穿整个公司，这家公司才有可能变成一家真正的市场营销导向的公司。之所以说乔布斯是一个营销天才，不仅仅在于苹果公司的广告做得有多么厉害，还在于乔布斯深刻地洞察到了用户本质的需求。

福特汽车的创始人福特说过一段话：

一般的市场营销人，当他发现消费者抱怨马车太慢的时候，会想办法制造出更快更舒服的马车。但只有真正的天才级别的营销大师，才会发现用户根植于内心的真正需求，然后抛弃制造马车的思维框架，去开发比马车快十倍、百倍的汽车。

无论是乔布斯还是福特，都是天才级的营销大师，因为他们非常敏锐地发现了潜藏于用户内心深处的需求，而不仅仅是流于表面的需求。

乔布斯除了善于洞察用户需求之外，还善于塑造品牌个性。20世纪80年代后期，无数市场调查表明：在美国的个人电脑市场中，各家公司、各种型号的个人电脑的竞争已经非常激烈。在那个时候，英特尔创始人之一——戈登·摩尔所提出的摩尔定律（在价格不变的前提下，个人电脑的性能每18个月就会翻倍）已经在个人电脑市场得到了验证。

在这种情况下，乔布斯非常敏锐地洞察到，未来个人电脑市场会出现非常严重的同质化，苹果必须研发出具有独特性的产品。1984年1月24日，苹果发布了第一款麦金塔电脑，也就是现在流行的 Mac 的前身。麦金塔电脑和当时其他电脑的不同是，它有非常时尚和简约的外观，以及更"傻瓜式"的交互体验。但是麦金塔电脑也有一些在当时被人们所不理解的缺陷，就是它所运行的全部程序与当时主流的个人电脑品牌，如 IBM 和惠普，完全不兼容。

当然，这是乔布斯的刻意为之。乔布斯认为，在一个即将同质化的市场中，只有做得足够不一样，才不会被淹没。和这款划时代的产品同时推出的，还有苹果经典的"1984"电视广告。

苹果的这支广告被称为 30 多年来科技圈最经典的电视广告，没有之一。这支广告是根据乔治·奥威尔的经典政治小说《1984》改编的，小说描述了一个在集权社会下，人们的思想和行为被控制，每天必须向屏幕中的老大哥汇报自己思想状况的现象。乔布斯把当时占据美国个人电脑市场最大份额的一些企业——尤其是 IBM——比作奥威尔笔下的老大哥，从而讽刺以 IBM 为首的美国个人电脑市场非常传统、保守、古老，已经不能适应新时代的发展需求。

这支电视广告，前半段是一大群面无表情的人坐在一个电影院里面，看着老大哥在屏幕上向他们训话，然后突然有一个挥舞着锤子的身姿矫健的年轻女性冲进了电影院，她转动身体，用力将手上的锤子砸向屏幕，屏幕被砸碎了。这个时候，这支广告打出了字幕："Apple computer will introduce Macintosh. And you'll see why 1984, won't be like '1984'."言下之意就是，现实中的 1984 年之所以没有变成奥威尔笔下恐怖的 1984 年，都是因为苹果推出了麦金塔电脑。

应该说这支电视广告不仅充分地暴露了乔布斯希望颠覆整个计算机行业的野心，还使得苹果的整体形象一下子与其他个人电脑区分开了。从那时候开始，苹果拥有了所谓的"果粉"。也正是因为这支电视广告的播放，使得当时的许多年轻人认为，苹果不是一家冷冰冰的计算机开发和研究公司，而是整个美国青年文化潮流的引领者。

可惜的是，天才般的乔布斯并没有被当时的苹果董事会所理解。虽然乔布斯为苹果赢得了极好的口碑，但由于他所研发的电脑和当时市场上的主流电脑并不兼容，并且不便宜，因此导致麦金塔的短时销量一直萎靡不振。苹果董事会一怒之下将乔布斯开除了,直到将近10年后,乔布斯才重新回到苹果。而乔布斯重新回到苹果之后,做的第一件事情就是重启他的麦金塔系列,并且推出了苹果历史上第二支经典的广告:Think different。这支电视广告无论在艺术创作上,还是在广告的展现形式上,都非常经典。

广告由乔布斯亲自配音,翻译成中文后内容如下。

致疯狂的人:

他们特立独行,他们桀骜不驯,他们惹是生非,他们格格不入,他们用与众不同的眼光看待事物,他们不喜欢墨守成规,也不愿安于现状。你可以认同他们,反对他们,颂扬或是诋毁他们,但唯独不能漠视他们,因为他们改变了寻常事物。他们推动人类向前迈进,或许他们是别人眼里的疯子,但他们却是我们眼中的天才。因为只有那些疯狂到以为自己能够改变世界的人,才能真正改变世界。

这段文案哪怕放在今天,读起来都让人感到莫名地激动,让人对苹果这个品牌产生强烈的好感。这就是极致的用户洞察,天马行空的创意,以及优秀的文案撰写能力——当任何一个营销案例、广告案例在用户的洞察上,在创意的策划上,以及在最后的落地执行上,都能达到一个非常高的标准时,这个营销案例就必定会成为经典。所以说,我们在通过案例学习广告营销的时候,应该花大量的时间去阅读,揣摩这些经典营销案例背后的洞察力和逻辑。

通过这两则广告,苹果公司在全球科技圈的独特地位就形成了。当然,苹果公司优秀的营销能力不仅仅是广告打得好那么简单。真正厉害的、以营销为导向的公司,不仅能洞察到最前沿、最深入的用户需求,还能将自己的理念通过非常艺术的方式传递给所有人。

乔布斯对品牌形象的强烈追求反映在苹果的各款产品上:苹果的任何一款产品,无论是iPhone、MacBook还是iPad,都保持着统一的、极简的、识别性极强的外观。苹果的官方网站和线下体验店、苹果在户外的各种广告,甚至苹果的各种广告文案,都有着非常显著的苹果风格。这就是所有品牌管理理论中所强调的最基本的一点——如果你想让自己的品牌与其他品牌区分开来，请一定要让你公司的所有资产都保持显著的一致性。

这句话虽然看起来比较简单，但国内大部分公司的管理者在开展实际业务的时候，都会把这句话抛在脑后。他们会随随便便地改 LOGO，或者根据个人喜好随意地更改广告语，随便请一些艺人来担当品牌代言人，这种行为是很常见的。甚至一些所谓的品牌管理专家，哪怕他们能够熟背品牌管理的原则，但当他们置身于实际的业务中时，就会忘记这条最基本的品牌管理原则**——把你所管理的品牌中的各个要素都统一起来，不要轻易地改变它们。**

美国通用电气前 CEO——杰克·韦尔奇说过，"要想让你的品牌让全世界都知道，方法只有一种，就是在未来的 30 年内不要更改品牌的标志和标语"。

前文讲到的 4 家国际知名大企业各自的营销方法用一句话就能概括，内容如下。

可口可乐（见图 1-8）的营销思路是，让它成为全球流行文化的一部分。

图 1-8　可口可乐公司 LOGO

耐克公司（见图 1-9）的营销思路则是，追赶最流行的年轻文化。

图 1-9　耐克公司 LOGO

宝洁公司（见图 1-10）的营销思路是，将一个大市场分成若干个小市场，对每一个小市场中的用户群体进行深入的研究和洞察，针对每一个小市场中的用户需求，开发独特的产品和品牌，然后对这些品牌进行整合性的管理和运营。

图 1-10　宝洁公司 LOGO

苹果公司（见图 1-11）的营销思路是，将自己的产品和品牌理念与自己所在行业中的绝大多数产品区别开来，成为这个行业中最为特立独行的"不安分子"。

图 1-11　苹果公司 LOGO

应该说，这 4 家公司的营销思路，已经包含了绝大部分基业常青的企业的营销方法。这些不同的营销思路其实还有一个更加本质的相同点——他们都在真诚地对待和研究用户的真正需求，都是在真正地解决市场中消费者的需求问题。

所以说，真正用营销赢得世界的企业，不是因为它们有什么独特的技术能力，也不是因为它们这个企业有多么炫酷的话题，而是因为这家企业从上到下，都以消费者的需求为第一考核点。全公司的人都在想方设法地发掘市场的真正需求，并且不断提出更好的方案去满足这样的需求。这才是市场营销的思维，也是真正用市场营销思维武装自己的企业。古人所说的"精诚所至，金石为开"就是这个道理。明白了这些道理，才能让我们在学习具体的营销方法时，不至于陷入对"细节"的过度纠结。

第四节
做营销,理性和感性哪个更重要?

营销是科学还是艺术,这应该是历史上一个很著名的话题,基本上每隔一段时间就会有一些广告营销大师,或者是广告从业人员,抑或高校营销课程专业的老师站出来讨论一番。但是直到今天,这个问题仍然没有定论。

理性派

大卫·奥格威创办了奥美广告公司,是广告营销史上教父级的人物,他有一个非常推崇的人,叫克劳德·霍普金斯。克劳德·霍普金斯是美国广告史上著名的文案撰稿人和市场调研专家,因其对广告和营销的卓越贡献而被誉为"现代广告之父"。1908年时,他的年薪已经达到18.5万美元(相当于现在的1730万美元),这还不包含他所获赠的股票价值。即使在今天,这个收入也绝对"秒杀"绝大多数广告公司的执行创意总监或者超级甲方的市场总经理。他有一本著作叫《科学的广告》,大卫·奥格威说:"**如果不把这本书读7遍以上,是不能去做广告的,它改变了我的一生。**"有兴趣的读者可以读一下这本书。

克劳德·霍普金斯坚持认为,广告营销就是一套科学的调研测试的方法,他特别反对那种强调广告是艺术的说法,也特别反对只是为了博眼球而不能带来直接销售转化的广告。霍普金斯深刻地影响了大卫·奥格威,大卫·奥格威曾给奥美广告写了一条"使命":**一切创意为了销售,如果没有销售,我们便毫无价值。**

霍普金斯尤其注重广告投放测试,他从来不会在一种洞察或者猜想上花费太多的金钱。在投入大量广告之前,他会比较几十个甚至数百个广告,然后挑选出效果最好的广告。之后他还会不断地对其他广告进行小范围测试,以发现更好的广告。为了知道哪个广告创意更能打动消费者,他曾经在某个主题上测试了56个系列广告。可以说,克劳德·霍普金斯是绝对的广告理性派,他能取得如此大的成就,和他科学严谨的调研测试方法密不可分。

感性派

美国纽约有一个广告营销人的圣地,就是麦迪逊大道。有一个创意大师,被称为麦迪逊大道上的疯子,他就是乔治·路易斯。乔治·路易斯在大卫·奥格威的广告模式大行其道的年代是一个十足的叛逆者,他反对惯例,藐视趋势,他认为广告是打破成规的艺术,而非建立定律的科学。这个叛逆的广告人曾经为了抗议客户否定他的创意,差点从写字楼的窗户跳下去。

乔治·路易斯向往的是能脱离奥格威式循规蹈矩的文案和不痛不痒的创意。他坚持认为广告是一门艺术,而非是一门技术。他有句名言是,"伟大的创意不能够被测试,只有平庸的才可以"。他认为广告归根结底是一门艺术,它来源于直觉和本能,更重要的是天赋,广告没有法则,它需要的是灵活的思考,无中生有、天马行空的创意,才是广告的生命之基。这和霍普金斯的理论完全相反。然而,就是这个当时被自己的老板认为是疯子的广告人,创造了广告史上的一个又一个传奇。

1960 年,路易斯离开 DDB 广告公司,创办了 PKL 广告公司。2 年后,PKL 成为历史上第一家上市的现代广告公司,5 年后营业额突破 4000 万美元,相当于现在的 10 亿美元。要知道,奥美在中国 2015 年的总营收也就 10 亿人民币。这让我想起了广告营销圈的另一位大师,他做创意的方法就是把所有的员工都关到一间全封闭的会议室里面看简报,不能看手机,不能喝水,不能上厕所,然后必须在规定的时间内想出一定数量的创意,如果想不出,员工甚至要互相惩罚,有点像现在房地产中介惩罚业绩不达标的员工。这个营销大师非常出名,在世界杯期间也出了很多作品,这些作品有的被夸奖,有的被批评。但是不管怎么说,他的每个作品几乎都能吸引人的眼球,引发讨论。

回过头来说,营销是科学还是艺术,这个争论有点像《笑傲江湖》里面讨论剑宗和气宗谁更厉害一样。举个更贴近我们生活的例子——电影是商业还是艺术。电影究竟是一个商业主导的东西,还是一个艺术主导的东西,这很难用一句话讲清楚。文艺片导演应该会坚持认为电影是一门艺术,它是表达导演思想的一个载体。但是像好莱坞的一些大片的导演,或者说中国香港的一些商业导演,他们应该会认为电影是一个以商业为主导的东西。毕竟电影不像书法、绘画、写诗、写文章那样，可以一个人独立完成，电影是工业时代的一个产物，它需要很多技术工种来共同完成。可以说从某种意义上来讲，广告和电影其实是一样的，既是一门科学，又是一门艺术。

王朔有一部作品叫《一半是海水，一半是火焰》，我觉得这句话对于广告学来说同样适用。营销是一门文科、理科、艺术交叉的学科，我们应该用理性的思维去调研市场、分析数据，去做有逻辑的推理，然后用感性的思维把它变成富有情感的文字，去洞察用户的内心，最后再用艺术的手段把它加工成更容易被大众接受、更适合媒体传播的形式。

不管是克劳德·霍普金斯还是乔治·路易斯，他们本身就是万中无一的天才。对于天才来说，不需要面面俱到，只要有一个长板足够长就能"打遍天下无敌手"。就像剑宗和气宗，无论把剑宗修炼到极致或者把气宗修炼到极致，都可以笑傲江湖。而对于我们这种普通人来说，还是要尽量做到理性和艺术相结合，气宗和剑宗均衡修炼，才能在营销这个江湖走下去。

第五节
"定位"是什么意思？它的来龙去脉与使用方法又是什么？

什么是定位？在市场营销领域，**定位就是赋予企业、品牌或者商品一个独一无二的、区别于市场上其他竞争品，并且满足消费者真实需求的身份**。要注意，定位不一定等于广告语，定位是一种对商品独特性的描述，而广告语是对商品独特性描述的文学表达。

定位理论最早产生于20世纪50年代的美国，那时候正是"婴儿潮"一代迅速长大成人踏入社会的时代，大量的同质化商品出现，妄图吸引迅速增加的消费人口。

在定位理论产生之前，大部分企业售卖同质化商品的策略就是打折、促销、低价，或者是不断开发新的广告媒介、不断投放广告。在那个时候，大部分的企业家、营销人依然认为，推销商品的核心在于低价，而广告的核心在于艺术。

当一个商品的价格比竞争对手的都低，广告比竞争对手的都有创意时，商品的销售就不成问题了。但价格战的后果就是大量的企业入不敷出，运转困难，最终导致商品所属的整个行业都陷入困境。同样地，一味追求创意而不是策略的广告，也必然导致大量的广告费用被浪费。因此，一些营销行业的探索者开始寻求更有效的营销方式。

1958年，达彼思广告公司董事长罗瑟·瑞夫斯就要求他的营销策划人员都要遵循独特的销售主张（Unique Selling Proposition，USP）原则，也就是充分挖掘商品(关键在于商品本身)的独到之处，并把这个独到之处作为广告传播的核心重点。USP的提出和运用，成为定位理论的基础。经典的USP应用案例有很多，例如，农夫山泉，其水质中的硒含量相对于其他矿泉水较多，因此会有一点点甜味，农夫山泉当时就特别强调产品的这一特殊点，让"有点甜"的概念家喻户晓。

1968年，定位理论的创始人杰可·特劳特加入了艾·里斯创办的营销咨询公司。正如马克思和恩格斯的合作是国际共产主义运动中伟大的友谊一样，特劳特和里斯的合作，也是营销行业发展历史中的伟大友谊。

1969年，特劳特和里斯在为很多企业客户服务的过程中，觉得有必要用一种最简单、最清晰的方式来表述里斯公司的营销方法论。特劳特在研究了大量资料后，以USP的"挖掘独特"方法论为基础，第一次提出了"定位"一词，并撰写了一篇名为《定位——同质化时代的竞争之道》的文章发表于商业杂志上。在这篇文章里，特劳特给出了定位的定义：所谓定位，就是要让你的产品、服务、品牌等在你的目标消费者头脑里有一个显著区别于其他竞争对手的认知，并且不断地去强化这一认知。

当时这篇文章为特劳特和里斯的公司带来了非常多的客户。定位理论解决了当时许许多多企业管理者的疑惑，举例如下。

（1）如何规划和定义产品？

（2）广告到底要传达什么信息？

（3）如何与消费者沟通？

（4）广告营销的终极目的是什么？

定位理论为这四个问题给出了它的答案。

问题（1）的答案：规划一个在已有品类内，但用户从未有过认知或者想象的产品，如第一代iPhone。iPhone属于手机的品类，但和过去的手机完全不一样。

问题（2）的答案：广告所要传递的信息就是产品最与众不同的特点。这里的"与众不同"，不仅指产品的物理特色，也指产品所包含的情感特色。例如，可口可乐的情感特色是"分享快乐"，而百事可乐的情感特色是"年轻时尚"。

问题（3）的答案：企业和消费者的沟通，不是单向式的灌输，而是双向式的互动，只有如同朋友一般的双向互动才能将认知植入消费者的大脑，如海底捞（见图1-12）。

图1-12　海底捞LOGO

海底捞其实在味道、价格方面并没有显著的优势，但它极为擅长与消费者的互动。消费者到店消费，无论提出什么样的需求它都可以满足，它还提供了专门的网站，让消费者在上面提出各种好玩的建议，让"吃火锅"不仅仅是单一的消费行为，也是消费者与企业的一种沟通。

问题（4）的答案：广告和营销的初级目的是实现直接销售，但它们的终极目的应当是建立消费者心智阶梯中独一无二的品牌，而建立品牌的目的，就是保证长期的稳定销售。比如，饮料市场上出现了各种各样的"爆款"饮料，但大部分饮料只是一夜走红，而后又迅速消失。这是由于它们都没有进行持续的品牌投入，没有在消费者心中建立独一无二的品牌，因此销量也是瞬间抬高又一落千丈。

定位是如何在企业中被应用的呢？

1971年，知名广告公司创始人大卫·奥格威提出了提升销售力的38个法则，他将定位排在了第一位，并且要求奥美的所有员工将定位理论的方法运用到策划和创意中。科学的广告营销时代终于真正来临。

20世纪70年代末，特劳特出版了《定位》一书，将过去10年间使用定位理论进行营销咨询的案例进行整理，并且归纳出了定位的核心要点：以"打造品牌"为中心，以"抢占消费者心智"为基本点。在之后的40年里，定位理论不断被普及。管理学大师彼得·德鲁克将企业的定位视为企业CEO要解决的最核心的问题。"战略五力模型"的提出者迈克尔·波特也将企业定位列为企业竞争力的核心。

20世纪90年代初，特劳特又写了《人生定位》一书。虽然有人说这是一本鸡汤味十足的成功学著作，但不可否认的是，如何定位自己的人生，是那个时代刚刚走向思想自由的年轻人亟需的精神食粮。

其实，定位的思维不仅要用在企业营销中，还应该应在我们的个人思考中。例如，在职场中，自己和他人的差异点在哪里，应当如何在老板和同事的心智中植入自己的形象；在恋爱关系中，自己应该是一个什么样的定位，应该在另一半的心智中展现一个什么样的形象。在自由的社会中，一个定位明确、个性鲜明的人，才有可能成为一个品牌，而当一个人成为一个品牌后，他便拥有了属于自己的人生。

那么，进行定位有什么具体的方法吗？简单来说有以下3种。

（1）成为细分品类的第一。比如，可口可乐是碳酸饮料中的第一，劳斯莱斯是奢华汽车中的第一，淘宝是C2C电商中的第一……先划定一个细分的领域，然后成为这个领域中的第一，是最为常用且高效的定位方式。

（2）创造一个新的品类，成为这个品类的开创者。如果你发现已有的行业品类中实在没有适合自己的，那就自己创造一个品类。比如，苹果开创了智能手机，并且成为这个品类的代名词；当传统电视机市场饱和的时候，创维推出了"互联网智能电视"，创造了新品类，成为这个品类的代名词；在传统茶类饮料市场饱和的时候，王老吉推出了一款凉茶，却不讲茶本身，而是强调其"不上火"，于是开创了"降火"饮料新品类。

（3）把自己当作颠覆者和变革者。如果你所在的行业已经有了霸主品牌，那么你可以通过挑战霸主来实现自己品牌知名度的快速提升。比如，七喜曾定位自己为"非可乐"，通过故意与饮料行业的霸主——可口可乐产生碰撞，从而迅速提高自己的知名度；苹果曾拍摄多支广告挑战 IBM，称 IBM 是计算机行业的"老大哥"，而苹果就要挑战老大哥——通过这一系列的挑战和颠覆，苹果迅速在市场中找到了属于自己的定位。

综上所述，定位赋予企业、品牌或者商品一个独一无二的、区别于市场上其他竞争品，并且满足消费者真实需求的身份，是一种对商品独特性的描述。了解了定位理论产生的历史，便可以解决企业规划和定义商品、划定消费者群体等问题。

第六节
品牌到底是什么意思？如何从 0 到 1 构建品牌？

前面曾简单地提及品牌的概念。简单来说，品牌就是你的产品，是你的公司区别于市场上其他产品和其他公司的独特的身份体系。

品牌到底是怎么来的呢？品牌的英文是 Brand，这个词最早来自拉丁文，再往前追溯的话，可以追溯到远古时期，当人类还处于部落时代时，就已经出现了所谓品牌的概念。当然，更科学的说法叫图腾。

人类在没有进入农耕文明之前，都是以一个一个部落的形式在大草原或者山丘上狩猎和采集果实的。在部落刚诞生的时候，人都比较少，最多几十个人，对于他们而言，每天的生活就是外出打猎，晚上回来大家一块儿把打来的肉分吃了。

后来，一方面由于部落之间不断地发生战争，导致许多部落合并；另一方面，由于部落内部不断地繁衍和生育，导致成员越来越多。这种情况下就不可避免地出现了一些问题，比如，整个部落内，个人想法得不到统一，导致部落成员之间出现了协作困难的现象。为了解决这个问题，图腾就渐渐地出现了。

一般来说，一个部落的图腾来自于这个部落中大多数人所崇敬的动物或者其他的自然形象。比如，某一个部落最喜欢老虎，那他们的图腾可能就是经过了一定艺术加工的老虎形象，然后把老虎的形象以各种各样的形式表现出来。比如，部落中每个人的脸上画上像老虎那样的条纹；塑造一个关于老虎的雕塑，每天早上全部落的人一起去参拜。除此之外，他们还会把老虎看作整个部落的守护神，为部落和老虎之间的关系编写各种各样的传说故事，等等。

所谓的图腾，其实说到底就是一个部落的价值观和愿景，是这个部落独特的气质和性格的一种具象化的体现。这种具象化既体现在视觉上，也体现在一些行为仪式中，更体现在每个人的心中，它是部落中每个成员对于自己部落的一种认同感。这种认同感久而久之会发展成部落中每个成员自己的行为规范。当拥有了统一的使命、统一的价值观、统一的气质和统一的行为规范时，如果这个部落和别的部落发生战争，那么这个部落的成员就会展现出和其他部落截然不同的风格和特征，而这种统一性会在那个荒蛮世界的生存斗争中释放出巨大的能量。

上述案例中的图腾其实就可以理解为品牌。说得更加有趣一点，比如，可以把金庸笔下的各大武林门派看作各大公司，每个公司都有自己显著的特征。其中，少林派对自己门派有一个非常精准的定位——它向大家传达了"天下武功出少林"的理念。除了自我定位之外，少林派还有一个非常系统的品牌体系——所有少林派的弟子都是光头，光头上有戒疤，并且穿的衣服都非常统一，武器也非常统一。少林派还有基本的价值观和愿景使命——慈悲为怀、众生平等。把这一切都加起来，就是少林派的品牌体系。

通过这两个案例，相信大家对品牌的概念以及如何建立一个品牌，已经有了比较清晰的认知。接下来我们就详细讲解如何从0到1建设一个品牌。

建设品牌的第一步，也是最基础的步骤，即想清楚自己的公司和产品到底要实现什么样的价值，到底要给消费者带去怎样的用户体验。换句话说，在打造品牌之前，必须有非常详细的公司或产品的发展路径。

如何才能规划详细的公司或者商品的发展路径呢？这其实就是前面几节里说的市场调研、目标群体细分和定位。完成调研、细分和定位之后，才能考虑如何构建品牌的细节。那如何判断自己有没有完成调研、细分和定位呢？如果你能非常自信地回答出下列4个问题，就证明你已经完成了打造品牌的基本工作。

（1）我们为什么要成立这家公司（或者说为什么要宣传这样一个商品）？

（2）我们的最终目标是什么？

（3）我们要服务的人群有哪些？

（4）我们和竞争对手相比有哪些优势？有哪些差异？

完成上述相对比较务虚，但是又非常重要的基础工作之后，就可以开展品牌建设的第二步工作了，即设计品牌名称和品牌标志。

特劳特说过，定位理论最直接的运用，就是帮助品牌找到最适合它的名字和视觉标志。一个品牌的名称就像是钉子，而它的视觉标志就像是锤子，只有锤子和钉子同时具备，才能把这个品牌敲入消费者的大脑中。

如何给一个品牌取个好名字呢？在互联网的世界里，许多品牌一下子火爆起来，可能就是因为它的名字很有意思，或者很有传播点。关于如何给品牌取一个好名字，其实在整个市场营销行业里有许多公司和专家，已经提出了各种各样的方法。这里就简单地列举给品牌取名字的6条原则。

第1条原则，任何品牌的名称都需要做到简洁。所谓的简洁有两个层面的意思。第一层意思是，品牌的名称不要太长，一般来说，在2到4个字最好，如果更长就比较麻烦了。大家可以想一下，自己的脑海中有没有浮现出名称超过4个字的品牌呢，可能需要想很久才能想起来。

第二层意思是，这2到4个字的名称，最多只能表达一种含义。比如，"老干妈"这个名字看上去就非常简单通俗，通俗到你一瞬间就能理解并记住。

第2条原则，品牌名称最好能暗示这个品牌所代表的品类。比如，雪碧、康师傅、网易严选、弹个车等，消费者可以从这些品牌名中称得到关于产品特征或者产品行业属性的一些认知。这一原则对于市场预算比较小的初创品牌来说，能在市场推广上节省非常多的认知成本。

第3条原则，品牌名称一定要朗朗上口。无论是外国的特劳特、大卫·奥格威，还是中国的叶茂中和华与华，他们都有一个共同的观念，就是品牌名称一定要朗朗上口。每个人每天大部分的时间是在进行人际交流，而人际交流的主要方式是口头沟通。一个顺口又易于理解的品牌名，更便于人们的交流与沟通，如滴滴出行、瓜子二手车。

第4条原则，品牌名称要与产品投放的市场在文化上保持一致。比如，罗永浩的锤子手机，"锤子"这个词在四川方言中含有骂人的意思，所以许多四川人非常抵制这款手机。由此可见，在给品牌命名的时候必须要深思熟虑，杜绝在文化、道德、法律方面产生一些不恰当的含义。

第5条原则，好的品牌名称需要让消费者自觉地产生正面联想。比如，可口可乐和百事可乐，一下子就让人联想到"快乐""年轻""时尚"；淘宝，会让人联想到一个充满了宝贝，等待人们去挖掘的平台；百度，用户看到这个名字就会想起那首词："众里寻他千百度，蓦然回首，那人却在，灯火阑珊处"；金利来，广东语是"黄金万两滚滚来"的意思，非常吉利；还有这几年比较流行的一个年轻品牌，叫野兽派，人们一看到这个名字就有非常强烈的联想，感觉这个品牌非常有个性、有张力。

第6条原则，品牌名称不要和市场上比较知名的现有品牌混淆。比如，某个方便面公司把自己的产品叫"康帅夫"，哪怕这个品牌是可以注册的，所有商品都符合国家标准，但名称和现有的知名品牌太过接近，消费者会认为这只是一个山寨品牌，会影响到品牌日后的发展壮大。

介绍了品牌命名的原则，接下来简单介绍一下设计品牌视觉标志的一些基本原则。由于我不是专业的设计师，因此只能从市场营销及传播的角度分析，做一个怎样的品牌标志更好。当然，设计一个品牌标志，可能还需要运用设计构成、色彩构成等美术方面的方法和原则，这里不做太多的讨论，有兴趣的读者可以去看看设计学的相关书籍。

品牌标志的设计，在整体视觉展现上应该与商品属性及企业调性保持一致。比如，一家生产服饰的企业，无论它的商品打的是时尚、商务，抑或是复古的标签，品牌标志都应与这个标签契合。

品牌的视觉标志有助于品牌在消费者心目中留下一个长期的印象。当人们看到对勾，就会想到耐克；看到三叶草，就会想到阿迪达斯。因此，设计品牌的视觉标志时还有一个重要的原则，最好不要过于明显地体现当下的短期流行审美，而是需要设计一个在自己的预期中能长期流行的标志。

除此之外，品牌标志所用的颜色应该是现实生活中常见的颜色，是能让我们的视觉感到舒服的颜色。

如果你的品牌标志需要用多种颜色进行组合，那么我的建议是，最好不要超过三种颜色。而且色彩的组合也要遵循色彩学的基本原理，要让我们的眼睛感到舒服，而不是感到非常奇怪。比如，麦当劳标志中的黄色和红色的结合，让我们感觉又舒服又鲜艳，它看起来像是太阳发出的光芒一样，非常符合麦当劳的自身定位——每天早上向你提供能量和阳光。

谷歌的品牌标志也非常经典，它采用了红黄绿的组合，用色彩中的三原色寓意了大千世界中有无数多的色彩和无数多的信息，都可以通过谷歌一键搜索到。

确定好了品牌的视觉标记之后，要进行一项非常"折磨"人的工作，就是定一句品牌标语，或者叫 Slogan。

我说这项工作非常"折磨"人，是因为大部分公司的 CEO 都会对自己公司的品牌标语非常挑剔。他们希望看到能给人惊喜的、非常精确地表达品牌内涵，又朗朗上口的一句品牌标语。但是，撰写品牌标语是一件完全没有评判标准的事情，我自己就经历过好几次，整个市场部门花大量的时间撰写了上百句品牌标语，当企业决策人看到之后，却完全不知道该选用哪句才好。因为他也不能判断哪句好、哪句不好，到最后只是为了给自己所布置的工作一个交代，从中选出了一句他认为还过得去的标语作为品牌标语。然而，这样选出来的品牌标语，在后续的实际市场营销推广中，可能会被大家渐渐遗忘，导致市场营销部门花了大力气却做了无用功。

许多人可能会觉得，品牌标语好不好，关键在于它的结构是否精妙、表述是否富有文采，所以导致很多市场营销员在撰写品牌标语时，写了几百句标语，所有的创意都被挖空了，但领导还是不满意。

到底什么样的品牌标语是不错的呢？其实只有两个评判的标准。

第一，要非常明显地反映企业所生产的商品的独特卖点。

第二，要朗朗上口，简单明了。

什么叫独特卖点呢？比如，小米手机的独特卖点是，不高的价格下有非常强的性能，它的品牌标语叫作"为发烧而生"，既反映了独特卖点，又颇有文字上的优美感。瓜子二手车的"没有中间商赚差价"，同样非常直观地表达了产品的独特卖点。

当然，你可能会提出质疑——像耐克、奔驰，以及很多的珠宝品牌，它们的广告标语完全感觉不到商品的独特卖点。耐克的品牌标语是 Just do it（想做就做）。也许你看不到这句标语所反映的卖点，但像耐克这样的企业，其商品的卖点并不是多好穿、多耐穿，而是商品中蕴含的一种文化精神、传达的一种精神理念，即 Just do it。它鼓励年轻人不顾一切，现在就放手一搏。

由此可见，独特卖点并不仅仅是商品的功能。它既可以是功能上的差异化，也可以是商品在精神层面、理念层面的差异化。这也是品牌塑造中经常提到的功能性诉求和感性诉求。我们可以让品牌主打功能性诉求，也可以让品牌主打感性诉求。一般来说，面向低端市场的商品会主打功能性诉求，而面向较为高端的市场的商品会主打感性诉求。对于一个初创品牌来说，如果没有特别多的市场营销预算，那么先从功能性诉求切入，会比从感性诉求切入获得的传播效果要好。

当完成以上这些事情之后，品牌也就搭建起来了。这时的关键其实是将品牌的各项资产落实到企业运作的方方面面。比如，当品牌的视觉标志确定之后，企业所有商品的外包装、投放的广告素材、员工的服装和名片、文件夹、笔记本等，都要和这个标志相匹配。

当品牌的品牌标语确定之后，就应当在公司中进行全面普及。在之后进行外部广告传播的时候，任何人都不能擅自更改这一标语。而且公司的企业文化、制度流程也要围绕品牌的理念和精神去制订。

构建一个品牌，最难的不是画一个品牌的标志，也不是写一句品牌的标语，而是将这些品牌资产推广和落实到整个公司，推广给所有的消费者，推广给整个市场。这都是需要强大的管理和执行能力的。那些比较大和比较专业的公司，可能会形成一本厚厚的品牌手册，其中规定了公司的品牌理念、公司的使命和价值观，规定了公司的企业文化、品牌视觉标志及视觉标志所延伸的一些视觉应用，还规定了品牌的标语和品牌的发展故事。当这些都规定了之后，员工所做的每一件事情，都要参考品牌手册中的规定。一旦出现与规定相违背的情况，就需要根据品牌手册中所规定的内容进行修改。

第七节
4P 原则与 4C 原则：营销行业的"牛顿定律"与"相对论"

4P 原则：经典的市场营销思考框架

市场营销学里有非常多的理论，如果给所有的理论排个序，那么排在第一位的绝对是 4P 理论。市场营销学之父飞利浦·科特勒在他的著作《营销管理》中写道，**4P 理论是市场营销策略的基础，也是市场营销思维的框架**。4P 到底是什么呢？就是 Product（产品）、Price（价格）、Place（渠道）和 Promotion（推广）。也许这几个词语你已倒背如流了，但是它们到底有什么用，又应该如何应用呢？

我们先来了解一下 4P 理论是怎么发展起来的。

在 20 世纪五六十年代的美国，科技发展日新月异，大量的商品被生产出来。但由于那时还没有科学的市场营销观念的指导，许多企业都是在盲目地生产，导致商品越来越同质化。而且当时美国的商业社会也仅仅把营销等同于广告和销售手段。当时美国的麦迪逊大街上聚集着大量的"创意天才"和"推销天才"，他们想尽一切办法将商品"吹"上天，希望商品能卖得更好。渐渐地，人们发现，很多商品无论怎么做创意、怎么优化广告语，都无人买单。随后越来越多的人开始思考，市场营销仅仅是设计张海报、拍支电视广告、做个广播广告和写写广告语这么简单吗？

当然不是。

营销学者尼尔·博登在1953年的时候提出，市场营销的目标就是实现商品最好的销售，但影响商品销售效果的因素非常多，绝不仅仅是广告和推销。他提出了"市场营销组合"的概念，认为要达到营销的最好效果，就要使用"组合"思维。换句话说就是，从更多的维度去思考、分析如何生产出市场真正需要的商品，如何为企业创造真正巨大的利润。

尼尔·博登说，人口的构成、文化演变、技术发展、经济、自然环境、道德、法律、产品、价格、分销渠道、广告推销等都是影响营销效果的因素，所以他强烈地呼吁，所有的企业家、营销人、广告人、推销员，都要从更加宏观的角度去思考如何获取更多的利润。

1960年，美国的营销学教授麦卡锡发表了一篇论文，他认为，在所有影响营销效果的因素中，最为重要且最为可控的有4项，也就是产品、价格、渠道和推广。任何一个企业都要花大量的时间和精力去思考生产什么商品、如何定价、如何铺设购买渠道及如何进行广告促销，也就是所谓的4P理论。

4P理论是一种"木桶理论"，一个企业在市场上表现得如何，不在于它做得最好的那项，而在于它做得最差的那项。这就是一种策略、一种思维、一种要求，要求你必须用多维度去思考营销问题。产品、价格、渠道、推广中的任何一个环节出了问题，你所做的一切都会变成无用功。

接下来就详细地介绍一下4P理论。

1. 产品

为什么产品会排在第一位呢？因为产品是营销之本，营销的本质就是企业提供给市场、提供给消费者相应的产品，从而换取相应的利润。如果你的产品不被消费者认可，那么花再多钱打广告、铺渠道都没有意义。

在4P理论提出前，从19世纪到20世纪60年代，营销界并不重视产品。因为那个时候，人们经历了多次大萧条，一切物资供不应求，无论企业生产什么,都会在第一时间售罄。而且那时候人们的需求也十分单一——吃饱、穿暖、能抚养孩子就足够了。

但随着美国和欧洲社会进入20世纪60年代,产品的供给一下子呈爆炸趋势,人们的需求也开始从吃饱、穿暖变成更高的精神层面的追求。这一变化在中国20世纪90年代也发生了,而且现在依旧在不断发生着。在这种情况下,如何生产一款真正满足消费者需求的产品,已不仅仅是企业研发部门的工作,更多的是市场部门的职责。

诺基亚曾经是手机行业的"王者",它在20世纪90年代就推出了手机。在之后的20年里,在手机行业独领风骚,却又在短短的三四年里从"王者"跌落成了"青铜",百亿美元市值的公司差点破产,最后被微软低价收购,再也无法恢复往日的地位。

诺基亚为什么会跌得如此惨?我们可以用4P理论的框架分析一下。诺基亚的定价策略其实挺合理的,399~9999元,基本满足了所有用户的需求;诺基亚的渠道策略更是厉害,鼎盛时期的诺基亚基本占据了全球手机柜台一半以上的位置;诺基亚的广告推广也做得很棒,在我的印象中,诺基亚平均一年花费20亿美元以上的广告费,它邀请了全球颇具知名度且非常有创意的广告公司为它创作和投放广告。

诺基亚的败,就败在了产品上。

可能你会不认同,因为当时诺基亚的产品(见图1-13)质量非常好,好到经常有网友戏称诺基亚的手机可以砸核桃。

图1-13 诺基亚经典手机

但 4P 理论所说的产品，不仅仅是指产品质量，更是指产品能满足用户当下和未来的真正需求。

巅峰时期的诺基亚，一年能推出 100 多款新手机，但这些新的产品完全是在旧产品的基础上修修补补完成的。比如，换外壳，提高配置，增加几个不痛不痒的小功能——说到底，诺基亚失去了创新能力，被未来所束缚，没有洞察到消费者对手机的需求已经不仅仅是打电话和发短信了，而且诺基亚也没有那么重视手机外壳的颜色及手机能不能当手电筒用。消费者开始希望，手机可以像一台小电脑一样，提供工作、游戏、学习等功能。

苹果公司发现了这些需求，并且重视这些需求，因此推出了可以用来工作、游戏、学习的 iPhone（见图 1-14）。苹果公司把手机定义为掌上智能电脑，而不是一台运行速度更快、外形更好看的手机。

图 1-14　iPhone 手机

正因如此，苹果赢了，诺基亚输了。当企业生产的产品不能满足市场需求，不能应用最新的科技，而是在自己熟悉的领域内保守地发展，那这样的产品势必会没落。

2. 价格

定价策略有很多种，一种商品应该怎样定价，涉及很多因素，如成本、目标消费者的购买力、整个经济环境等。这些内容在定价策略章节会重点讲解。在种种影响定价的因素中，4P 理论指出了最为基本的一条，那就是价格要符合产品的定位。

其实很好理解，你的产品要定位成奢侈品，那就不能卖白菜价；要是定位成普通老百姓都买得起的产品，就不能定出"天价"。

蒂芙尼为什么要把它的一个回形针都卖到 8000 元？其实是应用了消费心理学中的"价格锚点"效应。所谓的"价格锚点"，通俗地讲，就是 A 品牌通过让其下的某个产品卖出高价，从而让消费者认为 A 品牌旗下的所有产品都应该是高价。比如，蒂芙尼把一个回形针卖到 8000 元，消费者就会认为蒂芙尼旗下的钻戒售价 30000 元也不算太贵了。又如，在星巴克店内购买一瓶普通的矿泉水也要 15 元，那么 30 元一杯的咖啡看起来也没有那么贵了。

而像优衣库，它在保持了品质和设计感的情况下，将大部分商品的价格定得相对较低，比如，99 元 3 件 T 恤。久而久之，优衣库就赢得了市场中有一定品味但购买力中等的年轻人的青睐，并且用价格优势将其他的竞争者牢牢压住了。

在 4P 理论看来，低价策略其实是定位理论的外延。五星级的餐厅要有五星级的定价，街边小商店要有街边小商店的定价。各行其道，才能相安无事。

3. 渠道

渠道这个概念其实很有意思，做一个比较粗浅的解释，它其实就是指"消费者在哪里能够看到和买到你的商品"。

应该说，实体商品的渠道，和现在互联网上虚拟商品的渠道，在展示形式上是完全不一样的。实体商品，如洗发水、可乐、方便面，它们的主要渠道是各种百货商店、超市、便利店中的货架。这些货架是决定消费者会不会购买商品的地方，是所有营销环节中最重要的一环。而对于互联网产品，如各类 App、网站等，它们的渠道主要是像 App Store 这样的应用市场。当你看到关于 App 的广告，或者说朋友推荐你去使用某个 App 的时候，你最常用的方式就是，打开应用市场，下载一个这样的 App。

虽说不同形态的商品，其渠道的展示形态也不一样，但无论是线上渠道还是线下渠道，其核心都是一样的，也就是所谓的渠道三原则。

（1）渠道的选择必须和商品的目标消费者相吻合。如果是奢侈品，就应该在高级商场铺设渠道；如果是针对大众的快消品，就该在普通商铺铺设渠道。

（2）在定位吻合、成本可控的情况下，渠道应该越多越好。如果你认为自己的商品就是适合铺设在大商铺里，那就应该想办法在全国所有的大商铺里都能让消费者看到你的商品。

（3）商品在渠道中的展示应该越突出越好。比如你生产了辣酱，那就应该尽可能地让你的辣酱在超市货架的一大排辣酱中脱颖而出，和其他辣酱区别开来，让消费者一眼就能够被吸引。

互联网上的 App 也是这样，比如你开发了一款音乐 App，那就应该想尽办法让你的 App 在 App Store 里与众不同。无论是给它一个更亮眼的图标，还是更有吸引力的描述，都是渠道建设重要的一部分。

4．推广

有些人将 Promotion 翻译成"促销"，但我更倾向于将它译为"推广"。这个概念很大、很全、很复杂，许多对市场营销没概念的人，会把 Promotion 当成营销的全部。

Promotion 包含了广告、公关、推销等。广告又能划分成广告创意、广告投放等方式。公关又能划分成事件传播、社会化媒体传播等方式。这些传播方式的概念非常庞大、复杂，很多术语出现的时间可能还不到一年，而一年后可能又会出现新的术语。所以，对于 Promotion 的部分，后面的章节中会有详细的讲解。

以上就是对 4P 营销理论的基本解释，以及每一个"P"的大致含义。需要注意的是，4P 理论不是营销中的奇技，而是一种思维上的策略，甚至可以说，4P 理论就等于经典的市场营销策略本身。

但是 4P 理论毕竟是 60 多年前的产物，放到今天，其实也有许多问题。例如，4P 理论其实是经典的工业时代的营销思维，是单向的、直线形的，因为它只考虑了企业从生产产品到定价，再到选择渠道和进行推广这一单向的过程，而没有考虑消费者本身在营销策略中的重要性。

在如今的互联网时代，随着 C2C、C2B 的出现，消费者对产品的看法，对价格和渠道的看法，在营销中十分重要。甚至很多时候，消费者自身的口碑传播已经可以替代传统 Promotion 中的广告和公关。

4C：新时代的新思考

4P 理论虽然非常经典，但它的思考框架在一定程度上已经不太跟得上时代的发展了。所以近 30 年来，许多营销教授、营销实战家、广告创意家都提出了新的营销策略理论，希望去替代传统的 4P 理论。比如，强调消费者在营销中的核心作用的 4C 理论，强调市场营销的本质就是和消费者建立良好互动关系的 4I（Interesting，Interests，Interaction，Individuality）理论和 4R（Relation，Retrenchment，Relevancy，Rewards）理论。这其中影响力最大的就是 4C 理论。

4C 理论是由美国营销专家劳特朋教授在 1993 年提出的。劳特朋教授认为，新时代的市场营销应该以消费者需求为导向，他重新设定了市场营销的 4 个基本要素，即消费者（Customer）、成本（Cost）、便利（Convenience）和沟通（Communication）。他把这 4 个 C 与传统的 4P 相对应，宣称 4P 理论已经被淘汰，企业要想不被淘汰，就要专心去研究 4C 理论。

下面来简单解释一下 4C 理论。

（1）首先是 Customer。4C 理论认为，企业所做的一切行为，生产的一切商品，提供的一切服务，其核心都是为了满足消费者的需求，所以企业必须根据消费者的需求来决定生产什么商品，提供什么服务。企业更应当为消费者提供个性化的服务，竭尽所能地满足消费者的一切个性化需求。当前很多公司都在强调所谓的个性化服务，满足"千人千面"的需求，这也 4C 理论希望每个企业都能去追求的目标。

（2）其次是 Cost，也就是成本。这个成本不单是企业的生产成本，或者说 4P 中的 Price，还包括顾客购买该商品所花费的成本。也就是说，除了消费者的货币支出，还包括其为此耗费的时间、体力和精力，以及购买风险等。所以，4C 理论认为，新时代的企业必须想尽一切办法降低消费者的购买成本。比如，在购买渠道的选择上，更多地迎合消费者的喜好；减少购买的环节和步骤；尽可能地采用最新的支付技术。

事实上，劳特朋教授在 4C 理论的解释中讲过，希望未来有一种快速便捷的支付和购买方式，消费者可以身处全球各处，采用无线的方式购买任何商品，并且可以在极短时间内收到商品。现在看来，这无疑是"神预言"。电子商务、手机支付和全球物流体系的发展，已经让将近 30 年前的预言变成了现实。

（3）再次是 Convenience，它传递的内涵和 Cost 差不多，就是说，企业要为顾客提供最大的购物和使用便利。4C 营销理论强调企业在制定分销策略时，要更多地考虑顾客的方便，而不是企业自己的方便。要通过好的售前、售中和售后服务，让顾客在购物的同时享受到便利。如今越来越多的企业强调 24 小时响应和全球支持的售后服务，让消费者无论身处何时何处，都能让自己的售后维护需求第一时间得到满足。能做到这些的企业，无疑会在激烈的商业竞争中屹立不倒。

（4）最后一个 C 是 Communication。Communication 认为，在新的市场环境下，传统的广告和推销方式已经不再有作用。企业不该将消费者看作一个个需要通过广告去捕获的猎物，而应该将消费者当成朋友，当成一个个有思想、有自己人脉的朋友。Communication 认为，企业的推广策略应该更重视和消费者的情感交流，而不是只向他们推荐商品；并且要有意识地发展核心的消费者群体，将他们发展成企业的"粉丝"，然后想办法让这些"粉丝"主动将商品推荐给他们身边的朋友。

第八节

大公司的市场营销部每天都在做什么？

根据不同公司主打业务的不同，市场营销部门的架构和日常工作也会有些不一样。但基本上都是围绕 4 大块展开工作的。这 4 大块分别是研究和包装产品、制定商品价格、寻找营销渠道以及推广。

研究和包装产品

在市场营销部，市场营销部经理需要通过各种各样的调研、分析、创意方法，向产品部门提交一些来自市场端的研发和优化产品的需求。在快消品公司中，可能每个产品的外包装、包装上面的任何一行文案，都需要由市场营销部门去完成。在互联网公司里，一个 App 中的某些传播性质的功能也需要由营销部门去牵头完成。

很多时候，市场营销部经理也是产品经理。

制定商品价格

定价是一项重要的工作。如何为一个新产品定价？如何开展促销活动？开展促销活动的时候应该怎么调价？这些都需要市场营销部门来完成。

定价策略一般来说要有两方面的考虑。

一方面是财务上的考虑，不管怎么定价，总不能低于成本（特殊考量除外）。因此必须经过一系列的计算，得知卖多少件商品之后，能获得一个怎样的收益率等，这些都是需要市场营销部门去牵头进行计算的。

另一方面就是怎样定价才比较符合用户的消费习惯。比如说，在给商品定价时，定价 9.99 元和定价 10.01 元，用户的购买心理就会截然不同。

定价也是体现产品和品牌定位的一种方式。比如，一件衬衫，定价 5000 元，就成了 Supreme；定价 300 元，就是 ZARA,；定价 69 元，就是优衣库；定价 29 元，那就要上拼多多去卖了。不同的价位，体现了品牌的营销战略和消费者对该品牌的定位。

寻找营销渠道

对于互联网公司来说，渠道是指各种各样的应用市场（即下载 App 的应用商店），以及各种各样的互联网广告平台。必须不断地去拓展这些渠道，优化在渠道上展现的素材内容，才能不断地将自己的 App 展现给更多用户，并且促使用户下载。

对于快消品公司来说，渠道更多的是指线下的渠道，如各种各样的超市、百货店以及便利店，也包括一些电商网站的渠道。哪些渠道是需要必须争取的，哪些渠道是要放弃的，这些都是需要市场营销部门决策并推进的。

推广

很多时候，推广就是狭义上的"营销"。很多没有受过完整的市场营销训练的人，可能会把推广当成市场营销工作的全部。但其实这仅仅是市场营销工作中非常小的一部分，是市场营销的最后一步。

推广包含以下两个方面。

（1）创意和投放广告。如果你在一家比较大的公司工作，那么一般来说，你会把广告业务外包给一家专门的广告公司来做。你需要做的就是把控整个广告的进度，以及把关广告的整体质量。

（2）公共关系管理。你要与和企业相关的一些媒体处理好关系，请这些媒体时不时地为你的企业说话。并且，当你的公司发生了某些危机的时候，还能请媒体第一时间进行危机的公关处理。

在当今时代，广告也好，公关也好，都开始融合了，一切能带来销量、用户增长，能使品牌的知名度和口碑提升的方式，都是市场营销部需要尝试的方式。比如，事件营销、做H5（H5就是在微信和微博中可以打开并且能实现游戏、购物、视频播放等多种互动的网页，后续章节会详细讲解制作H5的基本知识）、邀请艺人作为形象代言人、进行品牌联合等，最后的营销效果就看你的创意和执行力了。

以上就是一个市场营销部门大致的工作内容了。我举个自己的例子来更具体地解释一下市场营销部的工作。我曾在网易的市场部工作了三年，负责过网易云音乐和网易考拉的营销工作，我的岗位是品牌营销经理，算是一个大而全、什么活儿都可以做的职位。我主要做的事情可以分为三大类。

1. 通过各种创意的方式，不断给网易云音乐拉来新用户

拉来新用户的方法有很多种，比如，设计广告并投放广告；不断做出各种好玩的、能让用户主动分享的活动；去微博、微信找各种各样的"网红"帮忙发软文；还可以做一些线下活动。总之，一切工作的终极目标就是给网易云音乐拉来用户。

互联网公司的拉新用户，其实也就是快消品公司，或者其他传统行业的公司所谓的提升销售额。所以说，无论你做什么样的创新营销活动，最为关键的部分就是增加新用户，或者说是提升销售额。就像大卫·奥格威说过的一句名言："如果我们不能给客户带去销量的提升，那我们所做的一切创意就毫无意义。"

无论你之后会进入甲方公司还是乙方公司，只要从事和营销有关的工作，当你决定某个创意方案的时候，要判断它好不好，你要想到的第一点应该是，它能否给企业带来实际的用户量或者销售额的增加。

2. 做各种各样的市场调研，为产品和营销策略提供新的机会

换句话说就是，和各种各样的用户以及潜在用户群聊天，从而推导出他们对网易云音乐现有情况的认知，以及他们希望网易云音乐以后发展成什么样子。

用户调研和市场调研是非常复杂的一件事情，这里面有非常多的方法和技巧。如果要进行一次问卷调查，每个问题如何设置，如何选择样本，有很多非常专业的知识需要学习。这些内容在后面的章节中会详细地讲解。

和用户聊过天之后，就会收集到许多来自用户的需求反馈，我会把这些需求进一步地整理，然后向产品经理提出一些需要解决的问题和需要改进的功能。有的时候我甚至会自己先根据收集的需求和做出的分析，策划一些新的产品功能，然后直接提交给产品部门，希望他们能够协助开发这些新的功能。

很多创业型公司的 CEO 绝对不会想到，也不会认为，市场部门需要参与到产品的策划和开发中。但我觉得，这恰恰是营销人员应该做的最核心、最重要的工作。菲利普·科特勒曾经说过，市场营销最核心的内容只有八个字：发现需求，实现需求。而市场营销人是和客户、和用户接触得最多的人群，他们应当协助产品部门一起将产品优化得越来越符合用户的真正需求。

3. 想办法提升品牌的口碑

要提升口碑，也有非常多的方法可以用。只要推广行为的调性和品牌相符，那么所做的每一次活动，开展的每一次商务合作，签约的每一个艺人，都是在提升商品和品牌的口碑。对于有些公司来讲，他们所说的要口碑，其实就是把网上所有和品牌、商品有关的负面信息全都删掉。我虽然不否认这也是做口碑的一种方式，但它并不是做口碑的全部。

我曾经参与过网易云音乐地铁车厢的广告创作，当时我和我的团队精选了网易云音乐 App 中 1000 条"走心"的评论，把它们印在地铁车厢里。像这种投放，就是所谓的"以口碑为导向的广告营销事件"。

在那次广告投放的前一天，我们绝对没有想到这则广告会成为如此经典和火爆的营销案例。因为任何一支广告在正式投放到市场之前，哪怕再有经验的营销人，也不能百分之百地准确预测其效果。但我们内心都知道，那一次广告投放哪怕不能吸引几百万人关注，也能给几万人传达网易云音乐的价值观，让更多的人认可网易云音乐的品牌调性，从而提升品牌的口碑。

第九节
究竟什么样的人能成为优秀的市场营销人？

为什么同样是营销人，有的人月薪3000元，有的人月薪30000元？为什么同样是做创意，有的人的创意频频"刷屏"，有的人的创意"无人为津"？营销行业是一个竞争极大，并且差距极大的行业，有的人可以赚得盆满钵满，有的人却只是碌碌无为、糊口度日。那么，一个优秀的市场营销人，身上有哪些特质值得我们学习呢？

首先探究一个问题，什么样的人适合做市场营销？我觉得具有以下几种特质的人比较适合做市场营销。

（1）第一种是点子王，他总能想出出人意料的好点子，说得"高大上"一点，就是他有"创造性思维"。

好点子也不是闷头苦想就能想出来的，这样估计想到宇宙大爆炸也想不出震撼人心的好点子。想点子也是有一套方法论的，只要熟练掌握方法论并不断地利用方法论，便会熟能生巧。

首先，要收集元素。收集元素可以说是营销人做创意的基础，它是社会学、逻辑思维及各种知识的集合。比如，你要为一个品牌做一次事件营销，品牌的目标用户是喜欢潮流、喜欢新奇内容的年轻人，那你就要收集很多能够代表潮流的元素，包括流行音乐、新潮电子产品、街头元素等。要尽可能地想，然后把想法写在一张白纸上。先不用考虑这些元素之间的联系，只要尽可能多地罗列，能列出多少就列多少。

其次，当把所有能想到的元素罗列完后，就要把收集来的元素进行整理和归类，用思维导图或者排列拼图的方法，试着把这些元素连接成新的组合。组合的时候有几个原则：相近的词汇可以组合在一起，相反的词汇可以组合在一起，有必然联系的词汇可以组合在一起。

最后，创意孵化。把众多关联出来的结果与同事一一进行讨论，然后去掉不够优秀的内容。这是一个消化的过程，在这个过程中，或许就会想出一个不错的创意来。

（2）第二种是做事敢于冒险的人。不要做循规蹈矩、按部就班的乖孩子，而要尝试与众不同的新方法，并且要敢于承担失败的责任。

要怎样才能吸引消费者的眼球呢？总结起来就两句话：人无我有，人有我特。这是什么意思呢？就是别人没有的我这里有，别人都有的我这里有特点，一定要新、奇、特。

下面举两个堪称"人无我有"的经典案例。

香港有一家经营黏合剂的商店，在推出一种新型的"强力万能胶"时，市面上已经有了形形色色的"万能胶"。老板决定从广告宣传入手。经过研究他发现，几乎所有的"万能胶"广告都有雷同点。于是他想出了一个与众不同、别出心裁的广告，就是把一枚价值千元的金币，用这种胶粘在店门口的墙上，并告示说，谁能用手把这枚金币抠下来，这枚金币就送给谁。果然，这个广告引来许多人的尝试和围观，起到了"轰动"效应。尽管没有一个人能用手抠下那枚金币，但进店买"强力万能胶"的人却日益增多。

国外有一个做防盗玻璃的人，大胆地把现金全部装到了由他的防盗玻璃制成的箱子里面，然后放到街头，并告示说，谁能打碎玻璃，谁就把钱取走。直到最后都没有人打碎玻璃，他的防盗玻璃的质量口碑也就不胫而走了。

之前我在某广告公司为苏泊尔策划无铅水龙头广告的时候，为了扩大无铅水龙头的影响力，我在杭州几个小区开启了限额1名免费换水龙头的活动。免费是可以免费，但是换下来的水龙头要现场切割。切割开的老一代的铜质水龙头里面锈迹斑斑，非常脏，让人看了十分不适。当小区其他人看到老铜质水龙头这么脏时，当即决定更换成苏泊尔的无铅不锈钢水龙头。其实这种套路非常老了，当年张瑞敏怒砸海尔不合格的冰箱，就是用了这种敢于冒险搞噱头的套路。

如果我们按照正常的思考方式来思考创意，用规规矩矩的方式一遍又一遍地给消费者讲不干胶黏性有多强，防盗玻璃有多结实，铜质水龙头有多脏，像唐僧念经一样念个十遍八遍，根本不能引起别人的参与热情，这样的创意是失败的，消费者没办法对你留下印象。既然你在创意时想激发用户的兴趣，那就需要不一样的，需要颠覆，用一种冒险的、有噱头、有仪式感的举动去证明。

第三种是拥有理性思维的人，能用客观的、分析的眼光和数据说话，能把复杂的问题简单化，能通过表面现象看到本质。

为什么要透过现象看本质呢？因为要彻底解决一个问题，必须从根本入手。如果只是简单地头痛医头、脚痛医脚，症状虽然消除了，但并不能达到完全健康的状态，病因并未根除，随着时间的推移便会导致病情恶化。

这里再强调一点，理性思维不等于数据思维，数据思维也不等于盲目相信数据。大部分时候，当我们想调查时，我们的工作就是在预算范围内尽可能广泛地收集数据，获取大量样本，使用最新的统计方法，提供大量的分析报告。这种包含大量数据的报告，打开封面的那一秒你会非常期待，接着就会愁云密布，搞不懂到底有什么意义。这样一来，数据报告最终只能变成办公室的文件夹。而且盲目地相信数据，非常容易做出错误的判断。

比如，有一个段子这么说，在开行业会议的时候，某"航母级"互联网影业的发言人说，"通过大数据挖掘，我们发现了不同观众的相关卖品偏好，如《芳华》的观众比《战狼2》的观众消费了更多的热饮，这些都是以前我们不知道，也无法预测的。"但事实是，《战狼2》在7月底盛夏上映，《芳华》在12月15日冬季上映，《芳华》的观众消费的热饮自然更多。这个故事告诉我们，盲目地相信数据只会得出让人啼笑皆非的结论。一定要透过现象看本质，在拿到数据之后，多问为什么，多进行"解释驱动的调查"，而不是盲目的"数据驱动的调查"，通过消费者在场景下反映出来的行为进行推断。

第2章 从0到1 建立一个伟大品牌
——专业营销人必备的基本功

第一节
市场调研：十分钟学会设计问卷、分析数据和洞察消费者

市场调研是市场营销的基础。只有通过科学、全面的市场调研，企业才能真切地了解到消费者的真实需求，才能避免过于主观的臆测，从而推出真正满足消费者需求的商品，制定出消费者喜欢的推广策略。

更进一步说，我们花大量的精力去做市场调研，主要是为了满足以下4方面的需求。

聆听客户的心声

许多企业在推出产品时表现得太自信。企业CEO潜意识中总觉得自己非常优秀，坚信自己产品的构思和服务能够迅速征服市场，一举将对手打败。实际上，过去或现在的成功是不能表明未来也一定会成功的。因此，通过市场调研真正了解客户心声是很必要的。

很多企业的管理层或者市场部人员，离实际的一线市场太远，很多时候他们做的营销决策或者策划的市场营销活动已经大大偏离了一线消费者的真实需

求。举个例子,我的一个朋友在营销咨询公司工作的时候,服务于韩国的农心集团。农心集团是韩国第一大快销企业,其在韩国的地位相当于娃哈哈在中国的地位。农心集团在中国销售最好的产品是辛拉面,在没有做过大规模广告投放的情况下,销量还不错,而且价格比康师傅和今麦郎贵很多。

所以,农心集团在中国的高层和市场部管理者盲目自信地认为,既然辛拉面能在中国卖这么好,那么农心集团旗下的白山水(见图2-1)在中国也能卖得好。但是事实让他们大跌眼镜,白山水的销量一塌糊涂。为什么会出现这种情况呢?我们通过走访白山水在各个城市的经销商,发现了真正的问题所在。

图2-1 白山水

因为辛拉面和其他方便面有实质性的口感差异,韩国辛拉面主打的是非油炸、不油腻,和市面上其他方便面有显著不同。而且诸多韩国电视剧和韩国料理店都有辛拉面的影子,所以对于消费者来说,吃韩国拉面是一件健康又时尚的事情。但是白山水不一样,因为矿泉水实际上并没有真正的口感上的差异,而且农夫山泉在中国做得很好,口碑也不错。没有做系统调研,没有真正聆听客户的心声,导致农心集团的白山水进军中国市场首战失败。

获取新的想法并监控市场的变化

通过市场调查,企业可以从受访者或被调查者那里获取一些新想法,这是企业创新的重要途径。有时候产品进入市场时销售情况很好,但逐渐会衰落下来。面对这种情况,只有通过市场调查才能及时监控市场变化,并采取有效的应对举措。可以说,很多企业的创新想法都来自市场调研。

2007年,葵花药业是中国领先的非处方药标杆性制药企业,一直以来,它都以葵花护肝片、胃康灵胶囊作为主力产品。后来企业高层发现企业的发展到了"瓶颈",便开始思考怎么才能做出第三个"拳头"产品。他们通过市场调研,发现企业不能只做一个新产品,而是要做一个全新的品类。一个产品带来的销量有限,但是一个品类带来的市场空间却非常大。

当时中国儿童用药市场并没有专门的药企介入,很多药品说明书上写着"成人一次1粒,小儿酌减",因为儿童用药安全还没有进入中国人的意识。但是儿童用药不光是用量减少的问题,药品的成分配比也和成人药不同。当时的中国需要一个专业的儿童药品牌进入。

儿童药针对的是0～14岁的儿童,这是科学问题,不是市场问题。购买儿童药的消费者有什么特点呢?最重要的特点是价值敏感度低,质量敏感度和忠诚度都很高,很相信专业意见,轻易不敢自己买药,会问医生、上网查、问朋友。针对儿童药市场,拿下顾客黏性很重要,这是最有价值的市场,因为中国药企在这方面还是一片空白。

综合考量之后,"小葵花"应运而生。他们选定的第一个产品是小儿肺热咳喘口服液,第一年销售额1.5亿元,第二年2.4亿元,2018年3亿元。直到2019年,"小葵花"已经是一个年销售额近10亿元的产品。

了解竞争对手的动态

公司在做市场调查的时候,很重要的一点是要了解竞争对手的动态。在当前市场中,竞争对手之间经常会进行针对性的博弈,采取很多针对性的"动作"。比如,某公司推出一个"A"策略,对手公司就会推出一个更好的"A+"策略来应对。这个时候如果没有及时了解竞品的市场动作,很容易陷入被动状态,无法在博弈之中掌握主动权。

我曾经做过一个直播产品的市场经理,当时答题类直播产品HQ在美国刚开始火,公司高层在美国旅游时无意中得知这款产品,当即拍板,做一款国内的答题App,秘密研发,快速上线。

我们以为自己起步早，有先发优势，竞争对手不会跑在我们前面。所以在答题 App 开发完之后，花了很长时间测试稳定性。等全部测试完后才决定先小范围推广，如果效果好，再找机会重点推，整个项目的研发推广风格偏保守。

但是我们过于相信自己公司的技术开发实力，没有及时了解竞争对手的动态。产品开发出来没几天，"冲顶大会"便开始在微博造势宣传，当天就开始爆火，接着映客、YY、陌陌都先后投入重金打造答题类 App。我们紧急上线推广，但为时已晚，最后虽然也拉来了一波用户，但是相比竞争对手来说，我们反应太慢，没有成为第一个吃螃蟹的人，所以无论是关注度还是参与人数都和竞争对手有一定的差距。

移动互联网时代，市场瞬息万变，必须对竞争对手保持足够高的关注度，知己知彼，才能百战不殆。

分析、预测将来的市场情况

尽管市场调研不能准确预测销售量，但它可以预测将来的市场情况，为企业的产品和服务提供重要的参考信息。因为影响市场的因素有很多，市场调研很难面面俱到地去研究，也无法对明年的市场情况做出精确的预测，但是可以对这个行业将来的大致走向有一个判断。

可口可乐通过市场调研发现，出于对健康的考虑，越来越多的消费者开始放弃喝碳酸饮料。2016 年，美国的瓶装水（包括气泡水等）销量第一次超过了碳酸饮料，而且它们之间的差距只会越来越大。其实不用任何数据报告，碳酸饮料销量的滑坡是铁一样的事实。不仅是年轻人、中年人，甚至连老年人都已经从不同的消息渠道得知，碳酸饮料不是个好选择，会导致肥胖、糖尿病、心脏疾病等。为了降低健康问题对可口可乐销量的影响，可口可乐公司将 2009 年启用的广告语——Open Happiness（开启欢乐）撤下，换成了 Taste the Feeling（品味感觉）。这两句话的诉求点是完全不同的。Open Happiness 更倾向于精神层面的输出，希望传递某种感受、某种欢乐舒适的情景；而 Taste the Feeling 刻意远离可乐本身，试图让消费者忽略可乐是碳酸饮料这回事，把关注点放在口感上。

了解了市场调研的作用后，我们应该如何开始调研呢？下面就来讲解市场调研的基本方法。

市场调研的基本方法

所有的市场调研方法基本可以分为两种：一种是定性分析，另一种是定量分析。用通俗易懂的话来表述就是，定性分析是文科生，思维很发散，它的表述通常是，"小明很能吃"；定量分析更像是理科生，逻辑严谨，它的表述通常是，"小明一顿饭吃10个馒头"。

1. 定性分析

常见的定性分析方法有以下3种。

（1）观察法，就是直接观察目标群体。比如，巴菲特曾为了判定美国运通信用卡是否还有潜在市场，花了三个月时间待在咖啡馆，观察人们使用运通信用卡的频率。

（2）深度访谈法，就是对目标群体进行深度访谈。1927年，青年毛泽东在湖南农村进行了32天的考察，与上百户农民进行了深度交谈，最终写出了《湖南农民运动考察报告》，一举成为指导当时中国革命的纲领性文件。

（3）专题小组讨论法，就是建立一个小组，就存在的问题进行讨论。这是许多企业常用的方法，也是十分高效的调研方法。实施时邀请若干个身份、背景完全不同的潜在消费者，在两三个小时内让他们畅所欲言，从而获得他们真正的需求。

2. 定量分析

常见的定量方法包括问卷调查、电话随机调查、抽样调查等。

在七八年前，我刚学市场定量调查的时候，还需要学习复杂的数据处理技术。但随着互联网大数据技术的发展，如今调研人员可以使用非常多简单、易用的问卷调查工具，如问卷星、金数据等，轻轻松松就能一键生成调研报告。

当然，在实际从事市场调研工作的时候，大多情况下不必刻意把定性和定量分开。因为定性与定量研究虽然决策力稍有不同，但在研究中却具有同等重要的地位，两者之间也经常相互配合，以求得研究效果的最大化。

有时候可以先定量再定性。比如，调研网易云音乐App市场的时候，通过问卷调研可能发现，曲库内容和界面风格是吸引用户使用的主要原因，那么在定性部分就可以深入挖掘曲库内容和界面风格的内涵。比如，关于曲库内容，究竟有哪些内容比较受欢迎？不同年龄段、不同性别的偏好有无差异？关于界面风格，亮点是哪里？传递出来的是怎样的感觉？不同用户的看法一样吗？

有时候可以先定性再定量。例如，你在服务一家英语培训机构，感觉某个社区的大学生挺多，适合做宣传。接下来你可以通过发问卷来调研这个社区的大学生是不是真的很多，适不适合你们机构来开拓市场。当你通过定性分析初步有了一个猜测，定量调研就可以帮你判断这个猜测是否正确。

简单问卷的设计方法

一般来说，一份比较完整的市场调查问卷通常由以下 3 部分构成。

（1）标题。也就是调查者需要用一个简单的标题，来概括此次问卷调查的主题，如"某某化妆品品牌知名度调查""某某饮料的消费者喜爱度调查"等。

（2）前言。前言也称为调查问卷的情况说明。其内容主要包括填表目的和要求、被调查者的注意事项、交表时间等。

（3）问题。问题也称为调查内容，即所调查的具体项目，它是问卷最重要的组成部分。

市场调查问卷中的题型一般分为以下 4 类。

（1）单项选择题。一般设置有一定区别的两个或者四个答案，让被调查者选出其中一项。

（2）多项选择题。一般设置三个以上的答案（答案的多少视情况而定，可以多达十余个），让被调查者选出其中的一项或多项。

（3）量表题。最常用的一种是李克特量表（见图 2-2），属于评分加总式量表。该表是由美国社会心理学家李克特于 1932 年在原有的总加量表基础上改进而成的。量表由一组陈述组成，这组陈述有"非常同意""同意""不一定""不同意""非常不同意"5 种回答（可根据具体问题修改表述），分别记为 5 分、4 分、3 分、2 分、1 分。每个被调查者的态度总分就是他回答各道题的所得分数的总和，这一总分可以说明他对这一量表的态度。

根据近一年的体验和感觉，回答以下问题	没有或根本不	很少或有一点	有时或有些	经常或相当	总是或非常
您感到手心脚心发热吗？	1 □	2 □	3 □	4 □	5 □
您感觉身体、脸上发热吗？	1 □	2 □	3 □	4 □	5 □
您的皮肤或者口唇干吗？	1 □	2 □	3 □	4 □	5 □
您的口唇颜色比一般人红吗？	1 □	2 □	3 □	4 □	5 □
您容易便秘或者大便干燥吗？	1 □	2 □	3 □	4 □	5 □
您面部两颧潮红或者偏红吗？	1 □	2 □	3 □	4 □	5 □
您的眼睛感到干涩吗？	1 □	2 □	3 □	4 □	5 □
您感到口干咽燥，总想喝水吗？	1 □	2 □	3 □	4 □	5 □
判定的结果	好（1~13）□	一般（14~26）□		不好（27~40）□	

图 2-2 李克特量表（某保健品的使用效果调查）

（4）开放式问答题。问题本身并不暗示答案的方向，由被调查者自由发表自己的看法。在一张问卷中，这类题型一般最多出现两题。

了解了市场调查问卷的基本题型后，接下来就和我一起设计一份简单的市场调研问卷。

首先要明白，一份调查问卷主要包括标题、前言、问题三部分。调查问卷的标题一般包括调查对象、调查内容和"调查问卷"字样。例如，对某个化妆品品牌做市场认可度的调研，标题可以是"××品牌护肤品市场满意度调研"。

前言部分用来说明调查的意义和目的、调查项目和内容、对被调查者的希望和要求、保密的承诺，以及给被调查者的奖励等，一般放在调查问卷标题下面的开头部分。举例如下。

您好，我们是××品牌市场部，××品牌护肤品为了更好的发展，为您提供更好的服务，特请求您能花 1 分钟的时间完成这份满意度调查问卷。您所有的回答仅供我们内部研究，我们承诺不会泄露任何您的个人信息。此外，完成这份问卷后，我们还将送给您一份精美的小礼物。谢谢！

接下来就是问题部分，这部分是调查问卷的主体和核心。

（1）您对本品牌/产品熟不熟悉？用过多少次？使用体验怎么样？

（2）您对竞品熟不熟悉？知道多少种竞品？竞品和本品牌产品相比，您会选用哪个？

（3）您是通过什么方式知道本品牌的产品的？您会不会主动推荐本品牌的产品给朋友？

（4）您对本品牌产品的质量/包装/使用感受/便捷性/价格/广告等满意吗？如果不满意为什么？

（5）您对本品牌的产品有哪些改进的建议？

一般来说，市场调研问卷中，大部分问题都是从上面这5个方面演变而来的，可以根据市场调研的基本目的去选择方向并且演化成题目。比如，这次调研主要是为了了解满意度，就可以出下列题目。

（1）您使用××品牌产品的频率怎么样？

  A．每天都用   B．每周会用

  C．每月会用   D．一个月都不一定用一次

（2）您觉得××品牌产品的使用感受怎么样？

（3）您会主动将××品牌推荐给您的朋友吗？

  A．会   B．不会   C．看情况

（4）您觉得××品牌产品在哪些方面值得改进？（多选题）

  A．质量   B．包装   C．购买便捷性

  D．价格   E．都挺好的

设计这4道题目的目的，是分析消费者对于××品牌产品的客观满意度（使用频率）和主观满意度（是否推荐），以及了解消费者不满意的地方有哪些。

除了上述内容，设计问卷时还要注意以下3点。

（1）首先要注意问题的表达，不仅要简洁、明了，避免过多铺垫，还要尽量避免专业术语的出现，要让消费者一眼就能看懂。

（2）其次要注意问卷中问题的先后顺序，要一气呵成，有连贯性，不要让

被调查者的思绪中断。通常情况下，第一个问题必须有趣且容易回答，重要问题放在突出的位置，容易的问题放在前面，慢慢引入比较难答的问题。

（3）最后要注意问题的数量，对于单一目的的问卷来说，题目（包括个人信息题）最好控制在 10 题左右，最多不要超过 15 题，不要出现重复的题目。

随着互联网平台的出现，问卷的统计和分析已经变得非常容易。调查人员可以在线生成问卷链接，通过各种渠道将问卷发给消费者，让消费者在线完成答卷，然后平台自动生成详细的分析报告。对于不是专业研究数据的营销人员来说，只要会使用在线问卷平台就已经足够了。

第二节
用户群体细分：如何准确地划分消费者群体

什么叫用户群体细分？简单来说，就是按照一定的共同点，对用户群体进行有层次的分类，以便更好地抓住目标用户群体的诉求，提供更加精准的营销方案。

为什么要对用户群体进行细分呢？

（1）对于企业来说，对用户群体进行细分，是创造与众不同的价值的核心。 举个简单的例子，即使像可口可乐这么有知名度的产品，也无法以一款产品满足所有用户的需求。如果客户只需要一款饮料，那么可以给他提供可口可乐；如果客户需要的是低卡路里的饮料，那就需要给他提供无糖可乐；如果客户需要的是果味饮料，则需要给他提供樱桃可乐。

再拿休闲零食产品来说，坚果、薯片、膨化食品的目标消费群体虽然有交叉，但差异非常明显。坚果的目标消费者更多的是年轻女性中的白领；薯片的目标消费者更多的是青少年和儿童。如果一款产品的负责人说，他的产品要卖给所有人，那么这个人一定不是专业的营销人员。

（2）对于市场营销工作来说，用户群体细分更加重要。 在明星代言、一句响亮的广告语、大平台大投入的"三板斧"模式的传统广告营销时代，营销方式比较简单，对所有客户都采用千篇一律的推送频率和推送内容。但在移动互联网时代，这种方式不仅营销效果差，还会带来不好的客户体验，最终造成预算的浪费。

从目标客户需求的角度来看，客户也希望看到满足自己需求的营销素材。而对于不同价值的客户，商家所提供的商品、服务和营销素材也不一样。企业在品牌架构搭建完成后，首先解决的就是"产品要卖给谁"这一问题，也就是确定产品的目标消费人群；了解他们对该类产品的消费需求、消费行为、消费心理是怎样的，他们的价值观与产品的品牌关联度是什么，等等。只有界定了产品的目标消费群体，了解了他们的特点和需求，才能实现产品卖点与消费者需求的准确对接，这个过程将决定产品的品牌定位和产品诉求点的提炼方向。

到底应该怎么进行用户群体细分呢？主要有以下4种方法。

（1）**地理细分，即根据地理位置把用户分为不同的群体。**比如，按照国家、省份，或者一二线城市、三四线城市这样的标准划分。

（2）**人口细分，就是根据消费者的年龄、人生阶段、性别、收入、社会阶层等将用户划分不同的群体。**比如，佳洁士牙膏针对儿童、成年人、老年人会提供不同类型的产品；葵花药业有葵花成人用药和小葵花儿童用药两大品类。人生阶段不同的消费者，他们所关心的事物也是不同的。比如，没结婚的小青年和已经结婚、有孩子的夫妻，显然关注点会有很大的区别。

（3）**心理细分，就是根据消费者的生活方式、个性特点或价值观来划分不同的群体。**因为每个人所处的位置不一样，所以消费心理肯定也是千差万别。比如，富有的人和贫穷的人，其消费心理肯定不一样；喜欢文艺的人和不喜欢文艺的人，其消费心理也不一样；追求生活品质和追求基本生活保障的人，其消费心理还不一样。

（4）**行为细分，即根据消费者对一件产品的了解程度、态度、使用情况或反映，将他们划分成不同的群体。**按消费者进入市场的程度，可将一种产品的消费者区分为经常购买者、初次购买者、潜在购买者等不同群体。比如，用户要购买汽车，刚拿到驾照的新手和换了好几辆车的司机，他们在购车的时候，行为肯定是不一样的。

营销人员要帮助企业从上述 4 个维度去划分用户群体。比如，拼多多这个 App，从地理细分上看，是以三四线城市和农村用户为主；从人口细分上看，是以年龄偏大并且收入偏低的女性为主；从心理细分上看，是以追求基本生活保障、对价格敏感的人群为主；从行为细分上看，是以初次接触网上购物、对网购不太熟悉的人群为主。同样是购物 App，网易严选就很不一样。网易严选的目标用户是一二线城市的年轻白领，他们收入较高，对于商品的品质和外观有相当高的要求。

任何一个产品都可以按照地理、人口、心理和行为 4 个维度，框定出一个大致的目标消费群体。有了大致的目标群体之后，营销人员就可以进一步采用定性、定量的方法，对他们进行深入的访谈，观察他们的行为，进而分析他们的真正需求，从而改进产品和营销策略，让目标消费群体成为忠实用户。

第三节
研究产品：如何迅速了解一个陌生的产品？

在前面的章节中，我们了解了营销中的 4P 原则，即产品（Product）、价格（Price）、渠道（Place）和推广（Promotion），而产品毫无疑问地排在了第一位。在市场营销的环境下，所谓的产品到底是怎么一回事呢？又或者说，产品为什么是市场营销中最为重要的因素呢？

我们先来探究一下产品到底是什么。在经济学的概念中，一切被人为生产出来的东西都叫作产品。比如，原始人用两块石头做成的锤子，这是产品；宝马生产出的汽车，也是产品；NASA（美国国家航空航天局）制造出的火星探测仪，还是产品。但是在市场营销的定义中，产品这个词就变得复杂了许多。

营销之父菲利普·科特勒说过，产品是指能够供给市场，被人们消费且使用，并能满足人们某种需求的任何东西，包括有形的物品，无形的服务、组织、观念或它们的组合。说得简单一点就是，产品是要被人们消费的，是要满足人们的某种需求的。比如，一个飞机爱好者做出一个模型飞机，但是它既不能飞，又没有收藏价值，制造出来后就被丢在仓库里了，这就不能称为产品。因为其完全没有实际的价值，也不能在市场中被其他人消费和使用。

对于市场营销人来说，无论是刚入职一家公司，还是要为一个产品进行营销策划，都需要对公司的产品进行深度剖析和研究。当然，这个研究肯定不是研究产品是怎么研制出来的。比如，你去互联网公司做市场营销，你并不一定要懂怎么写代码；你去汽车公司做营销，也不一定要懂发动机的原理。

在营销领域中，所谓的产品研究，主要包括两方面：第一，研究产品的市场适应力；第二，研究产品的生命周期。

先说市场适应力。研究产品的市场适应力其实就是研究这款产品的目标消费者、定价、独特卖点。任何一个值得被生产的产品，都需要有明确的目标消费群体，有与目标消费群体相匹配的定价，以及区别于同类竞争产品的独特卖点。

接下来就是研究产品的生命发展周期。在市场营销学里，这是非常重要的研究对象。产品生命周期，其实就是产品从投入市场到更新换代，再到退出市场所经历的全过程。产品在市场流通过程中，由于消费者的需求变化、市场的文化环境变化、科技变化等原因，都会经历从兴起到流行再到衰落的过程。

营销人的职责就是帮助一个产品尽可能地在它的生命周期里获得更多的消费者，为消费者带去更好的价值，同时为企业创造更多的利润。当然，如果能延长产品的生命周期，那就更好了。

产品的生命周期一般分为4个阶段，分别是探索期、成长期、成熟期（饱和期）和衰退期（衰落期）。接下来我们就依次分析一下，在产品周期的不同阶段，应该采取的营销策略。

探索期

探索期也叫导入期。在这个时期，第一批产品刚刚被生产出来并投放市场，数量和种类都比较少，消费者对产品的了解也不太多。除了少数追求新、奇、特的消费者外，绝大部分消费者都不会愿意去购买一款全新的产品。

有些企业可能急于让产品的销量提升，所以在探索期就大量地支出营销费用、大规模地投放广告。但是由于产品本身的完成度和市场的认可度都不明确，这个阶段支出的营销费用可能会被白白浪费掉。在这个阶段最理性的做法应当是，服务好种子用户——那些敢于去尝试产品的消费者。维持好与他们的关系，与他们进行充分的沟通，从他们对产品的反馈中获取有效信息，然后去迭代和优化产品。

成长期

当产品开始被市场初步认可，销量或者用户量出现快速增长的时候，产品就进入了成长期。成长期最显著的特征就是，公司前景看似一片光明，甚至不用刻意地去做推广，产品销量都会一个劲儿地增长。因此许多企业会在这个时候沾沾自喜，甚至有所懈怠。但事实是，绝大部分产品在成长期的快速增长都是十分短暂的。如果此时没有采取相应的策略去维持和扩大销量，那么一旦快速增长期过去了，产品销量就会一落千丈，甚至瞬间衰败。

在快速成长期，最重要的营销策略有两点。

（1）快速收集市场对于产品的反馈，然后迅速优化产品。因为快速成长期正是产品暴露出最多问题的时候，这个时候应当由专门的团队去发现和整理来自各个平台的消费者的评论和建议。

（2）增加广告宣传费用和其他传播途径的投入，不仅要传播产品的功能点，还要逐步重视起产品品牌形象的塑造。如果是某些新兴行业，更要不断打造这个产品在行业内"第一"的概念，将"第一"打入市场上所有消费者的脑海中。

成熟期

当产品的市场份额已经相对稳定，尤其是现金流和消费者数量都比较稳定的时候，就代表产品进入了成熟期，或者说是稳定期。在成熟期，企业需要在保持现有业务的情况下，不断推陈出新。

这里的"推陈出新"有两方面的含义。

（1）要把现有的比较成熟和稳定的产品，经过改良、优化、迭代升级后重新推向市场。比如，苹果公司几乎每年都会推出新型号的 iPhone，可口可乐公司也会变着法子推出新的包装，从而不断地刺激消费者的认知，让他们认为成熟的产品并非已经老化，它们依旧在不断创新。

（2）在产品的推广上也要不断地推陈出新。可口可乐、宝洁、耐克等极为成熟的公司，是当前全球产出最多优质广告创意的公司。它们花费大量的资金，希望买到最有趣、最出众的创意。这些创意很多时候并不是为了吸引新的消费者，而是为了不断给现有的消费者以刺激——我们公司没有老，我们依旧充满活力。

应该说，目前大部分知名公司的知名产品都处于成熟期。无论是宝洁、耐克、苹果，还是淘宝、京东，都已经有极高的知名度，在它们的目标市场里，它们已经收获了绝大多数的消费者。

衰退期

产品的成熟期可以维持很久，比如几十年甚至上百年。当一个成熟期的产品开始衰退，往往和产品的内部因素没有关系。唯一导致产品从成熟期进入衰败期的原因，就是它所处的行业发生了翻天覆地的变化。比如，十几年前极为强大的诺基亚，它从成熟期转入衰败期，完全不是因为它的产品质量不好，也不是因为它的成本控制不好，更不是因为它的广告做得不好，只是因为整个手机行业发生了巨大的变化，而诺基亚自身的产品矩阵远远落在了这巨大变化的后面。当然，专业的营销人要有一个清晰的认知：任何产品都会进入衰退期，这是必然的，是不以任何人的意志为转移的。可以想一想自己小时候，身边那些常用的东西现在还有吗？比如，磁带（见图2-3）、红白游戏机、火柴、VCD，这些曾经流行一时的产品，在现在的生活中已经很难找到了。

图2-3　磁带

虽然世界上不存在永远畅销的产品，却存在一些"超级"公司以及"超级"经典的品牌。所以，当一个产品进入衰退期的时候，企业不应该将这个产品"修修补补"，希望给它续命，而应当果断放弃衰退期的产品，转而集中全部力量，开发符合当下市场需求、结合最新技术的新产品。

研究产品时，大部分公司的市场部门都是被忽略的。市场营销部门会将自己的工作职责非常窄地划定在创作广告、投放广告、寻找媒体合作等范围内。他们往往只是从产品部门那里，把已经成型的产品接过来，按照产品部门甚至是技术部门的需求去推广产品。这样就会导致产品部门和市场部门的争执——产品部门认为自己的产品很好，销量不好完全是市场部的推广没做好；而市场部门则认为，是产品部门研发的产品存在问题，才导致市场推广很难进行。而解决这种矛盾的唯一方法，就是市场部门和产品部门一起分析和研究产品，研究产品的市场潜力、所处的生命周期。只有在产品团队、技术团队和市场营销团队对于产品形成统一认知后，才能有序地推进产品的研发和推广工作，才不至于浪费研发和推广的成本。

研究产品本质上是一种态度，这种态度就是乔布斯所说的"Stay hungry, Stay foolish"（保持饥饿，保持愚蠢）。

很多时候我们可能会因为自己生产出了产品就认为自己对该产品无所不知，但其实我们对它一无所知。产品的生命是市场赋予的，是消费者赋予的。企业只不过是将产品生产出来，之后产品的发展需要经过市场的检验。任何产品都有它自己的客观规律，即使这个产品是我们所研发、生产的，也仍然要仔仔细细地研究产品本身的发展规律。

其实不仅是产品，世界上的一切事物，包括我们的日常生活、思想观念，以及社会的发展都是有其规律的，我们需要好好去学习和研究这些规律，才能更好地把握规律，让规律创造价值。

第四节
写好营销文案：看一遍就会用的商业文案写作技巧

对于市场营销人来说，写文案是一项基本功。因为无论营销环境如何变化，与消费者沟通的最基本的形式还是文字。当然，这里所说的文字是广义上的文字，包括为商品撰写的介绍、标语、品牌故事、影视广告脚本、对白、H5文案等，这些都需要营销人有一定的文案撰写能力。

营销领域的"文案写得好"的要求，和文学创作界是不一样的。在营销行业，优秀文案的标准是能通过文案描述，带动销量的提升。而什么样的文案能带动销量呢？当然是能真正切准消费者内心，能打动消费者的文案。

写文案的基本原则

应该说，写好商业文案是一个非常庞大的话题，有着各种流派的技巧。这里我简单地说两个原则。

（1）"说人话"。除非你的产品是非常专业的、卖给专业人士的东西，不然就要尽可能地"说人话"。大部分水平一般的文案的共同特征就是"不说人话"。

怎样做到"说人话"呢？首先，要与用户建立连接。比如，有一个做儿童英语培训的App，它的文案是"××唯一指定少儿英语培训机构""经过美国××教学机构认证"等，这样的文案对于大部分用户来说，根本没什么感觉。如果换成"说人话"的文案写法，可以写成"每天不到一块钱，孩子英语美国学""在这儿上课就像在美国一样"。通过"说人话"才能打动目标消费群体。其次，要运用场景化表达。举个例子，有一段旅行公司的文案是这样的：

你写PPT时，
阿拉斯加的鳕鱼正跃出水面；
你看报表时，
梅里雪山的金丝猴刚好爬上树尖；

你挤进地铁时，

西藏的山鹰一直盘旋云端；

你在会议室争论时，

尼泊尔的背包客正端起酒杯坐在火堆旁。

有一些路穿着高跟鞋走不到，

有一些空气喷着香水闻不到，

有一些人在写字楼里永远遇不到。

听到这些语言描述的时候，你脑海中是不是会浮现出一些场景，然后特别心动地想去旅行？

（2）要能调动消费者的"听觉"。无论是写一句企业宣传语还是写一段微博或者短视频脚本，目的都是让大家去分享，造成二次、三次传播。消费者之间的传播，主要是通过口口相传进行的，所以听觉思维才是文案创作的关键。当你写完一篇文案之后，可以把这段话念给你的朋友听，如果你的朋友很受触动，并且能毫无困难地复述，那么这段文案就是好文案，否则你的文案就需要"回炉重造"了。

完全文案训练法

文案这个领域套路太多，原则太多，理论太多，技巧太多。大多数人了解了无数的理论还是写不出好文案。新人学习者不肯好好琢磨、慢慢积累，却把所有力气花在寻找能一朝成功的"武林秘籍"上；而文案的老手则认为，写得好不如教得好，一个个都好为人师，明明自己都没写出什么经典作品，但理论却是一套一套的，仿若自己是"骨灰级"大师。

我们必须明白，哪怕我们学习了再多的技巧，若没有正确的思维模式，就如同练就一身外功，却没有扎实的内力。学到的技巧只是花拳绣腿，根本无法在竞争惨烈的江湖中生存下来。

所以，要提高文案写作能力，首要的不是学习那些具体的"技巧"和"干货"，而是要先有意识地去积累生活的经验，训练思维的能力。

记得6年前，我们公司的文案总监说过一句话："写文案，三分靠努力，七分靠天赋。"我至今还很赞同这句话。假如你对广告、对创意、对文案没有天生的感觉,也不是一个对文字和创意有冲动的人,从来不会为一句"走心"的文案流泪,也不会为一个段子大笑,更不会为一句经典的广告文案拍手叫好,那么你学习再多的技巧也没有用。当然,假若你认为自己对文案有感觉,那么为了能让你的努力事半功倍,让你的天赋尽情释放,让我们一起来做下面5件事。这不是具体的文案技巧,而是积累生活经验、训练思维能力的一些建议。

1. 文案训练法之一:成为一个"精神分裂者"

好的文案都是从目标消费者的角度去写的,也就是"见人说人话,见鬼说鬼话"。这点毋庸置疑,无数的文案技巧都提到了这一点。

但问题在于,一个月薪5000元的小编,如何写出卖给年薪百万人的奢侈品的广告文案呢?这就需要有洞察能力。年入百万的人在想什么?他们在读什么书?他们追什么剧?他们聚在一起聊天的话题是什么?他们焦虑什么?他们的钱一般怎么花?如果你一个问题都回答不了,没关系,这个时候你需要做调研、查资料、做访谈,形成关于年入百万人群的调研报告。然后凭借自己的智慧,将这厚厚的资料凝聚成一句或者一段文案。那么,如何用智慧凝聚出你要的文案呢?最好的方式就是慢慢积累,训练自己的共情能力和概括能力,让自己在遇到一个新的商品时,能迅速成为这个商品的忠实用户,然后迅速写出自己想说的话。

具体怎么训练?提4个小建议。

(1)从今天开始,当你和任何一个人谈话的时候,有意识地记下你们的对话内容。用脑子记个大概也行,用录音笔也行。然后,在你有空的时候,好好分析一下你们的对话,尤其是对方为什么要说这样的话,他这么说的目的是什么,他的话和他的身份背景有什么关系。虽然有点费事,但对于提高共情能力还是很有用的。

(2)对分析人充满兴趣。何为分析人?比如,当你的老板骂你了,骂得特别难听,以前从来没有过,那就如同福尔摩斯般好好分析一下:老板这是怎么了?与人吵架了,还是遇到了不顺心的事?说简单点就是"脑补"老板反常的原因。

（3）写日记。每天写300个字，其中，200字记录当天发生的事情，100字记录自己的思考。这样既能训练你和自己的共情能力（自己与自己对话），也能训练你的概括能力。

（4）尝试总结每天阅读到的任何一篇文章、任何一本书的核心观点。坚持三个月，你就会有进步。

2. 文案训练法之二：形成自己的文字风格

商业文案虽然是"见人说人话，见鬼说鬼话"，但不代表文案完全没有个人的风格特色。恰恰相反，经典的文案在"见人说人话，见鬼说鬼话"的同时，还能让人瞬间知道这句话是谁说的。

许舜英，华语广告文案史中绕不过去的人物。她的文案风格非常突出，被称为"意识形态"流派。她的文案奠定了中兴百货、诚品书店的文化地位。她写出了"服装就是一种高明的政治，政治就是一种高明的服装"。她迷恋哲学、西方艺术、实验性话剧、电影等，这让她有一种超越常人的组织和重构能力。有兴趣的读者可以看看她的《大量流出》一书。

黄霑，香港四大才子之一。他曾是香港最厉害的文案人，后来又成了叱咤风云的作词人、主持人和歌手。面对一瓶销量欠佳又充斥着法式小资情调的葡萄酒，他写出了"人头马一开，好运自然来"，从而帮助人头马打开了中国的市场，人头马也成为华人心中的高端洋酒。黄霑能写出此等大气的文案，和他平日里阅读的书、结交的朋友分不开。他痴迷武侠，与金庸是好朋友，广为传唱的《沧海一声笑》就是他作词作曲的。

梁伟丰，BBDO的执行创意总监，也是一个音乐爱好者，给无数歌手写过词、谱过曲，音乐奠定了他的文案风格。

再提一个人——"东东枪"，奥美的资深创意总监，痴迷于相声和曲艺，相声给了他无数的灵感，奠定了他的文案风格。

这些例子告诉我们，那些优秀的文案高手都有自己独特的风格，而这种风格是通过他们的日常生活、爱好和兴趣逐步积累形成的。

3. 文案训练法之三：创意也是可以训练的

很多人说自己的创意不行、脑洞太小，怎么办呢？其实，创意这个东西，既简单又困难。简单是因为，创意是可以训练的；难是因为，训练的过程可能会漫长又痛苦。

先来看看创意到底是什么。"小米，一块钢板的艺术之旅。"看到这句文案你可能会说："真有创意，把一台手机描述成钢板的艺术之旅，我怎么想不到？"

你真的想不到吗？当你拿到一台手机的时候，你从来没有思考过或者和朋友讨论过手机的材质、外观，或者将手机联想成什么别的东西吗？应该是有的，很有可能"钢板""艺术""旅行"这几个字，在你观察手机的时候，你都想到过，但念头一闪而过，你就忘了。所以，创意无非就是，面对一个客体，提炼出客体本身的一些元素，然后进行联想，推导出几个新的元素，再把这些元素组合在一起。

而好的创意并不是你联想到的新元素多么多，多么奇特，而是恰到好处。那么，怎么训练创意呢？阐述如下。

（1）联想训练。我曾经参加过一个4A公司的考试，第一题就是"说说筷子的50种用法"。这就是联想训练法，有意识地去想一个物体的多种使用方式，以及一个问题的多种解决方式。

（2）时刻记录。充分利用手机的备忘录功能。当你产生任何的灵感，或者由眼前的事物联想到任何有趣的东西时，迅速把它记下来，格式为"看到×××——想到×××——又想到×××"。然后每天睡觉之前看看今天的收获，这就是你的记忆迷宫。

（3）训练组合。联想是从一个旧元素推导出一个新元素，而组合是将若干新元素和旧元素组合在一起。怎么组合呢？就像中国龙，它就是马头、蛇身、鱼鳞、鸡爪等新旧元素的组合。我们要做的思维训练也是如此。比如，你可以找10张纸条，每张纸条上写一个事物或者一个人的名称，然后随机抽取3张，编一个故事。这种训练可以一个人进行，也可以在聚会时作为朋友间的游戏，既好玩儿又能训练思维。

4. 文案训练法第四：向"嘻哈"学习，来一段 freestyle（即兴发挥）

判断"嘻哈"的词好不好的一个重要因素是什么？节奏和韵脚。文案也是如此，哪怕你看了很多的技巧、创意、理论，如果写出的东西连基本的韵律都没有，那根本算不上是文案。什么叫作"文案的韵律"？例如，iPhone 6 Plus 的文案"Bigger than bigger"，中国内地版翻译是"比更大还更大"，虽没错，但不知所云；中国香港版翻译是"岂止于大"，言简意赅，是有韵律的好文案。

比如，"今年过节不收礼，收礼只收脑白金"简直是文案中的韵律之典范。虽然这两句话并不完全押韵，但使用了顶针的方式，平仄也相对，非常利于传诵。

再如，"怕上火，喝王老吉"，读起来也是颇有韵律感，如同乐府诗中常用的句式，朗朗上口。

那么如何培养韵律感呢？没有什么技巧，只有多读。读什么呢？如下所述。

（1）古文和古诗，如《唐诗三百首》《宋词三百首》《古文观止》。

（2）歌词。听歌不要仅仅是听，还要多看看词，尤其是经典粤语歌词，韵律感非常棒。

（3）民国时期的小说，如老舍、钱钟书、鲁迅、茅盾等人的作品。好好读，慢慢读，不求读多少，只求好好品味。

5. 文案训练法第五：三年之内没长进，趁早离开

举个简单的例子：我有个朋友学的是理工科，但非要做广告营销。三年前转行进入营销圈，所在的公司很小，需要自己写很多的文案，但他写的文案几乎都"惨不忍睹"。于是他报名了许多所谓的训练营，也看了一大堆书，类似《文案发烧》《文案完全训练手册》《故事》等，他还坚持每天在简书上写1000字。他锲而不舍地坚持了两年，但丝毫没有长进，写的东西如流水账一般，平铺直叙，毫无亮点和高潮。我让他好好训练自己的思维，并且不要只阅读工具理论书，而要阅读文学。但他说，他已经没法读进去文学小说了，或者说，他无法从文学中学习到遣词造句的能力。如今，他在简书上写了 100 万字，却只有 20 个关注和 100 个赞。我只能劝他转行。

独特的文案写作技巧

当然,写好文案除了日复一日地训练,的确也需要一些文案写作的独特技巧,阐述如下。

1. 分解产品属性

无论你以后去什么样的公司,电商行业也好,快消品行业也好,汽车行业也好,金融行业也好,你一定离不开写描述产品本身的文案,也就是产品文案。对于写好一篇产品文案,资深的文案人常用的方法就是分解产品属性。

何为分解产品属性?简单来说,就是把一个商品往具体了写,把商品的笼统卖点拆分开来,用更为具体的语言,逐条描述更详细的卖点。举个例子,同样是一件衬衫,有的人是这么描述的:

极简主义衬衫,来自新疆的优质羊毛,意大利顶级设计师匠心打造,属于亚洲男性的必备衬衫。

这样的产品文案已经表达清楚了产品的所有卖点——优质的原料、意大利设计师、匠心打造、风格百搭。但无论放在哪家媒体上,这句文案都不足以引起消费者的关注,更别提促使消费者直接下单了。

使用分解产品属性法写出来的产品文案是这样的:

原料采用100%阿克苏原产羊毛,提高了舒适感;意大利设计师纯手工打造,完美拼接,时刻保持平整;鹰爪扣子,容易系带;专为亚洲男性设计,适合亚洲男人的身材。

经过修改,这个文案把衬衫的笼统卖点分解了出来,从产品的不同属性出发,回答了消费者对产品最为关心的问题,包括原材料、舒适度、生产流程、质量、便捷性以及美观度等。

也许现在看起来,你对修改过的文案并没有特别强的感受。但当你真正有购买一件衬衫的需求时,你会因为后者的文案而埋单,因为后者的文案更为详细地描述了衬衫的具体卖点,并且逐个回答了你对一件衬衫想了解的问题。

2. 视觉化表达

视觉化表达是很多文案课程中提到的文案撰写方法。简单来说就是,当消费者读到某一文案时,脑海中就能浮现出画面。什么样的文案会有画面感呢?举个例子,苹果公司的 iPod 刚上市的时候,曾有这样的产品文案:超大容量、超小体积的随身音乐播放器。

这句文案写得有错吗?当然没错。但是乔布斯为 iPod 写了一句广为流传的广告语:把 1000 首歌放进口袋。画面感一下子就出来了。

我们再看一个例子,某二手车交易网站曾经的广告语是:每辆二手车都能享受最低折扣。这句文案当然也可以,但如果把它改成"没有中间商赚差价"呢?是不是一下子就加深了消费者对该网站的印象?

为什么视觉感这么重要呢?因为形象化的想象是我们最基本的需求之一,人天生不喜欢抽象的东西,所以古代几乎所有的抽象理念都被形象化了——因为"正义慈悲"太抽象,所以人们创造了一个形象化、人格化的"观世音菩萨";因为下雨过程太抽象,所以人们虚构出了"雷公""电母"。

心理学中有个名词,叫"鲜活性效应",是指我们更容易受一个事件的鲜活性影响,而不是这个事件本身的意义。

我们在了解 19 世纪 20 年代美国经济大萧条的时候,如果只是看当时的一些统计数据,如"70% 的失业率""全美证券指数下跌了 90%"等,可能很难有一个直观的体会。但当我们去阅读威廉·曼彻斯特的《光荣与梦想》时,就会被书中描写的大萧条时的情景所打动。因为在《光荣与梦想》一书中,有着大量的聚焦于个体本身的描写,如"男人刮胡子的刀片磨了再用""为了省电,改用 25 瓦的灯泡""孩子们捡汽水瓶到铺子里退钱,一个两分""妇女们把旧被单剪开再把两边缝接起来,这样就把中间磨损的地方分移到两边去了"这样的描写一下就制造出了鲜活感和视觉感。

所以,写文案一定要有"视觉感",否则别人不知道你在说什么。

那么,如何写出拥有"视觉感"的文案呢?方法就是**"把产品的卖点具象化"**。一切产品都可以从抽象的卖点具象成一个让大众都熟悉的表述。

具象化看起来容易，但真正写文案的时候并不容易做到。我曾被邀请为一个互联网家装品牌写新的广告语，这个网站的广告语原本是，"一键式的便捷家装平台"——虽然传递了产品的卖点，但文案非常抽象，不容易被人记住。当时我一直想把它改得更具象化，但因为我没有经历过装修，不太懂得"便捷"对于要装修的消费者来说意味着什么。最后，我问了身边一些装修完的朋友，他们都表示，传统的装修公司很麻烦，各种烦琐的事情需要他们不断请假，还差点"跑断腿"。我从这里得到了灵感，于是我写出了一个全新的广告语："上×××装修网，装修最多跑一次"。从痛点出发，我将"一键式的便捷家装平台"具象成了"最多跑一次"，该文案也得到了企业方的认可。

要写出视觉感强的文案，不仅需要通过长期训练，培养自己从抽象到具象的思维表达能力，更要对产品本身有深入的了解。

3. 具体场景表达

所谓的具体场景表达，其实和上面的视觉化表达类似。就是当你在为一个产品写文案的时候，不要脱离产品的实际使用情况，而要推导产品的具体使用场景、能解决的问题等，用更具象的语言表达出来。

例如，利用分解产品属性法修改后的关于衬衫的文案，更适合已经有购买需求的消费者。那么对于没有购买需求的消费者，又应该如何去打动他们呢？这就要用到具体场景表达法了。

可以根据衬衫的卖点，把文案改写成下面这种新的模式。

（1）原料好、质量好——哪怕汗流浃背，也依然保持优雅版型。

（2）抗皱性强——天天挤地铁，也不怕变皱。

（3）鹰爪扣子、容易系带——换衣只需一瞬间，上班族必备。

这样就将衬衫的几个卖点，通过具体的使用场景展现了出来。

多数产品的功能与卖点都不是单一的，而且通常情况下，这些卖点也不具备很强的独特性。因此，要想打动潜在消费者，就应该更多地把产品定位到使用情景中，并在文案中清晰地表达出来——产品需要完成什么任务？比如，某智能家电品牌曾开发了一款App，可以控制家电自动运行。如果它的广告文案仅仅是"使用智能App，超远程控制家中所有电器的工作"，那么大部分"小白"消费者会无感，他们不会去更新自己的家电。但如果把文案改成："下班时用手机打开家里的空调，回到家后就能享受凉爽啦！"或者改成"早上出门太急，衣服丢在洗衣机里忘了洗？没关系，打开 App 控制家里的洗衣机开始工作吧！"

具体场景表达法易学易用，就是把产品适合什么样的人、可以做什么事情写出来。而且它适用于各种文案的写作，如广告语、软文和产品说明等。

4. 与消费者共情

与消费者共情，就是写出消费者内心深处的想法，让消费者读完文案会有"你怎么知道我是这么想的""你怎么这么懂我"的感受，从而瞬间建立起对文案的认同感。这个时候再顺势提出要推广的产品，消费者就会顺理成章地接受了。在公众号时代，很多长篇软文用的就是这种方法。

共情法最为经典的案例，就是中国台湾的奥美公司曾为诚品书店写的广告文案《我害怕阅读的人》，节选如下。

> 不知何时开始，我害怕阅读的人。
> 就像我们不知道冬天从哪天开始，
> 只会感觉夜的黑越来越漫长。
> 我害怕阅读的人。
> 一跟他们谈话，
> 我就像一个透明的人，苍白的脑袋无法隐藏。
> 我所拥有的内涵是什么？
> 不就是人人能脱口而出，
> 游荡在空气中最通俗的认知吗？
> 像心脏在身体的左边，
> 春天之后是夏天，
> 美国总统是世界上最有权力的人。
> 但阅读的人在知识里遨游，
> 能从食谱论及管理学，八卦周刊讲到社会趋势，

甚至空中跃下的猫，

都能让他们对建筑防震理论侃侃而谈。

相较之下，我只是一台在 MP3 时代的录音机：过气、无法调整。

我最引以为傲的论述，

恐怕只是他多年前书架上某本书里的某段文字，

而且，还是不被荧光笔画线注记的那一段。

这段文案之所以成为经典，是因为它深刻地抓住了消费者真实的想法。他们患有知识焦虑症，害怕与大量阅读、拥有丰富知识的人交流，害怕自己的粗浅被他人看出来。因此，文案的最后向消费者推出了能解决这种潜在焦虑的办法——诚品书店的书籍促销。

关于与消费者共情的文案的写作，没有特别的技巧和捷径可循，唯有长期坚持训练，并对身边朋友的情感变化保持关注和思考，这样才能在需要的时候写出"共情"的文案。

5. 恐惧营销法

恐惧营销法也是撰写文案时的常用方法。所谓的恐惧营销法，就是在描述一个产品的时候，不直接描述它的优点，而是阐述如果不用这款产品，会变得很糟糕。在保健品、护肤品以及教育类产品的营销过程中，经常会使用这种方法。

比如，一个带有保健功效的牙膏品牌，它的主要产品文案是这么写的："现在不爱护牙，45 岁以后，你可能会出现牙龈出血、牙神经炎症等问题。连米饭你都可能会咀嚼困难，严重的还会导致面部瘫痪！"在这一长串的恐惧描述之后，消费者可能会因为担心自己的健康问题而选择购买这款牙膏。

这种方式在护肤品行业用得更多，例如，"女人在 25 岁以后皮肤就会走下坡路，鱼尾纹会很明显，会出现各种斑点，黑眼圈也会越来越严重。"这就是女生趋之若鹜地去购买护肤品的原因，虽然大部分护肤品的实际功效根本没有经过科学认定。

恐惧营销文案写起来很容易，用起来"杀伤力"也非常强。但要注意的是，文案描述千万不要太过分，不要脱离产品本身真正的功效。例如，一些保健品的文案会把各种大大小小的毛病都列举一番，给消费者一种"这个保健品效果神奇"的错觉。要知道，当你用这样的文案宣传产品的时候，你就涉及虚假宣传了，后果很严重。

第五节
创意到底是什么？如何提高你的创意水平？

好的创意总是让人大开眼界

广告教父大卫·奥格威在《一个广告人的自白》中提到，若是你的广告的基础不是上乘的创意，那么它必遭受失败。营销的创意需要求新求变，在保证合理性的前提下，要充分体现自身的特异性，这样才能吸引营销宣传所面向的目标消费群体的关注。

我们先不急着讲如何去寻找创意。在此之前，先来看看营销行业的大师是如何做创意的。

曾经策划过蓝瓶三精口服液、田七、小葵花等经典广告的华与华公司认为，超级符号就是超级创意。超级符号是人人都看得懂，并且人人都按照它的指引行事的符号，人们甚至不会思考它为什么存在，只要一看见这个符号，就会听它的话。比如，红绿灯就是最厉害的符号创意，它所代表的信息所有人都知道。

华与华非常善于在营销中利用符号学的知识去做创意。比如，三精口服液"蓝瓶的钙，好喝的钙"，就是把蓝瓶这个符号作为三精口服液的符号。"小葵花妈妈课堂开课了"，就是把小葵花妈妈课堂这个符号作为小葵花的符号。

在为厨邦酱油做营销的时候，华与华认为，酱油的核心目标消费人群是家庭主妇，必须寻找一个家庭主妇脑海中认为的最能代表厨房的符号，然后把它作为厨邦酱油对外传播的主视觉。最终，他们选择了白底蓝格子条纹。因为这种条纹曾经在20世纪八九十年代被广泛应用于餐桌上。所以在消费者的记忆里，白底蓝格子布等同于桌布。华与华在厨邦酱油的外包装上，甚至是所有物流配送的货车车厢上，都印上了这种条纹，希望消费者看到这种条纹就能想到厨房，接着想到厨邦酱油。

再如西贝莜面村，很多消费者不认识"莜"这个字，经常误读，这非常不利于传播。为了让消费者记住这个"莜"字，华与华用了所有人都认识的一句英文——I LOVE YOU，然后把英文 YOU 换成莜面的"莜"，把 LOVE 做成爱心的形状。从那之后，只要消费者想到 I LOVE YOU，就会想到"莜"字，大大降低了传播的成本。

在田七的项目中，华与华将人们在拍照时会大声喊"茄子"的这一习惯移植到了田七牙膏的广告创意中。所有人咧着嘴巴笑，然后喊"田七"，一方面是为了展示牙齿的洁白，另一方面是试图把田七这个符号植入人们日常的记忆里。

华与华还有一个厉害的案例，就是给河北固安工业园区做的广告。当时很多人都不知道固安在哪儿，华与华通过天安门想了一个创意，广告语是，"我爱北京天安门正南 50 公里"。听到这个广告，人们就大致知道工业园在哪儿了——天安门往南 50 公里。这个广告一出，原本招不到商的固安工业园区，一下子接到了很多商户的电话。

在华与华看来，做创意的方法就是为品牌找到一个最有记忆点和最具差异性的符号。

中国营销行业另一位知名人物叶茂中则认为，创意就是制造冲突。冲突产生需求，提炼出解决冲突的方案，就可以完成一个创意的过程。三流的营销是寻找冲突；二流的营销是发现冲突，并且想到解决方案；一流的营销是制造冲突。

十几年前，叶茂中服务于一家服装企业时，注意到一个冲突，如果利用好这个冲突，那么即使不讲服装面料、加工工艺等，一样可以占领市场。具体是什么冲突呢？那就是男人是不喜欢逛街的，但是他们需要日常的着装，这就是一个冲突。在购物中心买一条裤子，男人只要花 10 分钟的时间，女人却需要花 3 个小时。对于男人来讲，他们跟女人的购物方式不一样，这里面就存在着冲突。因此叶茂中提出了广告诉求："一年逛两次海澜之家"就可以了。当初把这个想法说出来的时候，客户说可否一年逛四次。叶茂中说当初他只想写一年逛一次，因为这不是一次、两次的问题，最关键的是这句话解决了一个冲突。

2014年的时候，有一家化妆品公司请叶茂中做洗发水的营销策划，当时叶茂中心理压力非常大。洗发水在中国商超货架上有几十种，不同价位、不同品牌的都有，这个行业早已进入白热化竞争阶段，做一个新品牌难度很大。

洗发水还能怎么卖呢？叶茂中让老板把洗发水包装改一改，不叫洗发水，改成洗头水。老板就问，这行吗？叶茂中说这总比叫"洗发水"要强，因为洗发水品牌太多了，至少我们的产品能从名字上跟其他洗发水区分开来。然后叶茂中就策划了这句广告词："洗了一辈子头发，你洗过头皮吗？"这是制造了一个冲突，原来消费者有没有这个冲突呢？好像没有。因为叶茂中提出来之后就有了，所以这款"洗头水"可以卖到比一般洗发水更高的价格。

其实不仅叶茂中擅长制造冲突，史玉柱也是制造冲突的天才，他为脑白金策划的广告创意是"今年过节不收礼，收礼只收脑白金"。小学语文老师都说，这句话是一个病句，但这句话就是制造冲突。你在思考这个病句的时候，无意之中就把冲突植入到了脑海中，当你去买保健品的时候，脑海中就会想起这个病句，进而产生购买欲望。

中国营销圈还有一股清流，他们制造创意的方式是蹭热点。这个公司就是以运营杜蕾斯微博名震营销界的环时互动。杜蕾斯做创意的方式就是蹭热点，刷存在感，引起传播。它的第一个热点是，在北京下大雨的时候，说"幸亏还有两个避孕套"，然后把它们套在脚上做雨鞋。于是这个无厘头的创意便打响了杜蕾斯微博营销的头响炮。

杜蕾斯在面临热点的时候，拥有快速反应的能力，善于借势造势，这一点大家有目共睹。除此之外，杜蕾斯还专注于内容的制造，而非纯粹的"硬广"。杜蕾斯会把产品置于生活场景中，懂得短时间内借势，在大家熟知的画面或事件中，利用大家对文案的想象或联想来达到营销产品的目的。然而，杜蕾斯的文案又不是很直接，带一点猜测性质或者"梗"在内，需要一定的思考才能领会完整的意思。

上述内容给大家介绍了中国一些著名的营销机构和个人寻找创意的基本方法，接下来就给大家介绍一下创意的两个原则和四个步骤。

两个原则

创意其实是旧元素的结合，只要洞悉不同事物之间的关联性，"新瓶装旧酒"也有大能量。美国著名的智威汤逊广告公司的资深创意总监，美国当代影响力最深远的广告创意大师之一，1974年荣登"广告名人堂"的广告创意大师詹姆斯·韦伯·扬也是这么认为的。举个例子，拼多多的广告大家肯定都看过，"拼多多，拼多多，……每天随时随地拼多多，拼多多！"它的旋律改编自歌曲《好想你》。套用老歌歌词，融入品牌新元素，这就是典型的"新瓶装旧酒"。

短视频平台快手的广告，"如果感到快乐你就拍快手"，这明显是改编自《幸福拍手歌》。而且感到快乐拍快手又和快手的自身定位——分享快乐的短视频完全吻合。

华与华给固安工业园区做的广告，"我爱北京天安门正南50公里"，这是套用了《我爱北京天安门》这首歌。而田七则是直接套用"茄子"这一上至白发老人、下至黄毛小儿都知道的拍照姿势。

寻找创意的灵感时，要善于寻找不同事物之间的关联。不管是流传千百年的俚语，还是家喻户晓的歌词，抑或是连小孩儿都知道的图案符号，都是可以利用的共同点。因为书面语言的传播方式只在于读和写，只有口语或者家喻户晓的歌词才能同时发动听、说、读、写四大传播方式。所以书面语言的广告价值远远低于口语，一句好的创意广告语就是要能脱口而出。

第一位获得广告界奥斯卡——金铅笔（One Show）奖的中国创意人李蔚然，曾为耐克制作了主题为"随时"的一个系列创意视频。其中一个视频是，一个人在路边系鞋带时，爆米花的机器响了，这个人像是听到了发令枪的声音，迅速向前冲刺；有个人在修自行车的时候，看到两个轮胎，立刻像举重一样把轮胎举了起来；还有一个是，讲台上老师的地球仪掉下来了，一个学生捡起来，情不自禁地把地球仪当作花样篮球在手上把玩。这就是典型的旧元素的结合，将体育竞技项目和生活中的细节相结合，将不同事物之间的关联巧妙地联系到一起，这一系列视频让人看完印象深刻。

四个步骤

第一步，大量收集原始素材，越多越好。利用发散性思维，把能想到的和传播诉求有关联的所有因素都列上，不管是和产品背景有关联的，还是和产品名称谐音的，抑或是和产品形状相似的，统统列出来，多多益善。哪怕像环时互动那样精英云集的创意公司，他们在前期做杜蕾斯微博的创意时，也需要罗列至少几十个相关因素。

第二步，咀嚼和拼贴素材。反复地推敲和琢磨收集到的素材，思考这些素材和产品的关联性，尝试把罗列出来的素材进行组合，把 A 和 B 组合，A 和 C 组合，B 和 C 组合……以此类推，看看有没有意外的发现。

第三步，由潜意识自动生成创意。为什么是潜意识？因为很多成功的创意来自灵感一刹那的迸发。潜意识里的记忆很多都是流传已久、家喻户晓的记忆。唤起消费者内心潜藏的记忆，比让消费者记住一个新的东西要容易得多。

第四步，接受反馈，调整创意。除非你对自己的创意有十足的把握，否则还是要在小范围目标受众的圈子里做一下测试。如果有不合理的地方，就尽快调整，不要太沉溺于自己的创意，这样容易自说自话，可能最后呈献的是一个仅自我陶醉的创意。

第六节
理解媒体：深入理解传统媒体、新媒体、社交媒体

对于市场营销人来说，媒体非常重要，因为他们创作的几乎所有营销内容，最后都要通过各种各样的媒体（见图 2-4）传播给消费者。因此，市场营销人需要对媒体拥有充分的了解，包括了解其运作原理和规律。

图 2-4　手机中的各种媒体

什么是媒体？媒体也叫媒介。美国著名传播学家威尔伯·施拉姆说过，媒介就是传播过程中用以扩大并延伸信息传送的工具。

麦克卢汉的三个观点

谈到媒介，一定避不开在大众传播研究史中如神一般存在的人物——马歇尔·麦克卢汉。他是加拿大乃至世界著名的传播学者，有人称他为"继弗洛伊德和爱因斯坦之后最伟大的思想家"，他在世界传播学历史中有着举足轻重的地位。

在《理解媒介》这部著作中，麦克卢汉主要阐释了三个观点，分别是媒介即人体的延伸，媒介即信息，冷媒介和热媒介。

接下来简单给大家介绍一下这三个观点。

（1）媒介即人体的延伸，换句更好理解的话就是，媒介是人体器官的延伸。

我们使用的任何一种媒介，都延伸了我们感觉的界限，改变了我们认识世界、理解世界的方式。文字和印刷媒介延伸了人的视觉能力，让人有了"千里眼"；广播延伸了人的听觉能力，让人有了"顺风耳"；电视是视觉、听觉能力的综合延伸；而新媒体在多种超文本形式的技术下，是对人的听觉、视觉、触觉，甚至是对味觉和嗅觉的综合延伸。

（2）媒介即信息，意思是说，从长远的角度看，真正有意义的信息并不是各个时代的媒介所提示给人们的内容，而是媒介本身。换句话说就是，对于整个人类史而言，真正起作用的不是那些转瞬即逝的信息，而是不断发展和变革的媒介本身。这些媒介改变着我们传播和接收信息的方法，造就了我们的生活方式本身。

举个例子，微博是一种新媒体，它的特点之一是，用户自己就是传播者。在新媒体技术不断进步的情况下，传播者和接受者的界限也逐渐变得模糊。作为微博的使用者，微博上的内容开阔了我们的眼界，微博自身也在我们使用的过程中改变了我们认识世界、接触世界的方式。麦克卢汉说媒介即信息，想表达的就是，一种新的媒介的出现必然会改变人们理解世界的方式，媒介本身才是真正有意义的信息。

（3）"冷媒介与热媒介理论"是麦克卢汉最容易让人误解的理论之一。麦克卢汉把拼音文字、收音机、照片、广播、印刷、报纸等归类为热媒介，因为它们没有留下很多空白让受众去补充和完成，接受者参与度低；把电话、电视、漫画、谈话等归类为冷媒介，因为它们需要受众去猜测和想象，需要人们的高度参与去自动补充信息。从这个意义上讲，在互联网时代，最具高参与度和互动性的新媒体便是最"冷"的"冷媒介"。

媒介的发展

媒介从石器时代发展到今天，一共经历了6个阶段：亲身传播时代、口头语言时代、书写时代、印刷时代、大众传播时代、电子传播时代。

（1）在亲身传播时代，无论是人类还是动物，都没有什么语言。出于遗传、本能及生存的需要，他们只好运用彼此可以理解的尖叫、呼喊、手势、面部表情和肢体语言来表达自己的想法与意见，就像大猩猩之间的交流方式一样。

（2）在口头语言时代，人类传播信息的方式开始从简单的口耳传播、体态传播，向以语言为传播媒介的群体性传播发展。

（3）到了书写时代，人们开始通过书信进行交流，信息变得可以远距离传播，声音传达不到的地方，信鸽和快马传书可以帮人们实现，甚至还有"一根穿云箭，千军万马来相见"的信息传递方式。

（4）迈入印刷时代后，人类把文字印刷在书籍、刊物、公报上向社会群体传播，知识与信息以前所未有的速度在普通民众中传播开来，而书籍、公报等也成为人类传播新闻信息的主要工具。各种著作和史书得以大量传播。

（5）在大众传播时代，当数码相机和家用数码摄像机进入寻常百姓家中，当电脑网络进入千家万户，一直被动接收新闻信息的大众终于拥有了记录和发布信息的工具。这使得任何人都有可能在新闻事件发生的第一时间，在现场向全世界发出画面、声音和文字消息。至此，一个社会大众参与传播和为社会大众传播的大众传播时代终于到来。

（6）到了电子传播时代，电子设备成为传播媒介的主体，信息的采集、编辑、发布将全部由电子机器完成。人类在新闻传播过程中将退居后台，并逐步成为纯粹的新闻信息的接收者和传播作品的享受者。比如，高晓松测试了一下，机器人写出来的歌词，竟然比很多专业作词人写得还要好。这里有《AI北京》歌词的第一段，它是由AI机器人小冰写的，大家可以感受一下。

站在云端里，看美丽城市，这辉煌灿烂的文明历史，记忆了多少故事。感受今天的变化，未来是一首情诗，就听到人类的呼喊，爱AI北京。

营销媒介渠道

对于营销人来说，目前主流的营销媒介渠道主要有5个：电视、广播、报纸、网络、户外。

不同的媒介渠道各有其优劣势，具体如下。

1. 电视渠道

电视渠道的格调相对较高，可以提升品牌形象。但缺点是，制作成本较高，而且通常播出时间很短，传递的信息量也不大。

现在很多微商类产品，喜欢在央视一个比较冷门的时间档投放广告，然后拍照或拍小视频在朋友圈传播。其实这是利用了电视渠道的背书作用，并不期待电视渠道真正能带来多少曝光度。

不过现在电视覆盖的年轻人群正在逐步流失，除了央视、湖南卫视、浙江卫视、江苏卫视等几个知名电视台以外，其他电视台的收视率不容乐观。现在比较流行的利用电视渠道的投放模式是，新兴互联网产品和当下最火热的综艺节目合作，打造量身定制的节目。2017年5月6日晚播出的《快乐大本营》中，快乐家族和易烊千玺等人将YY旗下的桌游应用"欢乐狼人杀"搬上了荧屏，让该期快本击败了同时间段所有的娱乐节目，收视率再创新高。而节目播出一天后，"欢乐狼人杀"下载量暴增，日活数据突破了150万。

2. 广播渠道

广播渠道的优势是，价格相对便宜。劣势是受众有限，目前还是以私家车车主和出租车司机为主，不开车或者不坐车的人很少听广播。

但值得注意的是，由于私家车数量的急速攀升以及堵车情况的日益严重，广播覆盖的人群以及这一人群的收听时长呈上涨的态势。截至2018年年底，全国汽车保有量已达2.4亿辆，其中有49个城市的汽车保有量超过百万辆，因此这也是一个不可忽视的巨大的传播市场。而且电台媒体相比电视媒体还有一个优势，就是电台是实时直播，电视台大多是录播。相比电视台，电台更适合实时互动活动的投放。

我们团队曾经为千岛湖啤酒策划了一个"生态好啤酒，挑战好舌头"的活动，参与人数有20多万，取得了非常好的效果。因为当时《中国好声音》刚播出，非常火，华少的超人语速一时成为热门话题。所以我们借此发起了一个用户和华少比拼念广告词的语速，获胜者赢10万大奖的互动活动。由于这个活动特别需要实时互动，因此我们最终决定选择和电台渠道进行合作。

3. 报纸渠道

报纸（见图2-5）渠道适合信息量大的产品做广告，尤其是医药产品和保健品。虽然报纸是非常权威的媒体，但不容否认的是，报纸的销量在快速萎缩。

图 2-5 报纸媒体

不过正是因为报纸的权威性和现在的投放费用相对低廉,所以很多品牌习惯在报纸上先投放广告,然后通过新媒体渠道进行发酵。

4. 网络渠道

网络渠道尤其是新媒体渠道,几乎是当下最被广告主看中的媒介。在 2017 年,宝洁公司的 CFO(首席财务官)宣布,未来 5 年将至少削减 15 亿美元的营销预算,其中一半将砍在传统媒体投放上,并将更多的预算放在数字营销当中。

虽然网络传播渠道被越来越多的广告主偏爱,但它也有弊端,那就是目标受众主要针对青年人群,很难触及大多数中老年及文化程度低的受众,不过现在的拼多多做到了。

5. 户外渠道

户外媒体的优势非常明显,具体如下。

(1)到达率(指传播活动所传达的信息接收人群占所有传播对象的百分比)高。经过策略性的调查组织和散布,户外广告(见图 2-6)能创造出理想的到达率。据实力传播集团的调查结果显示,户外媒体的到达率现在仅次于电视媒体，位居第二。

图 2-6　五花八门的户外广告

（2）视觉冲击力强。一块树立在黄金地段的巨型广告牌，是几乎所有想树立长久品牌形象的公司的必争之物，而且非常容易做出出彩的传播案例。

（3）和报纸广告一样，一个有创意的户外广告非常适合作为传播源，在互联网上进行二次发酵。比如，我之前在网易任职的时候，网易云音乐与杭港地铁公司合作打造了一辆乐评专列，把精选出来的触动人心的用户乐评贴满了杭州地铁 1 号线以及江陵路站。这场名为"看见音乐的力量"的营销活动持续了多日。当时活动一推出，瞬间刷屏，极大地提高了用户对网易云音乐的好感度。

媒介人员的日常工作

前文已经讲了媒介的定义、发展阶段以及常用的渠道，那么在实际的营销工作中，媒介人员到底是干什么的呢？无论是在甲方市场部还是在乙方媒介公司，媒介人员的日常工作都是，通过大量的市场调研及评估组合媒体方案，给营销活动提供最优的媒体投放方案建议。

媒介人员的主要工作流程如下。

首先接到来自市场部营销组或者来自甲方的需求简报，这个需求简报可能是一个PPT文件，也可能是一封描述营销活动的邮件，甚至可能是电话里的一句话。简报的内容一般是营销组同事或者甲方要在一段时期内，向一批特定的人群，推广一款产品或者一项服务。媒介人员需要做的就是，站在甲方或者营销组同事的角度，帮他们制定方案并决定购买哪些媒体资源进行产品的宣传，以达到最好的宣传效果。在这个环节，特别考验媒介人员理解简报的能力，必须得吃准需求。

接着媒介人员要开始准备媒介策略，并进行大量的数据分析，包括要服务的产品的数据分析、竞品的数据分析、潜在目标人群消费习惯分析以及目标人群的媒介接触习惯分析，等等。在这个环节，媒介人员需要拥有特别强的数据理解能力，包括跑数、算数、看数，通过大量的数据推导出客户真正的需求。

最后得出结论——需要联系哪种媒体，是户外媒体还是报刊媒体，抑或是网络媒体，然后回馈给营销组同事或者客户一个能最大化覆盖人次的媒体组合方案。接着拿着这个方案的PPT去给营销组同事或者客户汇报提案。提案通过之后，向购买方案中的各家媒体资源进行投放。

导致媒体投资浪费的原因

资深传媒人陈俊良在数年前制作的《传播媒体策略》演讲PPT中列举了企业媒体投资浪费的几大原因，具体包括以下几个。

（1）缺乏对目标群体的明确定义，这会导致媒体传递的信息不够准确。

（2）媒体的选择未能与创意整合，或形成了被动安排，或因求量化的数字而忽略了质上的判断。比如，这种创意形式明明更适合投放在地铁内，却被投放在了户外。

（3）媒体行程安排不合理，未按照季节性进行安排，或忽略了时期竞争优势，或强行拉长行程，导致冲击力降低，难以形成鲜明记忆。

（4）盲目相信数字，未考虑露出与收看的差距，或未能合理分配到达率与频次，导致投资过度或不足。比如，脑白金的广告，一年只有两个重点高频投放的时期：一个是中秋节，另一个是春节。这两个时期密集投放，其他时期则适当减少投放。

（5）以区域销售结果为媒体资源分配依据，未从长期品牌建设的角度制定区域策略，导致强者越强，弱者越弱。比如，某啤酒品牌在浙江的销量很好，媒体投放又都集中在浙江，导致浙江的销量越来越好，其他弱势地区的销量越来越差。

除了上述 5 个原因外，还有就是盲目相信表面现象，过度相信硬广告，等等。如果能正视媒体的投资，就可以减少投资浪费，甚至让市场营销活动的效果比之前提升一倍。

媒介的发展趋势

我们已经进入"万物皆媒体"的时代，新兴的媒介渠道正在飞速发展，其未来发展趋势主要包括以下几个方向。

（1）社交媒体广告附带流量优势，仍然具备较大成长空间。截至 2016 年年底，国内社交媒体营销市场的规模已达 235.9 亿元，同比增长了 34.7%。腾讯、微博、陌陌等社交媒体平台加速商业化变现，市场规模高速增长，广告价值已经得到市场认可。尤其是社群营销，只要能抓住社交流量，仍然大有可为。

（2）内容营销渠道代表营销新战场，头部流量日趋集中，其中表现最亮眼的就是短视频。2015—2017 年，短视频制作规模分别为 0.5 亿元、5.6 亿元、10 亿元，制作规模高速增长。随着短视频进一步垂直化、定位精准化地发展以及智能分发的助力，短视频营销有望发挥出更大的营销潜力。比如，现在抖音渠道、快手渠道几乎成了品牌主的必争之地。

（3）小众渠道也有大潜力，比如，直播平台和问答平台、一些行业细分 App 的资源位等，如果和你的营销活动风格匹配，那么也是一个投放的绝佳渠道。

第七节
我的亲历案例：网易云音乐从 0 到 1 建立品牌

前文中已经介绍了许多关于营销的基本概念和方法，这些概念、方法到底应该怎样体现在一个完整的营销案例中呢？接下来我将分享一个亲身参与的、人们耳熟能详的产品从 0 到 1 阶段的营销全过程。

我在 2012 年年中进入网易杭州市场部，起先是负责易信的品牌传播。2014 年年初，我开始参与网易云音乐（见图 2-7）的市场营销工作，直到一年多后被调离网易云音乐，去了网易考拉海购。我也算是亲身参与了网易云音乐的初期市场营销工作的全过程。

图 2-7　网易云音乐 App

刚刚加入网易云音乐团队的时候，整个项目团队只有几十个人，而负责市场营销的才三四个人，并且都是刚毕业不久的职场新人。

那时网易云音乐才上线一两个月，产品功能还很单一，知名度和口碑也和今天没法比。最主要的是，当时外界对网易云音乐的发展并不看好，他们认为 QQ 音乐、酷我、酷狗、虾米、天天动听等早已经瓜分了整个在线音乐市场，网易云音乐分得一杯羹的机会很小。总之就是，网易云音乐突围十分困难。但是后来的事情大家都看到了，上线后仅仅一年时间，网易云音乐的用户数就突破了一个亿；2018 年年底，网易云音乐的总用户数已经突破 6 亿。

然而，仅靠用户数远远不足以描述网易云音乐的成功。应该说，很多初创 App 通过"烧钱"，都可以在短时间内获得庞大的用户量，但又会在短时间内销声匿迹。而网易云音乐的厉害之处在于，它在快速攫取用户的同时，还在不断地提高用户对网易云音乐的忠诚度。网易云音乐在用户心中早已不是一个普普通通的音乐播放器，而是一个"懂自己的音乐伴侣""一个有情感的音乐社区"、一个符号、一种身份。

在网易云音乐取得成功后，大多数人认为，网易云音乐初期的运营和市场策略就是与一系列民谣和摇滚音乐人签约并帮助他们宣传，从而吸引喜爱小众音乐的用户群。这种看法并不完全对，网易云音乐初期的用户确实来自于喜爱小众音乐的用户群，但也并不仅仅是喜欢民谣和摇滚的人。准确地说，是所有"被QQ音乐等巨头所抛弃的用户"。应该说，丁磊做网易云音乐最初的原因就是QQ音乐等产品无法满足其小众的音乐口味。因为当时QQ音乐、酷狗等音乐App的曲库优先级、推荐等完全是按照人气热度来排列的，喜欢小众音乐的人的需求在QQ音乐等平台根本无法得到满足，于是这些用户便离开QQ音乐、酷我等平台，游离于当时的豆瓣、虾米等较为小众的音乐平台。因此我们认为，通过"小众音乐"凝聚用户，是一条可行的市场营销策略。

市场调研

2013年6月，我们针对这个猜想，邀请了知名的市场调研机构——AC尼尔森，为我们做了一次针对在线音乐市场的用户需求的调研。我们向全国一二线城市18～30岁的年轻人发放了近10万份问卷。问卷的具体内容现在已经找不到了，但我记得，这次定量调研告诉我们了一个结论，那就是中国年轻群体对于音乐的口味越来越个性化，已经不再是以前那个人人喜欢周杰伦、个个热捧王力宏的年代了。年轻群体拥有自己的音乐偏好，有着自己的音乐偶像和音乐追求。

此外，我们也邀请了10位来自不同大学的学生，做了深度的"焦点小组访谈"，就是与他们深度沟通他们的音乐爱好、音乐需求，以及他们对在线音乐App现状的看法。他们大多认为，酷狗、酷我这些音乐App明显有些品牌老化——换句话说就是，大量的中年人也开始使用酷狗、酷我，而酷狗、酷我的曲库、界面等都不太适合追求个性的年轻人。此外，他们也认为，当时的QQ音乐太过低龄化，热门的歌曲太过单一，很多人都找不到自己想要的音乐，而且 QQ 音乐当时的绿钻收费模式也让很多人有些抗拒。

总之，通过定性和定量结合的市场调研，我们总结出了年轻用户对在线音乐行业的一些问题的不满以及对期待中的在线音乐平台的描述。

1. 在线音乐 App 存在的问题

（1）市场上比较流行的在线音乐 App，几乎都是根据热度来收录和推荐歌曲的。因此，不能很好地满足越来越多的对音乐有独特品位和喜好的年轻用户。

（2）市场上众多流行的在线音乐 App，在界面设计、曲库内容等方面，都存在着严重的品牌老化问题，很难再吸引年轻用户。

（3）QQ 音乐的绿钻收费方式，让许多年轻用户感到了经济压力。

2. 年轻用户的需求

（1）能有一款满足自己相对小众的音乐需求的音乐 App。

（2）能够通过在线音乐 App，找到更多与自己音乐口味类似的人群。

（3）能有一款拥有更年轻化的界面设计的音乐 App。

（4）能有一款不过多收费的音乐 App。

正是面对这样的调研结果，我们将网易云音乐上线初期的营销策略定义为"抢占不被巨头重视的用户"。换句话说，就是在"用户获取"上避开与巨头的直接竞争，通过自身的年轻化和个性化升级，吸引更多有个性化音乐追求的年轻人使用网易云音乐。其实也是利用了克里斯·安德森所提出的"长尾理论"：获取长长的尾巴上的用户，这些用户不稳定、不被大组织重视，但有很强的自传播性，他们本身就是一个个传播节点。

市场定位

我们将网易云音乐初期的市场定位定义为，"满足你挑剔的个性音乐品位的在线音乐平台"；将初期的品牌广告语定为，"网易云音乐，听见好时光"。这样是想将音乐彻底变成年轻人的个性生活的组成部分——音乐不仅仅是一种放松、一种娱乐，更是每个人对于世界、对于梦想的向往。

在这样的营销策略的指导下，网易云音乐展开了一系列营销活动。举几个例子，网易云音乐上线初期，我们曾用了一个月的时间，跑遍了北、上、广以及成都、丽江等知名 Live House（表演场地），与那些驻扎在 Live House 的小众音乐人合作。例如，上线网易云音乐独家的单曲或专辑，举办网易云音乐冠名的巡回演唱会等。

在好妹妹乐队尚未有知名度的时候，网易云音乐就与好妹妹乐队进行了深度合作。网易云音乐不仅为好妹妹乐队优先推荐新专辑，邀请他们录制网易云音乐的视频节目《超级面对面》，还为他们安排了一次在北京大学进行的"好妹妹脱口秀"，并且在北京的高校圈做了大规模的宣传，让网易云音乐和好妹妹乐队实现了双赢。

类似的市场动作还有很多，在这里就不一一介绍了。

市场动作的作用

这一系列的市场动作，快速吸引了那些在QQ音乐等平台"不受重视"的用户群体，他们迅速聚拢在网易云音乐。由于越为个性的群体，其内部的组织度和紧密度就越大。因此，通过第一批种子用户的分享推荐，第二批、第三批相同口味的用户也迅速成为网易云音乐的用户。

当然，吸引"长尾用户"进入网易云音乐，只是网易云音乐发展的第一步。毕竟网易云音乐的发展目标绝不仅仅是成为一个"小众的音乐App"，它依然需要想方设法抢占主流用户的手机。

所以，在第二阶段，市场营销的目的变成进一步扩大网易云音乐的知名度，让主流用户知道它的存在。

在这个阶段，网易云音乐所有的市场活动都围绕4个字：小步快跑。所谓的"小步快跑"，就是快速地、不停歇地执行一个个营销项目，不要花费太多时间在营销项目前的讨论中，而是要用实际效果去检验项目质量。

我印象非常深刻的是，2015年春节前的那几个月，我们几乎每周都要出新的创意，并且传播4~5个H5，在各种公众号、论坛等媒体上投放十几篇软文，发布几十篇PR（公关）稿件，邀请几十位"网红大V"发表关于网易云音乐的评测等。同时，还以几乎每周一次的频率举办"校园音乐开放日"的线下活动。

在这个阶段，网易云音乐联合当时刚刚兴起的Uber（优步，一款打车软件）进行了跨界营销，凡在网易云音乐听歌，均可以免费获得Uber打车券。这一策划效果非常好,吸引了数万的新用户。而这个项目从创意到执行落地仅用了一周的时间。

此外,还有网易云音乐的"音乐明信片"。当时网易云音乐和中国最大的艺术印刷公司"雅昌文化"合作,设计了30000套精美的明信片。用户只需要分享这个活动的页面,就能100%获得免费的网易云音乐明信片。最后30000套明信片全部送出,事后还有大量的用户在微博、朋友圈晒出明信片,大大提高了网易云音乐的知名度。这个项目全程也不过两周时间。

网易云音乐还制作过一个"90后听歌测试"的H5。由于内容非常符合90后的风格,发布以后一时间火爆全网,一度"刷屏",还获得了当年的中国营销金瞳奖。这个H5从创意到执行,再到传播也就一周左右的时间,并且花费成本不超过5万元。

网易云音乐的官方微博也在那个时候开始迅速发展(目前已经成为第二大企业微博,仅次于杜蕾斯),从只有数万粉丝一举突破100万粉丝。比如,当时iPhone 6发布一小时后,网易云音乐就在微博发起"写下你与网易云音乐的故事,就有机会获得全中国第一台iPhone 6"活动。这一活动吸引了上万用户参与,有许多用户的故事甚至有几万字之长。

网易云音乐的官方微博几乎每天都会发布日常互动活动,例如,"根据表情猜猜这是什么歌"等。并且几乎在每一个重要事件节点,都会发布令人感动的专题文章。例如,在张国荣逝世纪念日发布关于张国荣的文章,在新年的时候发布新年寄语,等等。

关于上面提到的这些具体的市场营销项目,包括做线下活动、做H5、做事件营销、做微博微信运营,在后面的章节中会介绍更具体的方法与技巧。

"小步快跑"策略

准确来说,"小步快跑"称不上是一种市场营销策略,应该说它是一种团队风格。但为什么网易云音乐的"小步快跑"策略能取得很好的效果呢?关键在于网易云音乐当时的市场团队的工作风格。

当时网易云音乐的市场团队也不过六七个人。我们会在每周初例行头脑风暴,碰撞出的创意只要没有太大问题,并且符合预算,就会鼓励快速执行。当然，会由创意的提出者负责整个项目，其他人只给予适度的配合。换句话说，就是实行彻彻底底的项目负责制。每周每个人都要负责完成1~2个由自己提出的传播项目，快速策划、快速执行、快速总结，避免了相互之间的推诿，极大地提高了效率。

当然，实行这种项目负责制的前提是，团队中的所有人都具有相当高的专业能力，还要有全局掌控能力。这又涉及组建市场团队和招聘等话题，此处就不展开讲解了。但不得不说，网易云音乐"小步快跑"的这段时期，是我迄今为止最难忘、最具成就感的一段职场体验。

制造话题活动

当"小步快跑"遇到"瓶颈"的时候，网易云音乐也需要有较大影响力的话题来提高它在行业内外的口碑和地位。因此，在之后的几个月里，网易云音乐做了5个比较重要的活动，迅速提升了市场地位，而这几个活动都可以从公关的角度归类和分析。

比如，我们曾在杭州的地铁站做了一次领取苹果iPhone的活动。

这是一次非常大胆的活动。网易云音乐购买了100台iPhone，安装了网易云音乐的App并放置在地铁站，所有路人都可以在不经登记的情况下领取一台。当然，领取的时候需要承诺"下班的时候归还"。

正是这样一个大胆的活动，成功将一次普通的营销活动变成了一次关于"诚信"的社会讨论。主流媒体得知后纷纷赶赴活动现场进行报道，几十家电视台及报纸都报道过这个活动，让网易云音乐瞬间成为主流舆论的关注对象。

又如，2015年春节的时候，网易云音乐推出了音乐态度争锋活动，其实也就是用户给自己喜欢的歌手投票，而每一个类别中胜出的歌手，将会受邀参加网易的各类大型活动，参与投票的用户也有机会和自己喜欢的歌手见面。这次活动成功地激发了各个粉丝组织的热情，粉丝们自发地分享活动，最终投票页面的浏览量达到300多万，总投票数达到3亿。

此外，网易云音乐还做了一次大型的线下活动——校园歌手大赛。客观地说，校园歌手大赛的方案刚刚在内部提出的时候，大多数人都是持反对意见的，因为大家觉得高校中自发组织的歌手比赛实在太多了。不过网易云音乐的歌手大赛不仅成功举办，还进行了诸多的创新，如在比赛现场设置"实时弹幕投票"；在分赛场尽量邀请有知名度的艺人评委加入；在比赛奖项中加入"最佳颜值""唱歌带风"等符合90后性格的"奇葩"奖项。这一切都让网易云音乐的校园歌手大赛得到了广泛关注。

当网易云音乐的用户量突破一亿，并且开始逐步实现盈收之后，网易云音乐开始"玩儿大的"了。首先是在2015年年初举办了一次"网易云音乐粉丝节"，并且在全国各大城市投放地铁和楼宇广告，开始大规模从QQ音乐等巨头音乐App那里抢夺用户。

2015年中旬，网易云音乐参照日本红白歌会的模式，邀请了众多知名歌手，举办了一次历时4小时的音乐大战，并且通过全网直播。当天观看直播的用户将近2000万，而且大部分观众都觉得"比预期的好看多了"。正是这次大型的线下演唱会，向外界证明了网易云音乐已经突围成功。

此外，网易云音乐还在湖南卫视黄金时间段投放了电视广告（TVC），开始大举正面抢占市场。

在用户超过两亿之后，网易云音乐的歌单、评论和社交功能火爆了起来。大量有意思的歌单和评论出现，许多知名的音乐人纷纷入驻网易云音乐，成为网易云音乐的加V用户。

这个时候，网易云音乐的营销重点就放在了自家丰富的内容上（歌单、评论、音乐人的动态等），而这些内容恰恰是网易云音乐和其竞争对手的最大差异。

比如，网易云音乐火爆一时的歌单"震撼人心的史诗音乐"中的评论，就是非常好的营销素材。周杰伦的所有歌曲下面的评论，以及《明天你好》下面的评论，都是非常好的传播内容。

当然，我离开网易云音乐已经有一段时间了，网易云音乐现如今的市场营销策略和动作我已经不是非常清楚。但是我认为，内容运营尤其是用户自发生成的内容（UGC），将成为这一阶段网易云音乐市场营销的重点。网易云音乐可能会继续通过一系列的活动和广告，促使用户去生成内容、分享内容。因为网易云音乐自身的定位从一开始就不仅仅是一个音乐播放器，而是一个有温度、有情感的音乐社区。

网易云音乐营销策略的启示

网易云音乐从 0 到 1 的营销之路，给我们带来了哪些启示呢？我觉得最重要的有以下 4 点。

1. 产品是市场营销的基础

经典的营销 4P 理论早已提出，产品是市场营销的基础。应该说，网易云音乐的突围成功，可能只有 10% 的功劳是属于市场团队的。无论多么优秀的广告或者公关，都只是锦上添花，唯有产品才是核心，一个不被认可、没有市场的产品，哪怕由再牛的营销团队去操盘，恐怕都难以取得成功。

2. 要拥有优秀的营销团队

市场营销的核心不在于渠道和资源，也不在于投入多少资金，而在于拥有优秀的团队。在这个浮躁的时代，不专业的市场营销人太多了，要想开拓好市场，关键是要组建一个真正热爱产品、懂得用户、好奇求知，并且有足够的专业营销知识的团队。

3. 优秀的营销人，需要拥有持续的创意和策略输出能力

一个真正的互联网市场营销人，不应该追求"一炮而红"的营销案例，这种营销案例对于产品本身并没有什么用。评价一个营销人的创意能力的高低，不应该看他是否有过"一炮而红"的案例，而要看他是否有"持续的创意输出能力"。

4. 永远要热爱用户，满足用户的真正需求

说到底，各种营销的方法、技巧、资源、渠道等，都不是做好营销最重要的因素。最重要的还是要回到市场营销的最初定义——用尽一切方式了解用户的真实需求，满足用户的真实需求。

第 3 章
广告、公关、活动、跨界、爆款
——营销人的十八般武艺

第一节
拍摄和制作一部广告影片的基本流程

随着运营商流量费用的降低,视频所占据的用户时间越来越长。从 2017 年开始,视频广告的重要性不断提升。2016 年,Google 在 YouTube 上开始尝试视频广告后,视频广告几乎成为各大主流品牌营销活动重中之重的传播手段。Google 曾经调查了 1000 位消费者和 500 名营销人员,以了解视频广告的影响。调查显示:64% 的消费者表示在 Facebook 上观看的营销视频影响了最近的购买决定;92% 的营销人员已经在使用视频广告;81% 的营销人员正在为移动平台优化视频广告。

国内 2017 年十大"刷屏"的营销案例中,接近一半是视频广告的形式。其中最让用户印象深刻的,包括 999 感冒灵的广告《有人偷偷爱着你》和招商银行的广告《世界再大,大不过一盘番茄炒蛋》(见图 3-1)。

《有人偷偷爱着你》这支广告是由 5 个真实的故事改编的。影片前半部分相当压抑,文案也相当"丧气":"每个人都自顾不暇,没有人在意你的感受。"

然而影片后半段峰回路转，画风瞬间温暖起来，原来不耐烦的报刊亭大叔，是为了帮女孩赶走小偷；偷拍街头醉酒的女孩，是为了帮女孩搬救兵……5次暖心的强势反转，令这支广告片暖化了网友们的心。

图3-1 招商银行信用卡的广告《世界再大，大不过一盘番茄炒蛋》

《世界再大，大不过一盘番茄炒蛋》的故事内容是，一位留学生想在同学面前露一手，于是向大洋彼岸的母亲求助，并做出了满意的番茄炒蛋。然而留学生没注意的是中美两地的时间差，母亲为儿子教学时正值深夜。这个故事很轻易地引起了娇生惯养的独生子女的反思，共鸣满满。

相较于其他形式的广告，视频广告的信息更为丰富，表现形式也更为直接，以最有吸引力的方式捕获观众的注意力，在提高品牌知名度同时，还能在消费者心中留下视听印象，以及与特定产品的关联度。

在简单了解了视频广告在当前营销工作中的重要性之后，接下来介绍撰写视频广告脚本的方法。但在这之前，我们先来认识一下，什么是优秀的视频广告脚本。

一般来说，一个优秀的视频广告脚本至少需要满足5点：内容为主、有节奏感、创意元素与品牌元素理念一致、抓住产品卖点、脚本大胆创新。

（1）一个好的广告脚本要以内容为主，而不只是喊口号。在移动互联网时代，内容营销越来越不可或缺，广告就是其中一项重要的内容。过去我们会看到很多喊口号的广告，我们称之为"叫卖式广告"。比如"今年过节不收礼，收礼只收脑白金"，通过不厌其烦地叫卖来传播品牌。但是叫卖式广告能成功，需要满足几个前提。

前提一，高频投放广告的竞品不多，只有一家在大力吆喝，这样比较容易引起关注。但是如果十几家都在大力吆喝，就没那么令人印象深刻了。

前提二，广告投放预算必须足够多，投放的渠道必须足够密集，通过大量的广告"洗脑"来发挥作用。如果广告投放费用不宽裕，那么叫卖式广告很难起到理想效果。在互联网营销时代，视频广告脚本创意的核心就是，通过短暂的时间和内容抓住消费者的心理。这个内容可以是一个故事，也可以是一段情感表达，以此作为基点来传达营销利益点。

（2）一个好的广告脚本要注重节奏感。广告片是通过短暂的内容表达呈现出来的艺术形式，通常时长都不会太长，最短的甚至只有5秒。这就需要创作者在极短的篇幅内完成一个系统性的艺术内容。所以节奏感很重要，是开门见山还是欲扬先抑，一定要把握好。就像你给心上人写一封情书，太直白、太平淡无奇，就无法打动对方。你必须通过给文案增加感染力强的词汇来为视频脚本设计节奏感，让广告更具欣赏性和传播力。

（3）一个好的广告脚本的创意元素与品牌元素要保持理念一致。如果你服务的品牌主打小众和凸显格调，那么你的广告脚本中的创意元素也要小众、有格调；如果你服务的品牌主打低价平民，那么你的广告脚本中的创意元素就要通俗易懂。在广告脚本的创作中，只有广告脚本的创意元素与品牌元素保持理念一致（说得更通俗一点，就是调性一致），才能通过广告传播达到传播品牌理念的目的。

（4）一个好的广告脚本要抓住产品卖点。无论你的创意多么天马行空，都要紧紧围绕产品的卖点。在撰写广告脚本之前，一定要研究清楚与产品相关的所有信息，弄明白哪些特征能够作为产品卖点吸引消费者购买。一旦确定了卖点，在撰写广告脚本时就要不遗余力地围绕这些卖点进行发挥。不要让消费者看完广告后不知所云。

随着大量广告的投放，RIO预调鸡尾酒成功地迎合了年轻消费群体的需求，接着RIO"微醺系列"精准地把自己定位于女性酒，弱化酒并突出水果元素和清新包装。2018年夏天，令人印象深刻的视频广告当属RIO鸡尾酒的《微醺恋爱物语》，如图3-2所示。整支广告营造出了浪漫的恋爱幻觉，搭配周冬雨古灵精怪、清新脱俗的气质，真真切切地诠释出了那种只有暗恋时空气中才有的波动。

图3-2　RIO《微醺恋爱物语》

（5）一个好的广告脚本一定要大胆创新。创新是一个视频广告脚本的灵魂，在这个广告满天飞的时代，一定要"语不惊人死不休"，谁能抓住消费者的眼球，谁就在这场传播的战役中赢了一半。例如，2018年，五芳斋推出的重阳节复古广告（见图3-3）在社交平台爆红。这部广告的创意公司——环时互动，在有限的预算和执行时间里，思考如何事半功倍地推广"重阳礼糕"这一传统糕点。最后呈现的效果如大家看到的那样，团队另辟蹊径，重新剪辑了五芳斋1989年的纪录片，甚至连音轨下的底噪都来自20世纪80年代，最大限度地保持了原汁原味。五芳斋复古广告的成功，在证明创意是一部视频广告的决定性因素的同时，也证明了时间是最好的创意。

图 3-3 五芳斋复古广告

在了解了一个优秀的广告脚本需要具备的 5 个特质之后,我们来看看影视广告脚本创作中的几个核心概念。

(1)时间观念。视频广告的每分每秒都是真金白银,无论是在拍摄经费上还是在投放经费上,多一秒和少一秒可能会相差很多。如果是电视广告、楼宇广告、视频网站贴片广告,那么一般是 5 秒、15 秒、30 秒;如果是新媒体广告,那么一般在 3～5 分钟以内的居多。因为如果时间过长,用户通常会没有足够的耐心看完。在创作影视广告脚本时,要谨记把握时间,总时长多长,每个镜头时长多长,几秒钟交代环境,几秒钟交代内容,几秒钟露出产品,这些都需要非常之精确,一定要像放电影一样在脑海中反复放几遍。如果一部 15 秒的广告,你写到 16 秒还没步入主题,那么这个脚本创作就是彻底失败的。

(2)画面感。比如,在描写演员内心的时候,不要用太多心理描写,而要用动作、环境描写来暗示演员心理。举个例子,"考试成绩出来后,小明十分害怕,不知道该如何面对家人。"这句话写出来,导演很难知道要怎么拍,演员很难理解该如何表现。如果换个写法,"小明站在教室的一角,拿着不及格的成绩单,两只手不停地搓来搓去,紧张地看着窗外。此时放学的铃声响了,小明开始紧张,面红耳赤、冒汗。"画面感一下子就呼之欲出了。

除此之外,还要清楚镜头的景别,是大视角的远景还是把整个人都拍在里面的中景,是只有上半身的近景还是只有面部的特写,在撰写脚本时脑海中要有清晰的想法。

还有一点需要特别注意,那就是成本,尤其是涉及特效的广告。因为制作特效都是极其昂贵的,几个很简单的字,如"一个怪物突然冒出来了",特效组就要考虑很多问题,怪物是什么样的?是不是需要3D建模?是不是要做很多特效才能完成?

(3)蒙太奇。什么叫蒙太奇?蒙太奇就是两个镜头的剪辑组合。同一个微笑,如果下个镜头是一个血腥场面,那这个微笑就会给人一种狰狞的感觉;如果下个镜头是一个宝宝在玩耍,那这个微笑给人的感觉就是和蔼可亲。在进行视频脚本创作的时候,对哪个镜头接哪个镜头、一组镜头要表现什么内容都要非常清楚。镜头A在镜头B前面,还是镜头B在镜头A前面,务必要做到心里有数。

(4)画外因素。在撰写一组镜头脚本的时候,要有意识地去想,这个镜头有没有画外音,需不需要通过旁白来诠释背景。这个镜头需不需要背景音乐,背景音乐是欢快的还是悲伤的。还有,这个时候需不需要加字幕进行提示。

在理解了影视广告脚本创作的几个重要概念之后,就要开始正式讲解撰写影视广告脚本的流程了。一般来说,一个影视广告脚本的创作流程是,先有一个创意概述,然后创作文学剧本,接着撰写分镜头脚本,最后完成故事版。等完成了故事版,这部视频广告就可以进行拍摄了。

接下来结合中国第一位金铅笔奖得主李蔚然为耐克拍摄的经典广告,给大家具体讲解撰写视频广告脚本的流程和方法。

1. 创意概述

创意概述指的是影视广告的传播定位和特点,以及整部广告的创意大纲。以李蔚然为耐克拍摄的这部系列广告为例,创意概述应该这样写:

第一,为了传播耐克专注运动这一定位,可以将运动项目和生活中随处可见的元素结合起来。比如,爆米花的响声和发令枪的响声,转动地球仪和转动花样篮球,汽车的两个轮胎和举重的杠铃。通过展示热爱运动的年轻人在生活中下意识地把这些随处可见的元素当成运动项目，来传递随时随地运动这一品牌主张，唤起普通消费者的运动精神，强化耐克专注运动这一定位。

第二，整个系列不请艺人，全部用素人拍摄，所有场景均设置为生活中随处可见的普通场景。

第三，一共制作《体操篇》《地球仪篇》《爆米花篇》《接力棒篇》《铁饼篇》《摔跤篇》《投篮篇》《举重篇》《击剑篇》9部15秒的广告片。

创意概述的主要目的是，在拍摄广告之前，让客户或者公司负责人明白拍摄的意图和创意点。如果客户或者公司领导认可这个创意点，那么等双方达成共识后，再进行脚本的创作和广告片的拍摄。

总结一下，创意概述包含三个部分。

（1）创意的目的和基本创意思路，用通俗、简短的文字描述即可。

（2）简要描述这部广告片的拍摄方式、演员、拍摄场景等。

（3）确定广告片的呈现形式和数量，以及每部广告片的名称和时长。

2. 创作文学剧本

文学剧本就是，要像讲故事或者说书一样，把这部广告的大概创意复述一遍。这里以李蔚然给耐克拍摄的《地球仪篇》广告的文学剧本为例。

在下午的一节地理课上，外面骄阳似火，蝉鸣阵阵，整个教室特别安静，同学们都很无聊。这时候，地理老师放在讲桌上的地球仪的"地球"突然掉了下来，滚落到了第一排一个男同学的桌子上。这个男同学接到"地球"后，看了一眼讲台，发现老师正对着黑板写东西，压根儿没有注意这个"地球"脱落的事情。男同学突发奇想，大胆拿起"地球"，像玩花式篮球一样玩耍起来，引得其他同学纷纷围观。男同学玩得不亦乐乎的时候，一不留神，把"地球"掉在了地上。老师听到响声，转过身来。这个男同学赶紧捡起"地球"，手忙脚乱地把它放到了讲桌上。这时候，画面显示耐克的LOGO和广告语：Nike, anytime。

其实，文学剧本就是一个微小说，当你脑海中的创意成型了，就可以开始文学剧本的创作了。对于初学者，文学剧本可以按下述步骤撰写。

（1）描述这个故事发生的场景，如果场景有明显的特征，如天气冷暖、白天黑夜等，也要写出来。

（2）描述这个故事中出现的人物，介绍人物的特征，包括外貌、衣着等。

（3）展开描述故事的剧情，比如上述例子中男同学拿起"地球"，其他同学开始围观等。

（4）展现冲突点，或者说高潮点。就像上面的例子，高潮就是"地球"掉到了地上，男同学又匆忙把它捡了起来。

（5）写出产品实物、广告语、LOGO 的展现方式。

3. 撰写分镜头脚本

分镜头脚本是用文字来描述广告场景、动作、对白和音效。分镜头脚本的标准格式是制作一个表格，共三列。左列为画面部分，需要备注景别，是全景、中景，还是近景或者特写。要注意，画面部分是影视语言，而非文学语言。一定要有画面感，也就是你脑海中呈现出来的效果。比如，上述例子里，男同学玩"地球"的情景，用分镜头脚本表达就是，"男孩先用一根手指转动'地球'，然后让'地球'在肩膀上左右滚动。"一定要具体，描述动作时要有很强的画面感，然后按照镜头顺序排列。右列为每个镜头持续的时间，以秒为单位，一定要精确，比如手指转动"地球"是 2 秒，在肩膀上滚动"地球"是 4 秒。中间列为声音部分，包括旁白和音效，此时应该加什么样的音乐，是环境声还是配乐，是否需要旁白提示，都要表达清楚。比如，描写下午的无聊时，需要加蝉叫的特效声音。最右列是备注，包括是否使用特效，是否需要加字幕，等等。比如，到 13 秒时，开始出现 Nike 的 LOGO 和广告语。

4. 制作故事板

故事板其实是视觉化的分镜头脚本，也叫 Story Board。制作故事板对于没有美术功底的营销人来说可能比较难，所以要尽量寻找一个懂美术的人一起制作。

具体做法是，将分镜头脚本上呈现的内容画出来，一张一张地画。例如，

1秒24帧，就画24张画。但是如果镜头没有明显变化，就只需要画一张。因为电视广告的制作成本很高，提前制作故事板可以使拍摄更加高效，导演和摄像看一眼故事板，就知道要摆几个摄像机，摆在哪里，拍什么样的景别。这可以极大地提升拍摄的效率，缩短拍摄的周期，从而降低整个广告片的拍摄成本。

也可以把故事板理解成创意的视觉化表现。对于没有美术背景的营销人来说，不需要自己画故事板，只需要将自己的创意和想法用文字表达出来就可以了。

第二节
公关传播：学会公关稿件的基本写法，一天写出10篇公关稿

前面的章节中已经简单地介绍过公关的基本含义。其实公关很好理解，就是利用第三方的发声帮助企业传递和扩散相关的信息。而这个第三方最主要的就是媒体。媒体主要分为两大类：传统媒体和新媒体，传统媒体就是报纸、广播和电视。新媒体从广义上来说包含各大新闻网站、各大新闻咨询类App，以及公众号、微博等自媒体。但也有许多人按照新旧媒体划分，将公关分为了传统公关和互联网公关。

在传统公关时代，企业要进行公关，唯一的方式就是去找记者。因为传统媒体渠道有限、版面有限，传统公关人的主要工作就是争取更多的版面和报道。

但网络公关则有些不同，虽然各大门户网站和咨询网站每日的头条版面有限，但其本身能呈现的内容却是无限的。比如网易新闻，虽然其推荐位置每天只能展示100篇报道，但通过搜索可以找到更多的报道文章。所以，现在许多公司，尤其是互联网公司市场部门的公关负责人，日常的主要工作便是写稿和发稿——自己撰写公关稿件，然后发到各大互联网媒体上。

公关稿件的作用

公关稿件到底是什么呢？看一组公式：**公关稿件＝新闻＋广告**。换句话说，公关稿是一种新闻稿，但又不仅是新闻稿，因为它还要为企业宣传。它具有明确的商业目的性，而且依附于强有力的公关策略。如果你还是不能理解，可以在搜索引擎中输入自己喜欢的品牌名进行搜索，搜索结果十有八九都是公关稿。

有人会问，公关稿到底有什么用？因为网络公关稿件发出去后，普通人根本看不到。比如，我给欧莱雅的某一款新产品写了一篇公关稿件，发到了网易的新闻平台。一般来说，除非我花了一笔钱，我的稿件才会被推荐到首页，会让读者在无意间看到，形成传统的报纸广告的效果。然而在更多的时候，如果我没有太多的预算，我写的公关稿根本不会被推荐到网站首页。那么在后一种情况中，公关稿件有什么作用呢？

它的作用主要有以下两点。

（1）互联网具有长尾效应，也就是说，当用户搜索欧莱雅、美妆或者其他相关词时，就能无意间看到我写的这篇稿件，而且它会始终保存在互联网中。

（2）任何媒体都能为我的产品提供背书，当我的公关稿发布在任何一个媒体上时，那这个媒体在一定意义上与我的产品就形成了一种认可和验证的关系。尤其对于许多创业小品牌来说，在知名的媒体上发布稿件，是非常重要的增加品牌影响力的方式。

公关稿件的分类

常见的公关稿主要分为以下4种。

1. 常规稿件

主要是针对企业动向的即时性报道，如公司业绩、品牌事件、新品上市、发布会、展会活动等。文章相对较短，1000字左右。结构一般分为3个层次（总分总），内容偏向软文稿件。

2. 深度稿件

写作难度高一些，一般必须具有自己独到的观点和论述，且更具针对性。这类稿件写法多样，不受限制，篇幅多在2000～3000字，内容如公司战略深度分析、行业发展预测等。因为深度稿件不好写，所以很多企业的市场部并不会自己写深度稿，而是会邀请专门的公关公司或者媒体人撰写。

3. 新闻通稿

相对常规稿件层次高一些，主要针对品牌大事件、新品发布会、各类行业展会等重大事件报道。

4. 新闻评论稿件

重在评论、比较，但是评论对象、评论由头是新闻事件。例如，危机公关稿件、竞品对比分析、行业热点评论等。

公关稿件的基础写法

接下来就重点分析常规稿件该怎么写。因为常规稿件可能是你今后碰到得最多并且可能会亲自写的公关稿类型。

以《阿里巴巴和星巴克达成新零售全面战略合作》这篇公关稿件（原文地址：http://stock.10jqka.com.cn/20180802/c606110305.shtml）为例，来分析公关稿的具体写法。

公关稿件的第一部分一般称为新闻事件浓缩，也就是以新闻提要的方式呈现在整篇公关稿的最前端。这部分内容是用最为简练的语言对事件做一个概括性的描述，能帮助读者快速抓住新闻重点。如何写"新闻提要"呢？方法就是新闻写作中经常提到的5W1H原则。

5W1H是传统新闻报道写作的六要素：何人（Who）、何事（What）、何时（When）、何地（Where）、何因（Why）、如何（How）。比如，在介绍阿里巴巴和星巴克合作的这篇公关稿里，我们看到它的第一部分就包含了新闻六要素：

星巴克咖啡公司（纳斯达克：SBUX）与阿里巴巴集团（纽交所：BABA）今天在上海共同宣布达成全方位深度战略合作，合作内容涉及阿里巴巴旗下饿了么、盒马、淘宝、支付宝、天猫、口碑等多条业务线。此次合作是星巴克与阿里巴巴两大行业领导者在其商业发展历程上的一大里程碑，双方将资源共享、优势互补，依托阿里巴巴生态系统和新零售基础设施，以一系列的探索创新,合力给中国消费者打造随时随地随心的新星巴克体验。

　　Who：阿里巴巴和星巴克。What：宣布达成全方位战略合作。When：今天。Where：中国上海。Why：为了给中国消费者打造随时随地随心的新星巴克体验。How：双方资源共享、优势互补,合作涉及阿里巴巴旗下的盒马、淘宝、支付宝、天猫、口碑等多条业务线。

　　值得注意的是,在某些公关稿中,何因(Why)并不是必要的。例如,某某公司在今天推出了一款新产品,如果你确实不知道它们为何推出新产品,那么可以不体现在公关稿件中。因为何因(Why)相对于何人(Who)和何时(When)这类的,属于更为深层的要素。

　　公关稿件的第二部分是新闻主体的展开,只需要按照事件各个要素的重要程度依次写下来即可。同时要注意,一个段落只写一个事件要素,不能一大段写到底。

　　第二部分没有很严格的规定和模板,一般来说,就是把第一段中的What和How按照一定的顺序展开写下来。比如,"阿里巴巴和星巴克达成新零售全面战略合作"的公关稿的第二部分是这样写的：

　　"得益于45 000多名伙伴为顾客所创造的独特体验,中国已成为星巴克全球发展和创新速度最快的市场。"星巴克咖啡公司总裁兼首席执行官凯文·约翰逊(Kevin Johnson)表示,"我们与阿里巴巴此次前瞻性的合作将重塑现代零售业,这也是我们不断超越中国消费者期望的又一里程碑。星巴克在中国的未来值得期待,我对不断创新并持续提升星巴克体验的中国管理团队充满信心。"

　　阿里巴巴集团首席执行官张勇表示："毫无疑问,星巴克不仅仅是一家世界领先的高品质咖啡公司,还通过持续创新开创了风靡全球的生活方式以及文化。阿里巴巴集团对能与星巴克展开全面战略合作感到非常兴奋,希望阿里前沿的新零售基础能力、数据技术能与星巴克产生'化学反应',为消费者提供全新体验,打造全球新零售标杆和样本。"

品质便利兼得，外送服务升级星巴克体验

从今年 9 月中旬开始，千万"星粉"翘首以盼的"随时随地一杯星巴克"将成为现实。

依托阿里旗下饿了么成熟的配送体系，星巴克将在位于北京和上海重点商圈的约 150 家门店试运行外送业务，随后逐步延伸至全国，计划于今年年底前覆盖 30 个主要城市超过 2000 家门店，以期尽快满足不同市场更多顾客的需求。

为了践行品质如一的承诺，星巴克与饿了么双方精益求精、拒绝妥协，在每一处细节都追求极致创新，并特别配备专属的星巴克外送团队，力求每位顾客在准时收到外送饮品的同时，能感受到与门店同样高品质的星巴克体验。

同时，星巴克还将与盒马深度合作，基于其以门店为中心的新零售配送体系，共同打造首家进驻盒马鲜生的品牌外送厨房——星巴克"外送星厨"。星巴克此举旨在前瞻性地布局未来，战略性地规划中国市场新门店与"外送星厨"的分布组合，有效提升外送品质与覆盖范围，并以独特方式优化消费者体验。

作为星巴克另一外送专用渠道，依托盒马的高效数据处理与独特的业态，"外送星厨"将进一步延展星巴克外送体验，从个人到家庭再到社区消费群逐步拓展外送业务。

在这个案例中，第二部分的内容非常丰富，不仅有合作发布会上双方公司领导的发言，还有此次合作的背景，更有此次合作的具体规划的披露。

第三部分也就是结尾段落，这一部分内容主要是对事件的意义进行升华，并且某些时候还需要发表一些观点。第三部分的内容需要发散来写，要把这件事放到大的市场环境、产业背景以及企业自身的发展历史中去写。很多情况下，都会引用企业领导或者行业权威人士的话，从专业角度来体现企业观点，从而加强稿件的客观性。

阿里巴巴和星巴克合作的公关稿的最后一部分是这么写的：

多渠道、跨平台、全空间融合的星巴克新零售智慧门店，也将为星巴克新零售业务在中国市场的拓展打下良好基础。

本着共同的企业价值观寻求可信赖的商业合作伙伴，以创新精神和坚持初心的态度追求产品与服务的持续拓展，是星巴克和阿里巴巴共同的使命。此次的全方位深度合作对于双方而言都具有里程碑的意义，显然，双方都已经准备就绪，正待出发。

在最后一部分里，将双方的合作进一步升华，并且表达了此次合作对于双方而言都有重要的意义。最后还进行了一次观点表态：双方都准备就绪，正待出发。

综上所述，一篇完整的常规公关稿，主要包括以下三个部分。

第一部分，使用5W1H原则简明扼要地写清楚事件的主题。

第二部分，较为详细地解释What——发生了什么，以及How——怎么做。

第三部分，给全文做一个总结，并且试着升华主题。

当然，公关稿的写作方法和结构虽然简单，但要真正写出亮点，用短短几百字传递出产品和品牌的核心需求却并不简单。公关人不仅需要对产品、品牌、市场有较为深入的理解，也需要对有逻辑、有条理又有创意地撰写公关稿有一定的经验和思考。在这里我给大家提4条建议，希望通过这4条建议，大家都可以成为公关稿写作高手。

（1）多看。充分了解甲方的企业信息及产品信息，清楚行业品牌商的动态及竞品优劣势，努力提升自身看待问题的行业高度，逐渐培养高屋建瓴的视角。

（2）模仿。阅读大量行业资深媒体人的稿件，模仿他们的写作技巧以及思考问题的角度，并将其融进每一次的稿件写作中。避免空乏，要能够拿出自己的观点，尽量做到有内容、有深度。

（3）提纲。在写稿前通过列提纲的方式初步拟定逻辑结构，在写稿的过程中逻辑结构应该贯穿其中。要根据实际对稿件内容做出调整，做到用逻辑把内容串联起来。

（4）表达。描述必须精准、简要，避免用过长的句式。公关稿件的受众多为非行业内的读者，在兼顾专业词汇的同时，中心思想即便是深度观点，也应该用简单直白的方式表达出来。

除此之外,在每次写作的时候,或者在检查他人稿件的时候,都要想一想,这篇公关稿有没有违背以下注意事项。

1. 公关稿件的核心信息一定要全

在一个活动举办之前、一个产品推出之前,营销人员肯定会收到来自各个部门的大量信息,公关稿件的目的就是要将经过精挑细选的信息罗列进稿件中。当然,罗列信息并不意味稿件会冗长和枯燥,这个可以通过作者本身的巧思来解决。比如,有的信息可以直接写出来,而有的信息则需要引述他人的观点带出。

信息齐全还有另一个作用,那就是让编辑和记者了解你的产品或活动。对于网络媒体来说,收到一篇新闻稿后几乎可以原封不动地发出来,除非稿件写得真的很差。但是当编辑看到你的文章罗列出的齐全的信息点后,他可能会有后续的采访、评测、撰文的需求。比如,就某个信息点进行深度挖掘,或者针对某个信息点去预约专访。这样公关稿就起到了一个采访提纲的作用,让编辑发现自己感兴趣的点。

2. 稿件第一段一定要覆盖所有的要素

这一点一定要做到,如果这篇文章后几段被挡住了,单从第一自然段就能看出在什么时间什么地点发生了什么事。而且某些媒体因为版面限制,不可能把1000多字的新闻稿全放到版面上,他们通常会摘取关键信息,一般为200字左右。如果公关稿中的关键信息(新闻六要素及核心信息的摘要)分布在不同的自然段,编辑就会摘抄得很"痛苦",而且有可能会遗漏你想表达的重要信息。

3. 按照搜索引擎的习惯优化标题

这点是针对百度搜索引擎的,把行业的重要关键词、品牌名字放在标题里,并且调整标题字数。关于标题的字数,建议大家去四大门户网站(新浪、网易、搜狐、腾讯)的新闻频道页看看第二屏、第三屏的标题都是多少个字,再来进行相应调整。这些都是针对网络媒体的稿件优化。

4. 不要有错别字

一定要保证稿件中文字的正确性，如"的""地""得"的正确使用，并且不要有用法错误的词或成语。如果消费者看了你的稿件后去搜索引擎搜索"疝气大灯"（氙气大灯），虽然也能搜索出很多稿件来，但这是多么给品牌丢人的一件事情。如果你拿不准自己的稿件里有多少错别字，那就在每次写完后请他人帮忙审阅一次。

5. 正确使用标点符号

标点符号的正确使用包括全角标点与半角标点的区分，单引号与双引号的区分，等等。

6. 不要出现低级的公关错误

例如，给新浪的新闻稿里不要出现"添加微信公众号××××"，给腾讯的稿件里不要出现"关注新浪微博×××""淘宝店地址××××"，给汽车之家的新闻稿里不要有"本次活动得到了易车网的大力支持"，等等。这些低级错误的出现，很可能会导致你的公关稿件无法通过网站媒体的审核。

第三节
应对危机：以网易为例，如何做出教科书般的危机公关

在企业的运营过程中经常会出现一些问题，从而引发来自舆论的负面评论，这就是我们通常所说的公关危机。面对公关危机，我们应当科学地、有规划地、系统地进行应对，做好危机管理。

我们先来厘清两个词：公关危机和危机公关。最近几年，各家企业、各个品牌都非常喜欢提起这两个词，却没有多少人能说清楚它们的具体内涵。

先说"公关危机"。公关危机其实是一个比较新的概念，你可以将它理解成"因为企业、产品、品牌等出现了某些问题，从而产生了大量的负面评论"。详细内容如下。

首先，危机是有原因的，可能是产品出了质量问题，比如三星集团前几年

的手机爆炸事件，拼多多的假货事件；也可能是品牌资产出现了问题，比如百度 CEO 李彦宏的个人形象事件，美团出现过的清真食品分箱装事件；还可能是企业内部出现了问题，比如 ofo 爆出了内部资金链断裂问题等。值得注意的是，在商业竞争中，很多问题也许并不足以构成一次公关危机，但竞争对手有可能会通过某些方式推波助澜，从而导致一场公共危机的爆发。

其次，引起广泛的负面舆论才叫公关危机。如果你的产品只是因为出现了少数的质量问题，而收到了一些投诉，并没有引起广泛的负面舆论，那么这就不叫公关危机。这时候你要做的不是去搞什么公关危机应对，而是应该好好解决这些投诉的问题。有一些企业的管理层对于危机太过敏感，认为企业出现一点状况就会引发公关危机，有一点风吹草动就想让公关部门出方案应对，其实这有点小题大做。公关危机并不是那么容易爆发的，反而很多时候是因为企业太过敏感，自己主动制造了一些公关危机。

一般来说，当危机开始被知名媒体主动转发时，就演变成了公关危机。如果不加以回应，就很有可能会损害企业和品牌本身。我们把针对公关危机进行的一些回应和措施统称为"危机公关"。虽然有点绕口，但还是容易理解的。

做好危机公关可不是一件容易的事情。一般来说，危机公关有以下三个境界。

不合格的危机公关： 应对之后反而招来更大的负面影响。

合格的危机公关： 应对之后，负面舆论逐步平息，企业平稳渡过危机。

优秀的危机公关： 应对之后，舆论从负面转为了正面。

在现实中，80% 的企业的危机公关都属于"不合格"的。不回应，可能危机就过去了；一回应，反而引来更多的骂声。

假如你的企业遇到了公关危机，你应该如何应对呢？其实只要遵循下面 5 条原则，就能做出合格的危机公关。

第一个原则，承担责任并且给出解决方案

这是指危机事件发生后，企业不能推卸责任或拒不承担责任，甚至拒不承认有责任。当危机发生后，任何企业都应该首先表态，承担危机所造成的后果，然后追究危机发生的原因。举个例子，此前某互联网巨头的邮箱系统被曝出泄露用户信息，超过 10 万用户的密码被泄露。这个企业第一时间需要做的回应如下。

第一，提醒所有用户修改密码。

第二，用一切技术手段帮助用户挽回损失。

第三，开通紧急服务通道，协助由于密码泄露而造成财产损失的用户报案或者理赔等。

即使企业觉得自己在这场危机里是被冤枉的，这场危机是由竞争对手的恶意攻击造成的，但在关系到用户切身利益的危机面前，第一时间做出的回应都应该是承担责任并且给出解决方案。

可惜这家互联网巨头当时采取的回应却是，用各种方式吹嘘自己的邮箱系统非常稳定，将一切问题归咎于竞争对手的攻击。企业摆出了自己是受害者的样子，却绝口不提如何给遭受密码泄露的用户补偿。这样的危机公关就产生了更大的负面作用。

第二个原则，真诚沟通

当危机事件发生后，企业与公众的沟通至关重要，尤其是与外部公众的沟通。此时的沟通必须以真诚为前提，如果企业不是真心实意地同公众、媒体沟通，那么是无法平息舆论的。俗话说，"真心换真心"，企业若能把公众的利益放在第一位，真诚地与公众沟通，那么往往能唤起公众的共情之心。

很多企业在危机发生后，习惯避而不答，或者故意掩盖大量的信息，这都不是理想的危机公关的方法。当真正的危机发生后，企业当事人避而不谈或只谈一半，都会引起公众更进一步的猜疑。这个时候企业应当主动发声，无论是发表声明、举办媒体沟通会还是采取其他形式，要针对媒体和舆论所关心的问题一一作答。如果有些问题确实无法给出结果，那么要表述当前正在调查或者正在研究，会在几天内给出答复。

不真诚沟通带来的失败公关可参考 2018 年年初蓝标集团的"辞退门"事件。

3 月 15 日，朋友圈被一篇名为《蓝色光标，所谓亚洲最大公关公司，如此坑害老员工，良心真的不会痛吗？》的文章"刷屏"，该文章作者声称自己作为蓝标集团的员工，被人事负责人和领导威胁劝退，无法获得员工离职的补偿权益。很快事件便引起热议。

当天晚上6时许，当事人删文致歉，蓝标集团疑似"公关成功"。紧接着蓝标发布声明，不过声明内容却被质疑暗讽当事人。3月22日晚，事件当事人再发声明《我删了文章发了声明，却换来了蓝色光标对我的诋毁和无偿开除》，致使已经平息的事件波澜再起，很快蓝标集团不甘示弱再发《后续声明》。蓝标集团的两则声明被多方诟病，不少网友评论道，"声明毫无温度可言""表现了大公司的傲慢，却没有上市公司的大气"。该事件不真诚的沟通方式和言行不一的做法，不仅没有起到危机公关的作用，还扩大了危机事件的影响力，使蓝标集团整体名誉大损。

第三个原则，速度第一

以诚相待，将自己置于媒体和消费者的角度去思考，提早准备好媒体和舆论所关心的问题的答案，而不是一味地逃避问题，这才是合格的危机公关态度。尤其是舆论反响特别大的危机，要是企业24小时内没有做出官方回应，那么事后再想平息舆论就很难了。这就涉及危机公关处理中常说的"黄金24小时"——当事方必须在24小时内通过某些方式，与媒体和公众展开沟通，一旦超过24小时，公众就会怀疑企业的诚意。

2018年4月19日中午，漫威十周年活动在上海迪士尼小镇如期举办，本是场"粉丝"的盛宴，然而这场活动的宣发团队却被骂上了微博热搜。为何？首先是因为主办方对于活动的安排不合理。其次是因为活动现场的主持人让小罗伯特·唐尼站到了舞台边上，在最后的合照环节，助阵歌手站在了C位（中心位），当晚#心疼妮妮#（唐尼）话题就被顶上了微博热搜。

网上"吐槽"不断，活动中的各种"槽点"也在网上蔓延开了。到了4月20日傍晚18:18，漫威官方才出来道歉，这速度无疑是有点慢了，导致事件扩大，登上热搜。

此外，2018年还有不少深陷危机的互联网企业，没有抓住"黄金24小时"进行官方发声，从而导致24小时内第三方的评论四起，甚至出现了许多仿冒官方发言的信息。这时企业再去发声，公众会很难辨别真假。

第四个原则，系统运行

在处理整个危机事件的过程中，企业要按照应对计划全面、有序地开展工作。处理危机的过程是一个完整的系统，环环相扣。想把危机事件处理得圆满，任何环节都不能出问题，因为一个环节出现问题，必然会影响到其他环节。

危机出现后，一般有4个处理环节。

第一个环节，立即成立危机公关小组。 一般而言由公关负责人牵头，邀请相关同事一起参与。危机公关小组的首要任务是，理清危机的来龙去脉，尤其要听取产品、运营、销售等业务线部门的看法——总之，公关部门要在短时间内掌握尽可能多的信息。

第二个环节，立即开始监测和收集整个网络的负面消息，然后想尽一切方法（例如，动用自己的媒体人脉，或者以"事实还未调查清楚"为由直接向媒体投诉）请求媒体撤销报道稿件，或者改变稿件的措辞，减少确定性的表述，让稿件看起来不会过于负面。

第三个环节，在危机发生后的12小时内，撰写一篇内部认同的应对危机的声明，通过企业的官网、官方微博或者官方公众号等官方平台发布出去。 撰写一篇好的声明是非常难的，但只要遵照前面提到的危机公关的第一个原则，在声明里清楚地表达企业愿意承担责任，并且第一时间给出颇有诚意的解决方案，一般来说就不会有太大问题了。

当然，很多企业的声明写得不好，其实并不是公关部或者市场部的问题，而是企业的产品部门、财务部门和最高管理层的问题。因为很多危机都涉及产品的问题，但产品部门并不想负责；而财务部门会从成本方面考虑，觉得短时间内想出来的解决方案太过于耗费资金；CEO则可能会错误地认为，一旦企业宣布承担责任了，就意味着自己的企业在这次危机中"认输"了。

其实，公关危机不是一场战争，危机公关也不是一次战斗。在公关危机中，企业勇敢地承担责任，恰恰是有社会责任心的体现。所以，假如你在之后的工作中遇到了类似的情况，请尽量用专业的知识说服企业的管理层，让他们有主动承担责任的责任心，不要等到发出推卸责任的声明，导致了更强烈的负面舆论时，再追悔莫及。

真正的高手不仅能写出合格的危机公关声明，还能通过一篇声明扭转企业和品牌在舆论中的不利地位，将一次公关危机转变为一次对企业有利的大型营销传播。例如，网易新闻在2012年"抄袭门"事件中的公关声明。

2012年12月，网易新闻被《新周刊》指责，其所谓的原创频道中有着大量抄袭《新周刊》的内容。该指责一出，网易新闻遭到了大量媒体圈舆论的讨伐。而当时网易市场部迅速发布了下面这则公关声明，瞬间扭转舆论方向。

尊敬的@新周刊 君：

我们已经看到了您的谴责声明。

我们第一时间核实了该文出产的所有环节，发现您的措辞实在是太客气了。因为该文不仅大量复制新周刊官方客户端的专题内容且无任何署名，而且编辑还擅自进行拼凑加工，导致该文从形式美和逻辑美两方面都完败原文。这种赤裸的抄袭行为令人发指，编辑在专业方面的修养也同样令人寒心。

抄袭从来不是"行业惯例"，"借用"二字绝对居心叵测。在一个最应该具备创新精神的行业，互联网上的任何原创都应该被尊重，哪怕只是一句心情签名。"抄袭"从来都不值得，也不应该被同情。

所以，当这样的行为出现在我们头上的时候，我们同样严阵以待。错了就要认，这是普世价值观。因此我们致歉如下：

（1）网易新闻客户端抄袭新周刊官方客户端内容一事属实，我们在这里对新周刊及其文章作者表示万分抱歉。

（2）涉事文章我们已在第一时间删除。

（3）关于涉事编辑，我们将严格按照网易编辑流程相关规定进行严肃处理，无条件执行。

（4）相关事件，通报批评，告知其他同事引以为戒，杜绝此类事件再次发生。

（5）根据相关规定，涉事编辑如果未被开除，在未来很长一段时间里，我们将在知识版权和编辑专业两方面对其进行批评和教育。

（6）涉事编辑是正式编辑，绝非临时工。

（7）希望大家去手机应用商店下载新周刊的官方客户端。

美国作家雷蒙德·卡佛有句名言："你不是你笔下的人物，但你笔下的人物是你。"是的，如果连下笔都抄袭，那么也许我们注定活在别人的影子里。

就当这是我们成长道路上的一次惨痛教训吧。

最后，新周刊君，我们真的很喜欢你们的内容。

这则声明很好地遵循了危机公关中的"承担责任和提供解决方案"原则。在第一部分主动承认自己的抄袭行为确实存在，然后表达了歉意。第二部分则提出了解决方案：删稿、自查、严肃处理涉事编辑。

按照刚才说的方法，如果一篇声明中包含了"承担责任"和"解决方案"就算合格，那么网易新闻这篇声明绝对远超合格线。为什么呢？因为这篇声明充分体现了撰写者的文字和创意功底。该声明的语言非常巧妙，语气温柔委婉，把自己的姿态放得很低，但又不至于低至尘埃，而是以一种平等的身份来沟通道歉，结尾引用了雷蒙德·卡佛的一句名言，赢得网友一片掌声，瞬间完成逆袭。据说，这篇声明发出去后，雷蒙德·卡佛的小说销量翻了三倍。

应该说，远超合格线的优秀公关声明并没有写作技巧可言。因为如果你没有足够的文字能力和丰富的公关经验，想"装模作样"地写一篇能力挽狂澜的声明，只会适得其反。我建议初学者还是先从撰写合格的公关声明开始，然后有意识地积累经验，训练自己的文案能力，慢慢成长为高手。

第四个环节，公关对冲。什么叫对冲？就是在危机发生后的一段时间内，撰写大量与企业、品牌有关的正面公关稿件，无论这些稿件是否有时效性，也无论曾经有没有发过类似的稿件。比如，某个手机品牌被爆出产品存在质量问题，全网肯定会瞬间充斥大量的负面新闻。这个时候，该企业要做的事情除了试图删稿和发布声明之外，还要发布大量和这款手机有关的非负面信息，如这款手机的正面评测、产品介绍、研发突破、新型号手机的上市新闻等。发布这么多非负面信息的目的，就是放大水池，淡化负面信息的浓度，同时抢占搜索引擎的位置。当负面新闻产生后，许多人是通过搜索引擎了解到负面信息的，但如果企业发布了大量非负面的信息，那么搜索引擎所收录的内容就不会只是负面的了。换句话说就是，大量的消费者在搜索这款手机时，可能半天都看不到一条负面信息，这就达到了稳定舆情的效果。

大部分的危机公关都包含上述4个环节，把这4个环节中的每项工作都做好了，才有望顺利渡过危机。

第五个原则，权威证实

产品质量是企业赖以生存和发展的保障，但产品的质量好不好不是企业说了算，而是要广大消费者——社会公众——在使用之后做出评价。当然，企业如果想达到创立名牌的目的，就更需要拿出权威部门的质量鉴定。这是企业信誉的保证，企业应尽力争取政府主管部门、独立的专家或权威机构的支持，而不要自吹自擂，毕竟"王婆卖瓜——自卖自夸"是无法取得消费者信赖的，必须用"权威"来证明自己，没有捷径可走。

就像前文中讲的那家出现邮箱密码泄露问题的互联网公司，他们在危机出现后所发布的第一份声明里，一直在强调自己的邮箱系统多么厉害，拥有多少领先科技，但对于消费者来说，这些基本就是毫无用处的废话。

再举个例子，几个月前，网易考拉的几件商品被消费者协会认为是假货，但网易考拉却坚定地表示这几件商品是正品。刚开始网易考拉只是不断地强调自己的采购流程正规，自己的企业价值观正确，但消费者和媒体并不买账。后来网易考拉拿出了来自质监部门、品牌方、厂家等多方的监测证明来证明商品不是假货，这样的行为，其效果着实要比单纯吹嘘自己要好很多。

综上所述，撰写一份合格的危机公关声明，需要同时遵循承担责任、坦诚相待、速度第一、系统运行和权威证实五大危机公关原则。这样在应对危机时才不会手足无措，甚至可以反败为胜。

第四节
线下活动：如何策划一次引起轰动的线下活动

举办线下活动，是所有公司的市场部需要面临的工作，也是每一个营销人最基本的职业技能。如果你在学生会或者社团待过,那么你大概也策划和组织过几次针对学生的线下活动。然而当你真正进入一家企业,尤其是进入规模比较大的企业之后,你会发现,商业性的线下活动远比在学校里做的活动要复杂。

两种不同的线下活动

一般来说,商业性的线下活动分为两大类:促销活动和非促销活动。

促销活动(见图3-4),顾名思义,此次线下活动的目的是直接达成销售,或者增加销量。

图 3-4　促销海报

我曾在一家大型的购物中心看到,一个牛奶品牌在那里搭了一个小型的足球场。当时世界杯正进行得如火如荼,这个牛奶品牌就搞了个活动:只要有人能在固定的位置把球踢进球门,他买牛奶就能买一送一。其实,这个品牌的牛奶隔三岔五就买一送一,这只是它的日常促销优惠而已。但是通过这样一个既能结合热点又能让消费者主动参与互动的线下活动,使得这个牛奶品牌在商场中吸引了比以往高好几倍的人流,最终让自己的牛奶销量也翻了好几倍。同时消费者也在这样的活动里获得了满足感,他们会以为自己获得的优惠是源于自己的实力。

这个牛奶品牌的促销活动已经算比较有创意的了，因为我们所能见到的大部分的线下促销活动都是单纯地促销。比如，我们经常可以在学校或者小区里看到，中国电信和中国移动各自摆了个摊位，举办"充值一百元送一包洗衣粉、充值两百元送一箱矿泉水"的活动。大部分的线下活动都是这类促销活动。

除了线下促销活动，其余的就是线下非促销活动了。这类活动的目的不是立即达成销售，而是提高品牌和产品的影响力，如各类产品的发布会、展览会等。

近几年来，越来越多的企业开始把线下活动和事件营销结合起来，将线下活动作为事件营销的载体。通俗来讲，事件营销就是用低成本制造出话题，吸引媒体和公众主动去传播。就像我曾经为网易云音乐做过的一次线下活动，在地铁站将装有网易云音乐 App 的手机免费提供给来往的人使用，但要在规定的时间内还回来。这样的线下活动引起了媒体关于市民诚信的讨论，也提高了网易云音乐的知名度。

发布会流程

在这一部分，我们重点研究如何完整地策划和执行一次标准的产品发布会。因为产品发布会是一切线下活动的基础，弄明白发布会的全流程，就能明白策划线下活动的流程和方法了。

1. 确定发布会的目的和预算

首先要确定办发布会的目的，是吸引更多分销商的关注，还是纯粹为了发布新产品，展示公司的研发实力。不同的目的决定了不同的主题和创意。当然，除了目的以外，预算也很重要。如果预算低，那么只能想办法寻找更低价的场地，尽量减少人员和设备；如果预算高，那就可以选择相对高端的酒店、体育场，使用高端的影音设备，邀请更多的媒体，甚至可以考虑邀请明星艺人参加。

2. 确定发布会的主题和创意

与促销型活动一样，确认了主题，才能展开后续的工作。比如，小米手机的经典发布会主题叫"小米黑科技"，发布会所有的环节、布置、讲稿都要围绕黑科技展开；锤子手机曾举办过一次主题为"文艺青年"的发布会，发布会的一切也都会围绕文艺青年展开。

3. 提前预约好发布会场地，确定好发布会时间

根据主题和预算确定好场地后，就要至少提早半个月预约场地，还要至少提早半个月确定发布会开始的时间。

4. 设计和制作发布会上所需的物品

一场发布会一般需要用到的物品包括发布会上所用的PPT、嘉宾邀请函、各类展板、易拉宝、展架、会场小礼品等。这些物品无须营销策划人亲自设计，但是策划人要有一个意识，那就是在策划发布会的时候，要与设计部、采购部等一起完成这些物品的准备。

5. 邀请各类嘉宾和媒体

策划人需要在发布会前至少半个月，拟定需要邀请的嘉宾和媒体名单，这个名单是策划人和管理层一起讨论后的结果。确定名单后，就要通过各类方式向他们发送邀请函，邀请他们参加发布会。关于邀请嘉宾的最佳方式和注意事项，后文中会有详细讲解。

6. 招募和培训发布会现场工作人员

发布会现场的工作人员，如礼仪小姐、摄影师、摄像师、保安等，无论是公司内部人员还外部人员，都需要提前一周进行培训。

7. 进行发布会彩排，并且调试发布会上用到的所有设备

这一点非常重要，却经常被忽略。发布会虽然看起来没有多么复杂，但由于它是针对在场所有人的直播，不能有任何差错，因此一定要进行1~3次彩排。

8. 制定应急预案

由于发布会是直播，没有重来的机会，因此在发布会正式举行之前，要对发布会中的各个环节进行至少3次梳理，然后将所有可能会出问题的环节标注出来，写下应对的方案。例如，某位嘉宾没能出席该怎么办？演示产品的时候，某些功能没能完美展示该怎么办？营销人应该和公司其他各个业务部门的人员进行讨论和确认，以便制定更详尽的应急预案。

9. 现场控制管理

一般大型发布会的现场工作人员会分为4个小组：现场控制组、嘉宾组、媒体组和安保组，每个小组都需要由公司的工作人员负责管理。现场控制组负责协调、安排发布会的总体进度，保证进度和流程不出差错；嘉宾组负责引导嘉宾签到、入座，以及提供嘉宾服务等；媒体组负责和现场的媒体、记者、摄影师、摄像师等联系，保证他们能正常地记录发布会内容，并且随时解答他们的提问；安保组，就是保障发布会现场的安全，维持秩序。

10. 传播发布会内容

大部分发布会的最终目的，肯定不仅仅是将信息传递给现场的来宾，更重要的是把发布会的内容通过媒体传递给更多的人。所以在策划发布会的时候，要考虑发布会的传播，比如邀请哪些媒体写稿、发稿，以及准备发一篇什么样的通稿等。这部分内容后文中还会有详细介绍。

办好发布会的三大法则

了解了策划发布会的基本流程后，还要记住将发布会办得更好的三大法则：**创意要明确，执行要全面，传播要突出**。这三大法则适用于所有类型的线下活动。

1. 创意要明确

一场好的发布会绝不仅是"高端、大气、上档次"，其关键在于围绕和突出主题，给人留下深刻印象。否则即使再喧闹，再奢华，也会变成过往云烟，甚至出现最忌讳的"失焦"现象。

如果是像小米这样的互联网公司，其发布会的创意主要是基于产品的独特性和与"粉丝"的关系，那就不要采用过多形式，风格可以简约、直接一些，把重点放在产品展现（可通过埋"包袱"、设期待等方法），顺应"粉丝"意愿、互联网口碑传播等方面。

互联网行业的高级发布会的举办者当属苹果公司。2007年，苹果公司召开了iPhone第一代的发布会，让很多手机厂商看到，原来手机的营销还可以这样做。2008年，苹果公司首次发布MacBook Air。乔布斯在现场从一个黄色牛皮纸信封中抽出MacBook Air（见图3-5）时，整个世界都被震惊了。历届苹果发布会，除了不断带来惊喜的新一代产品，那些精彩的发布会场景更让人们在震惊中真切地感受到了苹果公司的科技创新，苹果公司的品牌也更加牢固地植入了消费者心中。

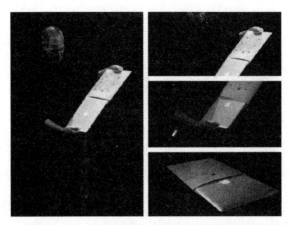

图 3-5　乔布斯从一个黄色牛皮纸信封中抽出 MacBook Air

如果是服饰类奢侈品的发布会，那么通常会更注重当季的"时尚主题"和想传达的"精神与风格"。这种精神需要什么样的创意来传达呢？比如，香奈儿 2019 年春夏发布会，把整座沙滩搬进了秀场，并通过镜面打造了辽阔的海面视野，引得各路媒体的惊叹。

总的来说，不管是什么类型的发布会，都要先明确目标，确定主题，然后基于主题进行创意。不要过于贪心，一场发布会只要有一个最大的亮点就足够了，因为所有参加的人及后续的报道，通常只会集中对某一个点感兴趣甚至引发讨论。即使有多幕，建议也要有层次地递进，以烘托最高潮的部分。有了主题目标便有了重点，后续的工作一定要集中在此点发力。

2. 执行要全面

这也是最为核心的法则。创意人人都有，但要把创意落实到底，却非常考验人的能力。尤其是举办像发布会这样大规模的线下活动，更是会涉及很多人、很多事。当然，把这些人和事归纳一下，也就是 3 个 W——Where、When 和 Who。

（1）Where，也就是选址。

选址首先要考虑几点：容量、设施、档次、花费、交通、配套（如餐饮住宿），以及公安备案。并且需要打出预定时间的提前量，越是参会人数多的发布会，越是热门地点，就越容易与热门时间或事件"撞车"，所以需要提前预订。稳妥起见，可以同时考察多个地点。

其次要考虑天气问题。出于创意考虑，有些发布会会选定在户外举行，但天气时不时就会"变脸"。看过《小时代》的人应该还记得，里面有一场时装发布会，原本选好的室外场所突然下起了鹅毛大雪，多亏顾里提前准备了Plan B——室内场所。

再简单提一下关于设施、交通和配套的注意事项。因为许多发布会活动在外地举行，所以交通便利性必须要考虑周全。同时主办方一定要准备好接送车辆，比如，重要嘉宾需要单独配车和司机，而大波媒体客人可以由大巴车到机场或车站接送。即使是在市内举办发布会，也尽量不要找过于偏僻、交通特别拥堵的地方，像北京、上海这样的城市，由于城市面积很大，人口和车辆众多，选择太偏远的地方会给参会者带来极大不便。

此外，根据发布会需要，要检测最基本的电源、无线网、投影仪、麦克风及音响设备，还要检查桌椅是否够用，如果不够，则需要提前准备和运输。许多关于时尚和科技类产品的发布会，对舞美音效等方面的要求非常高，通常需要自己搭建场景和设备，少则半天，多则数日。这就一定要跟场地提供方协商好进程事宜，通常需要多支付很多场租费用。

当然，配套的餐饮和住宿也很重要，最好能和会场安排在一起，这也是发布会喜欢选在酒店举办的重要原因。如果餐饮离会场较远，则需要安排好路线和带队人员。比如，有次我们在北京会议中心举办大型活动，人数过千，需要预订多个餐厅，但是餐厅分散在各处，于是我们便在参会票证上按颜色对应好餐厅，持不同颜色票证的人会收到不同的路线指引。

（2）Who，就是要安排好参加活动的人员。

人员一般分两大类：受邀人员和工作人员。受邀人员主要包括主办方领导、特邀嘉宾、艺人嘉宾、媒体、自媒体及其他意见领袖、消费者代表等。而工作人员主要包括公司内部工作人员、外部公关公司、活动公司的工作人员，以及主持人、礼仪小姐、外聘化妆师、摄像师、摄影师、音响视频设备控制师、紧急情况维修工程师、安保人员等。

①受邀人员。

受邀人员要提前拟定，与预订场地一样，越重要的领导、嘉宾越要提前预约，并且要制作正式的活动邀请函。对于媒体人员，通常提前1～2周通知即可，但一定要多次确认。不同的活动，邀请的媒体和意见领袖自然不同。不过现在越来越多的公司开始重视网上意见领袖的意见，所以，对于网上的意见领袖，要把他们和传统媒体同等对待。

②工作人员。

一般来说，所有的企业举办发布会和其他线下活动，都会委托专门的活动执行公司来安排具体的细节工作。所以工作人员主要是指企业内部的员工和活动执行公司的员工。甲乙双方要形成工作组，在发布会开启前要经常开碰头会，保证无缝对接。

会场上的工作人员通常需要统一着装，或者佩戴统一的工作牌。对于比较大型的发布会，还要根据工作性质做好工作牌的区分。工作人员最重要的工作原则就是"一人盯一事，事事有唯一负责人"，比如某人负责引导嘉宾、某人负责桌椅板凳、某人负责PPT等。

有时我们会忽视摄影师、摄像师、化妆师、造型师这些工作人员，但其实他们非常重要。一般中小型的发布会至少要有摄影师、摄像师各1名，而且要找熟悉相关题材的人员。

（3）When，不仅要明确发布会具体的举办时间，还需要为筹备过程做一份时间表。

对于发布会和其他一切线下活动来说，时间表就是生命线。因为时间表不仅要记录时间，更要把整个项目串起来，厘清项目内容，以及各项工作的负责人。

业内人士常常有时间线（Timeline）强迫症。只要做一个项目，就要先根据发布时间倒推回去，为每部分工作预留时间，分配好负责人，列出现在的状态以及下一步需要解决的问题。时间表通常有两种，第一种是从项目开始准备时就列的大时间表，根据具体情况，提前2个月左右开始安排，可以分几大块，如媒体公关、活动搭建、嘉宾等，将每一块分给不同的负责人，然后根据各方进度随时综合协调。第二种时间表就是我们常说的现场执行时间表，也常常被叫作 Rundown。关于 Rundown，一般要细化到每一分钟，也就是在发布会或者其他活动的现场，每个环节需要几分钟，过场要几分钟，领导讲话需要几分钟，这些都要提前细化清楚。只有有了时间表，整个团队的工作才能启动，责任清晰了，每个人也就清楚了跨部门的问题要找谁。

3. 传播要突出

前文已经讲过，任何线下活动的目的都绝不仅是将信息传递给来到现场的几百人，而是要通过媒体将活动的内容放大，传递给更多没来到现场的，但可能对品牌和产品有兴趣的人。

如何处理发布会中的传播环节呢？除了刚才讲过的创意要明确之外，落实到执行上，就是要将发布会的传播环节系统化。

首先，在发布会或者活动开始前的一个月，就要根据发布会的主题和希望达到的目的，去拟定希望邀请的媒体与互联网意见领袖的名单。确定名单后，就要根据名单一一进行邀请。如何邀请呢？需要准备好邀请函、公司或者品牌的介绍、本次发布会或者活动的基本介绍等。在邀请的时候，还需要与媒体明确，在发布会结束后，媒体是否会帮你撰写报道或者发稿等。

当然，媒体或者互联网意见领袖来到现场，都是要支付一定费用的，这是行业中的惯例，一般不用给太多，但千万不要忘记给。

在发布会结束后，企业需要第一时间将撰写好的发布会通稿正式发布，并同步给媒体朋友。所谓通稿，就是描述发布会本身的一篇公关稿件，关于公关稿件的写作技巧前文已有介绍，此处不再赘述。

第五节

运营微博、微信：掌握运营"套路"，轻松成为杜蕾斯第二

2012 年，我进入 4A 公司，为一家 500 强企业运营企业微博。那时候企业

微博还是一个新兴事物，运营企业官微也是一项看起来十分洋气的工作。7年过去了，现如今微博和微信公众号早已成为企业对外营销传播的标配，而且运营微博和微信公众号的工作往往会交给刚刚进入公司的新人去负责。

对于某些企业来说，它们把自家的公众号和微博"玩儿"出了花，像微博上的杜蕾斯、三只松鼠等，微信公众号上的支付宝、新氧等。它们通过企业自媒体（见图3-6）这个免费的流量渠道，源源不断地制造话题、吸引流量、售卖商品，几年下来，它们的自媒体可能会帮它们省下数以亿计的营销推广费用。

图3-6　众多自媒体平台

但是，大部分的企业并没有这么幸运。它们虽然也在运营自己的自媒体，但微博一直只有个位数的评论，微信公众号的阅读量也从来没有过千，它们的自媒体对企业业务好像从来没有产生过积极的影响，所以很多企业就把自媒体团队给裁掉了。但是往往过了些日子，这些企业又会觉得自媒体很重要。总之，对于绝大部分公司来说，自媒体其实有点像鸡肋——食之无味，弃之可惜。

在如今这样的商业和营销环境下，企业自媒体到底还有没有必要做呢？应该怎么做呢？

答案很明确，当然应该去做。但是至于应该怎么做，那就比较复杂了。

先来解释一下为什么企业一定要运营微博和微信公众号。

第一个原因是，微博和微信公众号是目前流量最大的互联网自媒体平台，作为一个企业，在这样的平台缺席，显然是不合适的。能不能做出成绩来是一回事，但做不做是另一回事。要是一个潜在消费者想买某企业的产品，他下意识地会去看企业的微博，结果该企业半年没更新了；再看企业的公众号，结果发现都没有注册，那这位潜在消费者一定会对该企业产生深深的怀疑。由此可见，在移动互联网时代，一家公司在社交媒体上拥有属于自己的身份，甚至比拥有百度百科还重要。

第二个原因是，微博和公众号依然有着巨大的免费流量。换句话说就是，企业的微博可能看起来每天只有十几、二十几条评论，但只要能掌握一些基本的运营"套路"，如抢话题、追热点之类，企业完全可以用极低的成本获得极大的曝光度。在流量越来越贵的今天，免费的曝光资源多一些，就能多一些获得流量的机会。

第三个原因是，在移动互联网时代，任何企业都需要有一个完全属于自己的发声口。前文中讲过危机公关，当企业做危机公关的时候，它应该去哪里发布公关声明呢？最好的地方就是企业自己的微博和公众号。如果某些企业没有花心思运营自己的微博和公众号，那么万一哪天有了突发危机需要处理，可能一时间都不知道要去哪里发布公关声明。

第四个原因是，企业自媒体是企业与消费者互动的最好平台。在如今的商业时代，营销绝不仅仅是针对未购买产品的潜在用户，对于老用户及已经有消费行为的消费者，企业更应当重视他们的利益。而无论是企业微博还是企业公众号，其实很大程度上就是信赖企业的品牌和产品的忠实消费者的聚集地。他们时时刻刻关注着企业的动态，也很热衷于帮助企业去传播各种动态，所以企业应该多多通过微博和公众号与已有的核心消费者互动。比如，时不时举办一些活动，给消费者一些利益请他们帮忙分享传播；在自媒体端安排专业的客服，24小时了解并尽量满足消费者的需求。

明白了运营企业微博和公众号的原因后，每个企业都应该将自己的微博做成杜蕾斯那样。但我们知道，杜蕾斯的微博营销是一个经典案例，几十个人的团队天天加班，就为了运营杜蕾斯这么一个微博，这是其他公司很难做到的。

所以，假如你以后从事运营企业微博的工作，那么一定要记住，把微博做成杜蕾斯那样火爆是理想情况，但不能因为短时间内实现不了理想情况，就觉得自己的工作毫无意义。

我根据自己之前将网易云音乐的官方微博从 0 粉丝做到 100 万粉丝，以及将网易考拉的公众号从 0 关注做到 50 万关注的经验，给微博运营和公众号运营各总结出了三条原则。只要能真正理解这三条原则，至少你的运营工作不会做得太差，超越杜蕾斯也不是不可能。

企业微博运营的三大原则

企业微博运营的三大原则包括**人格化、每日活动、热点明星**。

1. 人格化

人格化，顾名思义，就是要将企业微博当成你的个人微博去运营，文案越口语化越好，越"卖萌"装傻越好。如果是一家科技公司，那么更要突出人格化的"卖萌"属性，从而产生强烈的反差冲击，让看到微博的人会心一笑。

比如，淘品的官方微博就走了这种人格化的"卖萌"路线，如图 3-7 所示，这对于微博的阅读者来说非常友好。

图 3-7　淘宝微博

2. 每日活动

每日活动，就是每天都要做活动。很多微博运营者确实会做一些转发抽奖或者其他类型的活动，但基本都是好久才做一次，而且送的奖品很大件，钱花了不少，却换来一大堆"僵尸粉"，得不偿失。

我的建议是，企业官微最好的活动方式是，每天做一次有门槛的转发抽奖小活动。

我们来拆一下这句话的意思。"**每天做一次**"，当然不是说必须每天都要做，但一周至少要发起 3 次活动。

"**有门槛**"的意思就是，你所做的活动不能是最简单的转发抽奖，微博上存在大量"薅羊毛党"，如果你为了数据好看，而做毫无门槛的转发抽奖活动，那么吸引来的十有八九都是无效的"僵尸粉"。所以说，哪怕做转发抽奖的活动，也需要设置门槛，比如回答对一道问题才能参与抽奖。我之前就经常会给网易云音乐设置"猜一猜这两句评论描述的是哪一首歌"这样的小问题。当然，我会给出选项，但这样至少可以将 90% 以上的"薅羊毛党"挡在门外。

"**小活动**"的意思就是，这类活动应该是微博运营的常态，而活动送的奖品也可以是数量为个位数的小奖品。这样既不会占用公司太多的预算，也能保持企业微博每天产生固定的内容。这个内容能产生固定的转发，而转发又会给企业微博带来固定的曝光。

在社交媒体 2.0 时代，对于企业官微的运营者来说，与其指望想出经典的内容一炮而红，还不如用高频的小创意、小互动打造持续的曝光度和"粉丝"增长量。

3. 热点明星

所谓"热点明星"，意思是"**热点 + 明星**"。我们常常会说微博运营就要追热点，还经常会说杜蕾斯的微博运营做得好就是因为热点追得好。这当然是对的，但是对于一个规模没那么大的企业微博来说，如果什么热点都追，那么一是没有精力，二是绝大部分热点热一下就凉了，追大部分的热点其实并不能给企业微博带来大量的流量。

只要你的企业主打的是面向大众消费者的产品，你就可以尽可能地去将企业微博的内容和娱乐偶像联系起来，因为当今微博已经演变成以娱乐为主的社交媒体平台，微博上 70% 以上的话题都与娱乐偶像有关。2018 年，《偶像练习生》和《创造 101》最火爆的时候，我为一个创业公司的企业微博写过3条微博,就是把产品和这些偶像有意识地结合在一起,然后融入一些转发抽奖的因素。结果仅仅用了3天时间,那个"粉丝"数量不到1万的企业微博,这3条微博总转发量就超过了3万次。大量的"粉丝"和普通微博用户关注了该企业的微博,使其一夜之间涨了1万"粉丝",这就是娱乐明星在微博上的强大影响力。在微博上,几乎所有的年轻用户都有自己喜欢的偶像,所以,企业微博的运营者要有意识地将企业微博的内容和当前比较火热的偶像、综艺等结合起来。

企业公众号运营的三大原则

企业公众号运营的三大原则包括角色清晰、个性鲜明、会追热点。

1. 角色清晰

这是企业公众号运营最基础、最重要也是最容易被忽视的原则。公众号的形态和微博有非常大的不同。微博面向全平台的用户,每天可以无限制发送,展示也很清晰;而公众号不一样,公众号是订阅制的,每天推送的内容只能发送给一小部分用户,并且每天最多只能发送一次,要是服务号,一个月就只能推送4次。

基于这种区别,企业的公众号相比微博而言,受众更窄、内容创作更复杂、能够发布的频次更小。这样来看的话,企业公众号更像是企业的一本杂志。

正是因为这样,企业公众号在运营的时候需要有一个清晰的角色定位——是充当媒体,聚集读者,还是充当官网,提供服务。

如果是充当媒体,那么还可以分成两类,一类是娱乐型媒体,也就是传播搞笑段子、情感故事、新闻资讯等内容;另一类是功能型媒体,就是提供针对具体问题的解决方案。对于享乐型产品,如美食等,把公众号定位为娱乐型媒体较好;对于功能型产品,如汽车、手机等,把公众号定位为功能型媒体更佳。

2. 个性鲜明

个性鲜明其实是角色清晰的具象化。企业公众号的主视觉、主色觉、排版要做到独特和统一;每篇文字的标题、文法也要有一个鲜明和一致的风格。比如给你两篇文章,你肯定一下子就能分辨出哪篇是咪蒙写的,哪篇是新世相写的。切忌一个公众号由三个写作风格完全不一样的编辑去共同运营。

3. 会追热点

和企业微博的追热点有些不同，企业公众号追热点不需要那么快，但需要有观点。应该说，在当前的自媒体形态中，微博是一个纯粹的信息展示和扩展平台，而公众号则是信息加工且各家企业和自媒体博主提出各自观点的平台。换句话说就是，当一个热点出现了，企业公众号可以去追这个热点，但不用特别在意速度，不能为了速度就像运营微博那样随便做一张海报放上去，这样追热点毫无意义。对于企业公众号来说，必须要将热点与自己的产品深度结合，并且最好能提出某些解决方案。

比如，我的某个朋友所在的公司，2018年开发了会智能断电的电动车，而时值2018年央视"3·15"晚会曝光了大量电动车电池不合格导致自燃的现象，引起了舆论的广泛讨论。于是我朋友的公司便借此时机发了一篇公众号推文，在文章里详细地描述了它们的电动车已经解决了电池自燃的问题。这篇文章发出去后，公司很快便收到了很多经销商的合作咨询。

应该说，自媒体运营是市场营销中入门门槛非常低，却非常难做好的工作。我认识一些十分厉害的"大神"，给企业做自媒体运营能拿到年薪百万，而如果自己全职运营个人自媒体，甚至还能赚到更多。资深的自媒体运营者应当懂营销、懂公关、懂用户心理、懂如何写好文案、懂设计、懂当下最潮最热的事物——应当对一切都保持敏感。如果你能把自媒体做好，你也就能成为市场营销的"大牛"，因为自媒体其实就是整个市场营销体系的一个缩影。

第六节
爆款文案：如何写出阅读量10万+的新媒体广告文案？

你一定有过这样的体验，在朋友圈看到一个很有意思的标题，就忍不住点进去阅读文章。读着读着感觉文章内容也很有意思，快到结尾的时候突然看到一条广告，但你并不觉得厌恶，反而觉得挺好玩。最后你不仅接受了广告信息，还愿意把这篇广告软文分享给更多的人。

写出这样的新媒体广告软文需要天赋,但其实也都是"套路"。阅读完这一小节的内容,也许你就能学到写出阅读量 10 万 + 新媒体广告文案的"套路"了。

在学习之前,我们必须明白,撰写任何新媒体软文之前,都要先深刻地研究产品,了解产品的卖点,并且明确写这篇文章的目的,是纯粹为了展示产品的功能,还是为了促进销售。除此之外,还要了解产品的目标消费者是男性还是女性,以及文章投放的公众号的主要订阅者的性别、年龄范围、生活习惯、阅读习惯等。只有先明确了这些,才能让你在具体写作的时候不至于偏离方向。

接下来,就来学习完整的爆款软文的写作过程。

首先是标题,这也是最重要的。在公众号平台上,同样的内容配上不同的标题,其阅读量可以相差 10 倍以上。我曾经写过一些文章,没改标题前只有 1000 阅读量,改了更吸引眼球的标题就可以瞬间实现 20 万的阅读量。

那么如何写出能吸引眼球的标题呢?有以下 5 种方法。

第一,在标题中表现出强烈的否定,通过"NO"让用户抓狂,也让用户疯狂。

这种方式有一个核心的模板,就是《千万别×××》,从这个模板延伸开来,可以写成下列样式。

《男生千万不要点!这篇文章只能女性点击》——打开的 99% 都是男人。
《"单身狗"禁止进入,否则孤独终老》——某情趣用品店广告。
《千万不要买我们的产品,否则变大懒虫》——某床上用品广告。

第二,植入情绪,调动"粉丝"情感共鸣。

心理学上有一种定律叫"情绪共鸣定律",是指在外界的刺激下,一个人情绪和情感的内部状态与外部表现能影响和感染别人,别人会产生相同或相似的情感反应。咪蒙是这种起标题方式的集大成者,其核心模版就是《你凭什么!》。从这个模板延伸开来,可以写成下列样式。

《放！下！你！的！手！机！》

《别再让我给你的娃投票了！！！》

《你看老板是傻子，老板看你亦如是》

《你凭什么穷得心安理得？》

第三，制造干货大全，用一篇文章满足读者的全部欲望。

这个非常简单，主要是让读者觉得你的文章肯定会对他有用。这类文章的标题中常常会出现各种数字。例如，21个模版、18种方法、12个窍门、6个建议、5大趋势、3个心法等，举例如下。

《一篇文章读懂营销本质的变迁——从广告到SDI》

《7步教你玩转微信运营》

《微信运营新手最容易犯的30个错误》

《搞定这11件事，你在职场一定不会碌碌无为》

《如何用12分钟看完90万字的"三体"》

第四，制造"稀缺"与"紧迫感"。

其实很好理解，看下面这几个例子就明白了。

《99元100节课，这可能是你今年春节最该花的钱（仅售10天）》

《这么有趣的航空安全须知视频，你看过吗？》

《这些东西，自己藏起来看就够了》

《营销人，如何在40岁前获得财务自由？》

《我有10个职场经验，价值100万，但今天免费》

第五，形象化类比与联想。

有些内容可能会特别抢眼球，但写不好就会显得很"污"，所以要拿捏好尺度，点到即止，同时要让读者在打开文章后能产生新鲜感和趣味感，举例如下。

《谈恋爱，最重要的是尺寸问题》
《不要在该"放浪"的年纪谈修行》

看完上述 5 种起标题的方法，你是不是豁然开朗了很多。当然，在实际的软文撰写中，标题并不一定要在写正文前就确定，可以一边写正文一边想标题，也可以写完正文后回头再去考虑如何起标题。

有了一个好标题，阅读量 10 万+ 的广告文案已经完成了一半。接下来讨论正文应该怎么写。

一篇容易阅读和传播的公众号文案，字数应该在 1000～1500 字。在这个篇幅里，前 70% 是文章的主要内容，也称为广告的铺垫，后 30% 是广告内容的展示。

到底如何写铺垫内容呢？这其实很难讲清楚，因为不同主题、不同风格的文案，写法是不一样的，而且每个人的写作功底不一样，很难给出统一的模板。这里主要提以下三个要点。

（1）写铺垫内容的时候，记住不要放飞自我随便写，而要时刻想着自己是在写广告。无论铺垫的部分是写故事还是写"鸡汤"，都要每隔 5 分钟提醒一下自己：一会儿是要植入广告的。这样可以避免你因为写得太偏而收不回来。

（2）铺垫部分的内容最好和产品特征、公众号的读者特征有一定关联。例如，你要写的是护肤产品的广告，那铺垫部分的内容至少要和护肤产品的消费者有所联系。

（3）任何公众号的文案都要尽量采用短句，避免过长的句子，尽量使用简洁易懂的词语和句型。

最后来讲一下，如何让读者不反感文案中被植入广告。一般而言，有两种方式：巧妙转折和潜移默化。

1. 巧妙转折

巧妙转折，就是在文章即将结束时，联想性地加入与前文内容相关的产品或理念，从而达到让人猝不及防却又感觉有理有据的效果，这也是目前最常见的一种广告软文形式。

举个经典的例子，新浪微博大 V 王左中右曾写过一篇软文，名叫《顿时觉得胸前的孙悟空更鲜艳了》，全文的铺垫部分讲了半天的孙悟空，快到篇末的时候，作者说孙悟空很像创业者。文章节选如下。

孙悟空让我想到一类人，也是一个职业，这个职业可以说是 2016 年中国的年度职业：创业者。

什么是创业者？

创业者就是敢走别人不敢走的路，敢第一个钻进水帘洞；

创业者就是永远要去闯，永远野心勃勃，即使已经当了山大王；

创业者就是翻山越岭长途跋涉，路途再遥远也毫不畏惧；

创业者就是耐得住寂寞，耐得住琐碎，只为达到目标；

创业者就是一个真正的领袖，心里装着天下，却也永远装着和自己一起奋斗的伙伴。

我觉得，每一个优秀的创业者，心里都住着一个孙悟空。他们有的刚刚从石头缝里蹦出，有的刚刚发现水帘洞，有的正撑着竹筏漂流，有的正跟菩提老祖学艺，有的已经成为山大王，有的已经成为美猴王，但他们永远都有同一个目标：成为斗战胜佛。

正当读者觉得很有道理的时候，作者文风一转，说惠普推出了一款为创业者而生的笔记本电脑，如图 3-8 所示。这个急转弯让读者大吃一惊，却又觉得广告植入得非常棒。

而正是怀着对创业者的最大敬意，惠普推出了这款"战"系列创业本 HP ProBook 446。

图 3-8　惠普笔记本电脑

又如,六神磊磊的《金庸偏心眼?少林派凭什么总是天下第一》,文章节选如下。

想象一下,假如你加入了这种门派。

走进藏经阁,你可以读到千百年来历代高僧积累的武学论文。

比如,《虚竹:我和鸠摩智交手的心得》《教训:从空见神僧战死看"金刚不坏体神功"的BUG》《渡厄大师:对"心意相通"的阐释》《方证大师:用易筋经对抗吸星大法之我见》……

你还能得到大数据支持。比如,练成一指禅究竟需要多少年?少林派有完整的档案记载,第一名是36年,第二名是39年,第三名是42年……

更要紧的是,你80岁的师叔祖在用功,你50岁的师父在用功,你30岁的师兄在用功,你能不用功吗?

很多其他的门派,靠着一两个"爆款"、一两位天才,在武林上走红一时。

华山派出过风清扬,魔教出过东方不败,南宋的"五绝"里,东邪西毒南帝北丐,少林派甚至一个名额都没捞到。

可那又怎么样呢?潮起潮落,少林派还是第一。

最后,让我们以金庸对少林龙爪手的评价作为结尾吧。那是很说明问题的:"全无破绽"。

"数百年来千锤百炼,实已可说是不败的武功"。

用龙爪手的人,可能会败;但龙爪手自身却是完美的武功。

说来说去,无非几个字:**百年传承,一片匠心**。

其实,武功是这样,酿酒也是这样。

不管别家怎么"爆款",只有怀着一颗匠心,一代代千锤百炼,才能回味绵长。

就好像水井坊,作为高端白酒代表,历经 600 余年传承,靠的就是一颗不变的匠心。

全文铺垫的部分全在说少林的武功为什么厉害,然后得出结论,因为百年传承。当读者觉得很有道理的时候,笔锋一转,说水井坊也是百年传承。

看了这两个案例,你大概明白如何写出有转折的广告软文了吧。要想熟练使用这种技巧,需要经常练习,也需要多多阅读。可以多读一读欧·亨利的小说,他的小说结尾总是让人意想不到。最好的广告植入,就是让读者完全想不到结果,但读完之后却又不得不服,觉得很有道理。

2. 潜移默化

潜移默化就是在文章中稍微点到某品牌或产品。如果不仔细看,都不知道文章中植入了广告,但其实广告已经在读者的脑中悄悄埋下了一颗种子。比如,同道大叔的《当你和十二星座旅行……》一文,在配图之间默默地植入了一些广告。

同道大叔的这篇文章看似在讲星座,其实是给"去哪儿"网做的一次软广推广。由于同道大叔多以图片的形式讲述星座相关内容,因此只能将广告穿插在图片之中。虽然没有文字介绍来得详细,但一句"旅游上去哪儿,省更多当然玩更多"就足以给人留下深刻印象。

这类潜移默化的植入,很多情况下广告效果不会太明显,所以除非企业完全是为了增加曝光度,或者投放的公众号流量非常大,否则不建议尝试。

第七节

打造跨界营销：如何与别的品牌合作，实现 1+1>2 的效果？

对于很多互联网营销人来说，跨界营销是越来越常用的营销方法。什么是跨界营销？简单来说就是，两个或多个原本毫无关联的品牌，通过某种机制联合在一起，共同策划一个有创意的营销活动，产出一些有趣、有传播性的营销话题。比如，网易云音乐将歌词印在农夫山泉的瓶子上，打造了"歌词瓶"，如图 3-9 所示；网易严选与亚朵酒店联合开的"严选酒店"如图 3-10 所示；Line 与优衣库合作，将表情包印在了优衣库的 T 恤上，如图 3-11 所示。

图 3-9　"歌词瓶"

图 3-10　"严选酒店"

图 3-11 Line 与优衣库合作的 T 恤

在我的工作经历中,也做过非常多的跨界营销的案例。这节主要为大家讲解以下内容:

第一,什么时候适合做跨界营销?

第二,应该选择什么样的品牌进行跨界合作?

第三,跨界营销的常见形式。

第四,跨界营销的基本流程是怎样的?

什么时候适合做跨界营销

跨界营销的本质,其实就是不同品牌之间的合作。在营销中,合作的目的无非两个:一是花更少的钱;二是产出更好的效果。所以,当你的营销工作处于下面这些情况的时候,便可以尝试发起一次跨界合作营销。

1. 营销预算少,不足以支持一次独立发起的营销

一般而言,单次营销活动的预算少于 5 万,就算是比较少的。关于市场预算的讨论,会在后面的章节中详细介绍。

2. 产品处于初创期,市场认知度极低

在产品还处于非常早期的时候,除非产品的创始人非常有名气或者产品有颠覆性的卖点,不然独自发起的营销活动,哪怕花了很多钱,也无法在市场上掀起什么波澜。因为无论是消费者还是媒体,都不会主动去关注一个新的品牌。这个时候如果能与其他高知名度的品牌合作,那将会是一种非常好用的营销

方法。比如，我之前服务过一个名为 MarryU 的互联网婚恋平台，这个产品刚推出的时候，不仅市场预算低，而且没有什么知名度。因此，我们就用平台内的流量，交换了湖南卫视某档婚恋节目的广告位，将一个新产品与湖南卫视进行绑定，获得了很不错的传播效果。

3. 产品处于成熟期，无法找到更多的可传播卖点

如果你以后能进入一家大公司，如可口可乐、百事、宝洁等 500 强公司，你会发现，这些公司的主打产品，从产品的生命周期看，都已经处于市场份额非常稳定的成熟期。尤其像可乐这种产品，其功能点几十年如一日，从未改变。在这种情况下，它们的营销方案除了要和当下热点更贴近之外，还要尝试更多的跨界营销。比如，可口可乐与韩国年轻的化妆品公司 THEFACESHOP 联合推出了可口可乐美妆，与阿迪达斯共同推出了可口可乐联名款卫衣等。可口可乐在全球寻找有趣的品牌，与它们共同推出各种有可口可乐元素的产品，这些产品并不会大量地生产和售卖，却给可口可乐带来了很大的营销价值。这些跨界合作的不断出现，让可口可乐的品牌能始终保持年轻、有趣，引领潮流。

4. 当你不知道自己该做什么的时候

如果你在一家公司负责一款产品的营销，当你实在不知道下一阶段应该做什么的时候，就可以考虑跨界营销的方案。无论企业规模是大是小，绝大部分企业的领导人都非常希望自己的品牌能与其他品牌联名合作，产出更好玩、更有趣的营销方案。

应该选择什么样的品牌进行跨界合作

鉴于跨界营销的本质和目的，选择合适的合作品牌便显得非常重要。我认识一个朋友，她非常热衷于跨界营销，而且非常擅长和知名度极高的大品牌进行合作。但是她所做的跨界营销，表面上看起来很高级，但很难产生效果。因为她在选择合作品牌的时候，只是一味地选择知名度高的品牌，却没有考虑自己的品牌和对方有没有契合度，能不能碰撞出火花。这往往导致她花了大量的精力，最后却没有实现预期的效果。

选择什么样的品牌进行跨界合作，其实还得根据我们的营销目的来分析。一般而言，我们把营销活动的目的细分为以下几类，这些目的会有所重叠，需

要选出最关键的那一个。

1. 提高产品和品牌在消费者心中的知名度，这基本上是所有营销活动的关键目的之一

要提升品牌在消费者心中的地位，就需要选择与产品的消费者群体重合度高的品牌进行合作。例如，网易云音乐与美特斯邦威做了一次颇为成功的跨界营销，因为网易云音乐和美特斯邦威的消费者都是主流年轻人群体，这就属于消费者重合度比较高的。再如，网易严选和亚朵酒店一同开的"严选酒店"，网易严选的主要消费者是一二线城市对生活品质要求较高的白领，与亚朵酒店的目标消费者类似，这也是属于消费者群体重叠度比较高的。

2. 提升产品和品牌在行业内的知名度

这里说的"行业中"，和前面说的"消费者心中"是不一样的概念。所谓行业中的知名度，就是这个产品或品牌在该行业的投资人、媒体、专家、监管机构中的知名度。换句话说就是，让品牌看起来更有行业地位。这种营销需求一般来说是初创品牌才有的。为了实现这样的营销目的，企业要做的是寻找高知名度、高影响力的品牌进行跨界营销合作。比如，我在上文中提到过的，初创婚恋产品 MarryU 和湖南卫视这样高知名度的电视台合作。我之前服务过的几家创业公司，也都会选择与央视、卫视、电影、BAT（百度、阿里巴巴、腾讯）、500强企业进行合作。哪怕在合作中，该公司的品牌露面机会非常少，但也算是与大品牌进行的合作。也许普通消费者并不知道该公司进行了这些营销活动，但在行业内的媒体、专家、投资人的眼中，该公司的跨界营销活动是非常有意义的。

3. 强强联合，打造非同凡响的爆款

就如同前面讲到的，对于某些产品而言，进行跨界营销的原因，是其产品已经处于非常成熟和稳定的时期，需要更具颠覆性、更具爆炸性的营销创意来提高其影响力。因此，当我们为一款成熟的产品服务的时候，就需要找到一个足够有冲突感的产品或品牌来合作。比如，我在网易云音乐的时候，美特斯邦威——一个非常成熟的品牌——找到我们，希望网易云音乐能与他们的内衣内裤品类进行合作。最后我们共同推出了"音乐内裤"，这就具有了极强的冲突感和传播性。再如，可口可乐与THEFACESHOP一起搞了个彩妆套装；李宁与老干妈一起推出了联名款卫衣。这些案例无一不是成熟的品牌寻找自我突破、进行自我颠覆，与和自己差异巨大却有话题性的品牌结合在一起，最终实现 1+1>2 的传播效果。

跨界营销的常见形式

1. 产品跨界

产品跨界，也就是两个或多个品牌共同推出一款新的产品。当然，这个新产品也有两种情况。

第一种情况，假设 A 品牌和 B 品牌进行产品跨界合作。那么，可以推出带有 A 元素的 B 品牌，也可以推出带有 B 元素的 A 品牌。例如，网易严选是 A 品牌，亚朵酒店是 B 品牌，它们合作推出的严选酒店，其实是带有网易严选主题的亚朵酒店。这种产品合作是最为常见的。再如，星巴克和喜马拉雅合作，推出了带有喜马拉雅元素的星巴克杯子；优衣库和 Line 合作，推出了带有 Line 表情包的 T 恤。我们会发现，在这样的合作中，多半是一个互联网品牌与一个实体品牌合作，互联网品牌提供一个形象或主题，然后实体品牌将这个形象植入到自己的实体产品中并生产出来。

第二种情况，假设 A 品牌和 B 品牌进行产品跨界合作，推出了 C 品牌。这种跨界合作的情况比较少，往往是因为合作方都是互联网产品或都是实体产品，知名的案例非常少，就不展开讲了。

2. 内容跨界

内容跨界，也就是在内容上将 A 品牌和 B 品牌融合进行。在这种合作形式中，其中一方往往是电影、电视剧、综艺节目或其他内容类产品。例如，我之前服务的婚恋平台 MarryU，曾与多部电影和综艺进行了合作。合作的方式就是，在对方的节目内容中植入部分 MarryU 的品牌信息，然后在 MarryU 的平台里发起一个以这个节目为主题的运营或促销活动，从而实现资源互换。

3. 营销渠道跨界

营销渠道跨界，其实就是当 A 品牌打广告的时候，B 品牌出一部分资金，双方共同在广告中露面。并且在广告中，这两个品牌还需要实现某种互动。天猫和京东是这种跨界合作形式的老玩家。每年的"双 11"，天猫都会推出一系列"超级品牌"合作海报，如图3-12所示。

图3-12 天猫与雷士照明的合作营销

每张海报都是天猫与某个入驻品牌的合作营销，这不仅能在营销上节省一大笔开支，还能相互背书，提高营销内容的权威性。

跨界营销的基本流程

第一步，搞清营销的主要目的。刚才总结了三个目的：提高产品和品牌在消费者心中的知名度；提高产品和品牌在行业内的知名度；强强联合，打造产品和非同凡响的爆款。

第二步，根据确定的目的，寻找合适的跨行业的品牌进行跨界合作。

第三步，选择跨界营销的形式，包括产品跨界、内容跨界、营销渠道跨界，也可以组合起来。

第四步，与合作方共同讨论，制定具体的营销方案，落地执行。

第4章 让你的品牌《刷爆》全网
——移动互联网时代的营销新方法

第一节
社群营销：网易和拼多多是如何"刷爆"朋友圈的？

社群营销是这两年出现的一个新词，新到网上关于它的定义五花八门。在网易市场部内部，我们也经常把它叫作"圈层营销"，就是通过创意和技术手段产出营销素材，并且让营销素材在一个特定的圈子或者社群里主动传播。

我们来拆解一下这个定义。首先，做社群营销要有一个明显的营销素材，如一个H5（一个可以在手机上运行的网页的集合，可以实现简单的游戏互动、购物、听音乐、看视频等功能）、一个小程序，或者一篇公众号软文、一段小视频等。目前各品牌用得最多的依旧是H5。

定义中的第二个要点就是"特定的圈子或者社群"。目前微信在全球的用户已经超过10亿，10亿用户被划分成了成百上千个群体。例如，拼多多面向的是四五线城市的中年妇女群体、走在潮流前沿的时尚青年群体、天天关心中美贸易战的中年男性群体、为"爱豆""打call"的"粉丝"群体等。这成百上千个群体，他们所关心的、喜欢的、愿意分享的内容完全不一样。换句话说就是，当你试图做出一个能够"刷爆"朋友圈的营销方案的时候，你必须要先想清楚：我要"刷爆"的是哪一个群体的朋友圈？如果没考虑这个问题，而只是想着做个营销内容，去"刷爆"所有人、所有群体的朋友圈，结果就是谁的朋友圈都"刷爆"不了。

定义的第三个要点就是"主动传播"。社群营销和普通营销最大的不同是，在社群营销中，营销内容主要是一个个现有消费者和潜在消费者通过他们的自有媒体（如微信、微博等）去传播的。而普通的推广营销中的营销内容则是通过大众媒体，也就是电视、报纸、各种广告以及各种"网红"、艺人去传播的。所以判定一个营销是不是真正的、有效的社群营销的标准就是，营销内容是不是消费者自发传播起来的。

H5 是什么

就像刚才所说的，当前做社群营销常用的营销素材形式就是 H5。作为营销人，也许你不需要懂得如何开发一个 H5，但你至少需要清楚 H5 的一些基本知识。

什么是 H5？比较通俗的说法就是，可以运行在手机上的网页集合，而且通过 H5 可以实现视频播放、音乐播放、录音、简单的游戏互动、购买付费、拍照摄像等功能。相对于开发一个 App 来说，H5 的开发更为简单便捷，而且适用性很强。在微信上，用户可以直接将 H5 发布到朋友圈或者发送给任何一个好友。所以，近几年来，H5 一直是企业用来进行品牌营销的极好工具之一。

我习惯把 H5 分成两大类：简单的和复杂的。你可能觉得这个分类比较直接，但我在工作中确实会以实现的难易度去将 H5 分类。因为现在网上提供了大量的模版化的 H5 开发工具，如果一个 H5 足够简单，那么不懂写代码的人也可以像做 PPT 一样轻松地完成一个 H5 的制作。但如果 H5 太过复杂，就只能寻找专业的团队帮忙了。

什么样的 H5 是简单的呢？没有复杂的动画和互动，基本就是纯粹的展示，最多有些填写表单类的功能的 H5，就是简单的 H5。创作这类 H5，一般一个设计师加一个文案就可以完成。目前网上有很多 H5 创作平台，比较有名的有 MAKA、易企秀、百度 H5、人人秀等，这些平台提供了简单易用的创作工具，其操作和 PPT 相似度极高，哪怕一个完全没有经验的人，摸索一个小时也可以上手做出不错的 H5。MAKA 的 H5 创作页面如图 4-1 所示。

图 4-1　MAKA 的 H5 创作页面

当然，如果你仅仅是使用这类模板化的工具制作 H5，说真的，是不太容易达到"刷屏"的效果的。这类工具一般是针对某些更细小的社群做的有针对性的小传播，主要是因为制作成本和传播成本都比较低，所以很多公司尤其是创业型公司还是经常会用这类第三方工具直接生成 H5。

而要做出更为复杂的 H5，还是需要委托专业的团队。专业的 H5 团队能够充分地挖掘微信和 H5 所能实现的一切功能，以满足企业所提出的需求。

如今在微信平台上运行的 H5 的常用功能有以下几个。

1. 视频播放

H5 可以在任何页面、任何情况下播放视频。目前许多企业的广告片和微电影就是通过 H5 的形式展示的。而且用 H5 进行视频播放，还可以在视频播放的过程中任意插入各种互动功能。例如，可以创作一支有三个不同结尾的广告片，播放到一半的时候，用户可以自行选择结局，视频就会按照用户的选择继续播放。

2. 调用摄像头、麦克风等

如果 H5 是在微信内运行的，那么完全可以做到通过 H5 来打开手机的摄像头和麦克风。也就是说，你的 H5 创意中可以充分加入自拍、美颜、录音、唱歌等功能。

3. 摇动

目前的H5可以监测到手机的摇动以及摇动的频率和幅度。前两年就有一些非常流行的通过摇动手机去完成的H5小游戏，例如，用摇动手机去模仿数钱、鼓掌、跑步等行为。这类游戏虽然现在不多了，但如果能用创意的方式加以包装，依然有非常多的用户愿意参与。

4. 调用好友关系、昵称和地域

在微信内运行的H5可以获取使用该H5的用户的昵称信息、地区信息和好友信息。换句话说就是，使用这种功能可以让用户在分享H5的时候显示自己的昵称，从而提高这个H5的可信度。还可以根据这个功能制作用户排行榜，比如很多游戏H5会在用户玩完游戏后，显示游戏中其他好友的成绩以及当前用户在好友中的排名。

小程序

这里不得不提一下小程序（见图4-2）。虽然微信在几年前便发布了小程序，但小程序却是在最近两年才迅速火了起来。小程序相对于H5来说，拥有更多的功能，几乎可以实现手机App的全部功能。而且小程序可以在微信朋友圈和好友间直接分享，非常适合裂变传播。所以目前有很多企业在扎堆开发小程序，希望能赶上小程序的红利。

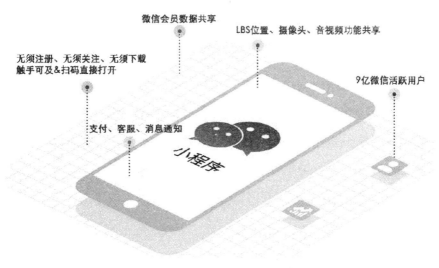

图4-2 微信小程序优势

不过很多企业依然在用开发App的思维开发小程序,并没有将小程序的"社群分享"性排在首要位置考虑。和传统的手机App不一样,小程序要想被更多人使用,需要利用好它的"可分享"的特性。比如,拼多多90%以上的购买行为都是发生在小程序里的,因为拼多多的小程序不仅几乎移植了其App的所有功能,还在其中加入了砍价、好友拆礼包、好友种树等基于微信好友的互动。通过这一个个互动,让拼多多的小程序在社群内得到了自发的、广泛的传播。

除了拼多多,知乎出品的"头脑王者"小程序也曾一度风靡朋友圈。"头脑王者"其实就是一个让用户在短时间内快速答题然后获取奖励的小游戏,但它打破了微信好友之间的隔膜,用户可以将小程序分享给朋友,以此来获取更多的答题机会,还可以实时看到自己在游戏中的排名等。

还有一个叫作"步步换"的小程序,更是将小程序的社交功能运用到了极致。"步步换"小程序与微信运动的步数记录功能相通,用户可以用每天的步数去换取各种好玩的礼品,如果步数不够,用户可以向微信好友请求"借"步数。这样就进一步打破了用户间的隔膜,将微信用户彻底联系在了一起。总之,H5也好,小程序也好,其自身的功能每天都在不断迭代更新中。对于营销人而言,我们不需要掌握具体的编程代码,但需要了解H5和小程序最新技术的特性,并且要学会充分利用这些功能特性,为营销创意服务。

做好社群营销除了要了解以上基础知识外,最为重要的还是要深入研究能"刷屏"的内容特征。

容易"刷屏"的内容特征

无论是H5还是视频,抑或是其他类型的传播素材,若想让它们在社交媒体上成为"刷屏"级别的爆款,其内容需具备以下特征。

1."我这么惨该怎么办?"

这类标题是常见的爆款内容的标题。所谓"我这么惨该怎么办",是指传播素材的内容所体现的人物、剧情、故事等,都是现实生活中的用户可能会遇到的。

人们对这种内容会发自内心地感兴趣(其实是恐惧),并且乐于将其分享,希望借助分享的力量降低个人的恐惧感。

例如，那篇《流感下的北京中年》曾经"刷爆"朋友圈。大家转发分享这篇文章的心理就是，"这人好惨啊！我要是也这么惨该怎么办？分享出来大家一块儿讨论讨论吧！"

神州专车曾做过一个"Michael 王今早赶飞机迟到了"的 H5，也算是在上班族群体中小小地火了一阵子。这个 H5 讲的是，一个白领赶飞机忘了带身份证，买咖啡时把咖啡洒在了地上，临时给客户发邮件，电脑却没有电等一系列的窘事，戳中了很多上班族的痛处。虽然他们可能没有 Michael 王那么惨，但内心也会对这些事感到恐惧，从而进行自传播。

"我这么惨该怎么办"的本质，其实是营销心理学中非常基础的方法论——恐惧营销。广告商塑造出一个你觉得自己"可能会遇到"的场景和内容，激发你内心的恐惧，然后阐明"本产品"是解决或者缓解你的恐惧的，你便会在无意间被广告说服。

2."分享后对我有好处"

顾名思义，就是在传播素材中植入"分享后我可以获得好处"的利益点。

为什么拼多多、云集微店的拼团 H5 能"刷爆"朋友圈？就是因为用户的每一次分享，都有可能给自己带来好处；为什么新世相和网易的微课都"刷爆"了朋友圈？就是因为每一次分享都可以让用户的学费减免一点点。

大多数人在面对一个动动手就能获得好处的机会时，都会毫不犹豫地抓住。

不过现在微信管控严格，如何能安全有效地将"对我有好处"植入你的传播素材里，需要认真思索一下。

3."我就是我，颜色不一样的烟火"

在社交媒体时代，表现欲是每个人最基本的欲望。人们使用社交媒体的目的，就是要在这个虚拟世界中塑造一个独特的自我，以获得更多人的认同和仰慕。同时，也希望借此表达自我，并寻找自己的同类。所以，任何能够让用户去表达自我的独特性的内容都是有"刷屏"潜质的。

这类内容中较常见的就是各类测试题。比如，网易云音乐曾经"刷屏"的

"你的使用说明书",其实就是普通的心理测试题的创意玩法。以人格测试、星座测试、心理测试为起点进行创意,你会发现很多值得传播的内容。

除了测试题,基于用户的"脸"所发散的创意也具有很强的"刷屏"能力。无论是几年前的"测测你的脸和明星有多大相似度",还是近几年频繁"刷屏"的"测测你穿军装什么样"(军装换脸)"测测你的孩子长什么样"(小学生身体换脸)等,都是基于用户的"脸"进行的发散性创意。

在这个美颜盛行的时代,任何能让用户尤其是女性用户"晒脸"的机会,她们都不会错过。只要生成的样子好看,她们一般不会管是不是广告,都会分享。

4. 让用户惊呼

让用户大声惊呼,是指传播素材能让受众在看到的一瞬间发出强烈的感慨,这样制造爆款的可能性就会很高。"让用户惊呼"的内容一般有两个特点。

(1)素材本身制作精良。例如,W 公司此前做的几个 H5,炫酷或者唯美到了极致,用户一打开就感觉很棒,因而愿意转发。

(2)形式独特高超。例如,公众号"局部气候调查组"给百雀羚做的超长的一镜到底的图片广告,大部分用户都是第一次见到这种形式,看了这个长图有看了一场电影的既视感,所以纷纷转发。

5."我是个正义感'爆棚'的人"

任何人都希望自己在社交媒体上塑造的是正能量、积极、善良、大度的形象,而这些形象需要通过在社交媒体上发布一些相应的内容才能逐步塑造起来。如果你的传播素材能帮助人们更方便地实现形象的塑造,那就有可能成为爆款。

例如,支付宝的蚂蚁森林非常火爆,因为它切中了用户两个表达正能量的需求点:天天运动和关心环保,用户在社交媒体上的形象就会积极很多。

再如,腾讯公益的一元购画。只要转发一下,花一块钱就能参与一个如此庞大又有格调的公益活动。以极低的成本在社交媒体上展现自己的正能量,这是多么难得的机会。因此,活动当天,几乎所有人都在朋友圈发小朋友的画。

6."它就是打动了我"

这是非常难以评判和难以掌握的一条标准，也是为什么你看了那么多干货依然做不出爆款的原因。因为哪怕再厉害的广告创意人，再厉害的作家，再厉害的导演，也不知道自己的哪一句话、哪一个镜头会打动哪一个人。

如果你想创作出打动人的内容，那么可以先试着打动自己身边丝毫没有参与这个项目的人，试着了解他们的真实反应。如果他们被打动了，那么你的作品或许能"刷屏"；如果他们无动于衷，也不要紧，或许某一个看到你的内容的人会在手机屏幕前泪流满面。

1000句文案，总有一句能打动用户，比如网易云音乐的地铁广告，如图4-3所示。也许每个人喜欢的句子不同，但因为自己所喜欢的句子而分享的心情是相通的。

图 4-3 网易云音乐地铁广告

第二节
娱乐营销：如何让你的品牌与当红艺人产生联系？

80后、90后、00后都是伴随着娱乐节目和明星艺人成长起来的。2018年，杨超越用了短短三个月时间，让自己从一个普通少女，一跃成为全国数亿人喜欢的年轻偶像。在杨超越成名的背后，不仅有其自身的努力和其团队的营销包装，还有一个更重要的原因，就是在当今中国，娱乐综艺已经成为绝大部分年轻人关注的话题。无论是看电影、看网剧、看综艺节目，还是参加演唱会等，都已经成为中国年轻人在学习、工作之余消遣时间的主要方式。一些研究机构的报告显示，中国的文化娱乐产业在2020年有望达到一万亿元。这么大规模的产业升级，企业当然会想尽办法将自己的产品、品牌与娱乐圈结合起来，因此，娱乐营销也逐渐成为营销行业的热点话题。

娱乐营销，就是借助娱乐的元素或形式，为产品与客户的情感建立联系，从而达到销售产品、收获忠诚客户的目的的营销方式。广义上的娱乐营销并不是请个代言人，或者在某个热播影视剧中植入广告这么简单，它是一种以娱乐文化或为载体、或为支点、或为核心内容的传播方式，是一项相对系统的营销工作。

娱乐营销的本质是一种感性营销。感性营销不是从理性角度去说服客户购买，而是通过引起感性共鸣，从而带动客户的购买行为。这种迂回策略更符合中国的文化，至少比较含蓄，不是那种直接的交易行为。

在中国，温和的感性营销更容易获得好的营销效果。随着中国娱乐行业的蓬勃发展，品牌主近几年的营销预算也明显有向娱乐营销倾斜的趋势，也出现了很多娱乐营销的经典案例。

2017年5月6日，快乐家族和易烊千玺等众艺人将"欢乐狼人杀"搬上了《快乐大本营》的荧屏，一番相爱相杀，让该期《快乐大本营》击败同时间段的所有娱乐节目，而"欢乐狼人杀"也迎来第一波传播高点。次日，"欢乐狼人杀"App日活连续突破100万及150万高峰，狼人杀类别的App一时成为最热的风口。

天天P图于2014年上线，前期主要进行的是一些基础功能的优化与迭代，在上线大半年的时间里下载量都不高，知道天天P图的人也并不多。直到2015年年初，天天P图洞察到《武媚娘传奇》中范冰冰的妆容被很多人模仿这一热点，在微博发起了"全民cos武媚娘"的活动，"刷爆"了社交平台，让天天P图App一度荣登多个国家和地区的App Store榜首。

最经典的名人代言——娃哈哈矿泉水和王力宏的合作，几乎成了可以写进教科书的黄金组合案例。从 1998 年起，王力宏就担任娃哈哈矿泉水的代言人，至今已有 20 多年的时间。而消费者也几乎习惯了娃哈哈矿泉水瓶上印着王力宏的形象，如果哪天娃哈哈包装上的这个形象不在了，消费者反而会不适应。

在今天的商业文化中，感情上的联系总是发生在经济联系之前，当我们满足了客户感情上的需要而不仅仅是对产品本身的需要时，我们得到的就不只是一个客户了，而是一个追随者。用比较时髦的话来说，就是收获了一个"铁粉"。因为客户都是感性的，而娱乐是调动客户情感最有效的手段。娱乐可以与特定的对象建立一种情感上的联系，这种联系越强大，与客户情感的共鸣就越强，就越能引导客户的行为，品牌的营销效果也就越好。接下来，我将带大家一起了解娱乐营销的 5 种常见模式和 4 个核心。

娱乐营销的常见模式

娱乐营销有非常多的模式，比较常见的有 5 种：名人代言、冠名赞助、活动营销、内容植入、周边延伸。

1. 名人代言

名人代言不需要多做解释了，几乎是娱乐营销最常规的操作。其中比较有代表性的案例就是当年韩寒和凡客合作的"我是凡客"系列的凡客体广告。找一个优秀的名人代言广告，一定得是品牌形象和该名人形象相吻合，这样才能实现高匹配度，否则就是一个失败的代言。例如，瑞士顶级腕表品牌积家曾在其官方公众号上发布了一条跟 papi 酱合作的视频广告，时长 90 秒。但这条短视频却招来了很多争议，单价 10 万元的高端腕表品牌和"段子手""网红"画风极其不搭。这并不是个双赢的交易，让原本定位高端商务人群的积家降低了格调，最后导致积家不得不撤销这个广告，并向自己的用户群道歉。

2. 冠名赞助

冠名和赞助也是比较常规的娱乐营销的方法。说实话，无论是冠名还是赞助，都非常考验品牌方对娱乐行业趋势的判断力。如果冠名的是一档全新的节目，那么这档节目可能会爆火，也可能会收视惨淡，这里面有运气的成分，也有营销人员对娱乐行业趋势的把握。如果冠名的是一档已经非常火的节目，那么毫无疑问，费用会相当高昂。比如，《爸爸去哪儿》在开播之前不被看好，直到临近开播，其面临的质疑仍未断过。广告商心里没底，不愿担风险，之前谈好的冠名商美的临阵脱逃，换成了999感冒灵。但节目播出之后，999感冒灵的冠名费用相对于该节目一路高升的收视率来说简直是白菜价。

3. 活动营销

活动营销是利用名人或者娱乐内容来展开活动。我在网易工作的时候曾经主导过一个性价比超高的娱乐营销活动，就是利用《偶像练习生》里面的某个练习生的签名照来做平台活动，零成本但是效果出奇的好。

4. 内容植入

《奇葩说》的广告植入就是一个比较典型的案例，马东不断地在节目中抓住一切机会巧妙地穿插赞助产品，而不是像复读机一样念广告词，这就是比较优秀的广告植入。

5. 周边延伸

周边延伸就是将品牌进行娱乐化延伸并增加品牌附加值。最经典的案例就是海尔品牌创造了"海尔兄弟"这对经典的荧屏形象。网易漫画打造的鹿娘也是一个典型案例，给网易漫画品牌赋予人格化和故事化的内容，将网易漫画的品牌形象打造得更加深入人心。

娱乐营销的核心

娱乐营销方式能给企业带来好的营销效果，但是盲目推行该方式也会给企业带来风险。很多企业做了娱乐营销却见不到效果，实质上是因为没有抓住娱乐营销的核心。下面我将带大家深入解读娱乐营销最本质的四大核心：创新性、参与性、整合性、个性化。

1. 创新性

无论是在娱乐主题上还是在运作的方式方法上，娱乐营销都要强调创新性，以期激发消费者的好奇心与参与意识。娱乐主题有独创性与新闻效应，才能吸引大众的眼球，否则收效甚微。创新性要求企业在立足自身资源及优势的基础上，通过不断创造新的体验方式来吸引大众注意力。《奇葩说》的广告植入为什么取得了那么大的成功？其实，主持人念赞助广告的广告词在所有综艺节目中都不罕见，毕竟节目要生存，离不开赞助广告。但在以往的综艺节目中，广告形式无非是主持人在节目开始时对着手卡念一串独白。而观众对此早已麻木，甚至会习惯性跳过，这导致广告植入的效果差强人意。但是在《奇葩说》里，主持人"奇葩议长"马东的花式念广告就会使人眼前一亮。

马东在《奇葩说》节目中抓住一切机会巧妙地植入赞助产品。除此之外，在开头、结尾的固定广告时间，马东也是巧妙铺垫，不知不觉地植入广告，当大家发现原来是在念广告时，皆忍俊不禁。正是因为这种广告植入形式和风格的创新，让植入广告成为《奇葩说》的一大特色。网友纷纷表示："看《奇葩说》，必看马东念广告，期期不一样，期期有惊喜！"

2. 参与性

企业作为营销的主体，树立"全员娱乐营销理念"非常重要。麦当劳公司直接声称"我们不是餐饮业，我们是娱乐业"，因为它不仅是一个愉悦的就餐场所，更是一处娱乐休闲的场所。消费者特别是未成年的消费者，甚至把麦当劳直接当成了自己的"乐园"。

此外，娱乐营销的参与性还体现在参与人数和受众范围上。在这个泛娱乐的时代，几乎没有人会对娱乐明星、综艺节目、电影电视完全排斥，几乎所有人都会参与到娱乐中来。参与人数越多，企业就越有希望从中获得潜在的客户群，营销的效果也会越好。

我曾为千岛湖啤酒策划过"生态好啤酒，挑战好舌头"互动营销活动。当时《中国好声音》正如日中天，华少念广告的逆天语速一时成为最大的热点。而浙江某媒体正在做一场公益活动，活动拍卖的奖品是华少的"舌头"，成功竞拍者可以由华少为其录一段话，拍卖的金额全部捐给乡村儿童投大病医保。

我们得知这个消息之后，第一时间竞拍下了华少的"舌头"，让华少为千岛湖啤酒录制了一段语音，用最快的速度念完了千岛湖啤酒的一段广告词。当然，这个语音是不允许在电视台或者电台进行投放的。于是我们就把这个语音放在了新媒体上，通过电台发起征集，凡是语速能超过华少的，可以赢取 10 万元现金大奖。因为这个互动参与门槛很低，无非就是对着微信语音念一下广告词，所以参与度极高，不到 3 个月的时间，就收到了 10 多万条语音挑战。

3. 整合性

企业开展娱乐营销，离不开娱乐元素的整合以及体验平台的整合。可以这么说，娱乐营销策划的核心就是资源整合。

我在网易工作时，网易漫画和麦当劳合作了"艾木娘の不思议之旅"活动，海报如图4-4所示。大家都知道麦当劳的标志是M，而在"二次元"领域，娘化的形象非常受欢迎，于是我们为麦当劳塑造了一个艾木娘的形象，然后整合了网易漫画平台上的作者和"二次元"圈里的知名Coser。那次合作选定了网易漫画站内点击量近20亿的《中国怪谈》，以及超人气作品《嗜谎之神》等漫画，对麦当劳餐厅进行主题改造，将年轻活力与"二次元"创意带进了麦当劳。活动期间，上海4家麦当劳餐厅用网易漫画作品中的特色元素进行装饰，并举办了宅舞派对（舞者在视频网站上投稿原创或翻跳的宅舞作品），还请专业Coser进行了亲切的游戏互动。

图4-4 "艾木娘の不思议之旅"活动海报

活动前期，网易漫画挑选了旗下最热门的漫画中的人物，将其植入到了麦当劳的点餐场景中，打造了多个热门动漫人物在麦当劳点餐、就餐的有趣情景，并且制作了富有趣味性、故事性的线上专题页进行发酵传播。活动中将线下排队和线上直播相互结合，配合麦当劳限量"二次元"主题套餐以及网易漫画精美礼品，打造出了各大主题店独一无二的氛围格调。现场更有麦当劳全新形象"艾木娘"指导顾客通过点餐机自助下单，简单快捷。而点餐机也因为"艾木娘"的出现焕然一新，全程数字化体验让顾客直呼"好方便"。活动整合了网易漫画平台及其旗下的知名 IP 以及"二次元"圈的 Coser，引发了众多域外网络媒体与自媒体自主传播。微博话题 # 艾木娘的不思议之旅 # 阅读量达 1244 万次，总曝光更是高达 4.1 亿次。

4. 个性化

娱乐营销应该注重个性化，这就要在娱乐体验的设计上下足功夫。因为娱乐本来就和时尚密不可分，所以娱乐营销一定要对当下的潮流以及消费者的娱乐心理保持高度的敏感性。

2015 年，一则名叫"吴亦凡即将入伍"的 H5 广告"刷爆"朋友圈、微博以及 QQ 等各个社交平台。这个娱乐营销的活动之所以能如此之火，就是因为它在设计上做足了个性化，让人眼前一亮。这个 H5 页面被完美地"伪装"成推送新闻的形式出现在朋友圈，通过将"吴亦凡"这个极具舆论影响力的名字与"入伍"这样一个具有"爆炸性"的事件词汇进行有机结合，实现了通过标题便能吸引大批受众点击阅览的目的。

而当大众和"粉丝"正在为这样一则出人意料的消息感到吃惊的时候，更多的"惊喜"还在等待着他们。随后，吴亦凡会突然从新闻图片中"跳出"，炫酷地撕开留言，并通过模拟视频通话来告诉大家真相。他确实是要"入伍"了，但不是真正的入伍，而是以代言人的身份成为腾讯首款 3D 枪战手游《全民突击》里的战士。这种个性化的设计，极具视觉冲击力，瞬间抓住了用户的眼球。

娱乐营销的趋势

随着全民娱乐时代的到来，娱乐营销会越来越火，未来娱乐营销将呈现以下趋势。

1. 品牌娱乐的热点化

过去很多娱乐的内容都是由媒体平台主导创造的，但是现如今这个角色正在发生变化，品牌化的娱乐内容将崛起。这对营销人的内容策划能力提出了更高的要求，而不再是仅仅依赖媒体平台进行炒作。

2. 娱乐营销的"1+N"整合化

娱乐营销不再是一个名人代言，或者一个内容植入这么简单了。要想为企业寻找一个名人代言，就要策划配套的活动营销、话题营销等，娱乐营销越来越呈现出整合营销的趋势。

3. 娱乐内容的衍生产业链越来越全

例如，《爸爸去哪儿》火了之后，还出现了同名电影、同名手游、同名周边产品，形成了一个 IP 产业链。

4. 娱乐内容和场景的电商化

2014 年，一档由东方卫视、蓝色火焰携手打造的国内首档艺人跨界时尚真人秀《女神的新衣》，引起了整个娱乐界和时尚界的关注。这个节目通过电商的深度介入，实现了设计和市场的接轨。天猫以国内最大的 B2C 品牌电商平台的身份为《女神的新衣》提供了独家体验和发售渠道，成为节目产业化延展的核心平台，实现了即看即买的娱乐内容电商化模式。过去商业是娱乐内容的衍生，而"边看边买"模式则显示了商业即娱乐、娱乐即商业的趋势。

5. 娱乐营销步入社群时代

如今营销已进入"产品即内容、内容即广告"的时代，营销要多站在个性化的消费者的角度进行。好的产品与优质的娱乐内容都是活生生的广告，没有娱乐内容构建的亲密关系，就没有品牌的鲜活性。

对于娱乐营销而言，从娱乐内容到娱乐社群，需要由品牌构筑以娱乐为主线的社群，提供消费者参与的机会，才能让娱乐营销深入人心并不断刷新内容。

娱乐营销的策划流程

假如一个品牌需要策划一次娱乐营销，应该怎么做呢？

首先，分析品牌，确定品牌调性。要深刻地分析品牌的调性，是高端还是平民，是"小清新"还是性感风。比如，某美妆产品比较小众，无论是包装还是品牌理念都比较"小清新"，那我们就应该非常清楚地确定，这是一个调性清新、年轻、纯净的品牌。

其次，当明确了品牌调性，就要去寻找符合品牌调性的偶像或者综艺节目、电影电视节目等进行合作。

最后，根据营销预算确定娱乐营销的方式。

（1）如果营销预算非常多，那么可以选择找名人代言和冠名赞助，而且这两块也比较简单，关键是要确定用多少费用换来多少权益。

（2）如果选择活动营销，那就要先策划一个有意思的活动，无论是线上活动还是线下活动都可以。然后想办法在活动内容中加入娱乐艺人。

（3）如果选择内容植入，那就要分析选择的综艺节目、电影电视节目的特征，然后撰写一个视频植入脚本。其实就是策划一次简短的视频广告。

总之，娱乐营销并不是一种单一的营销模式，它其实是一种理念，任何的活动、软文都可以和娱乐相结合，任何用娱乐的影响力帮助品牌进行营销的形式都可以被称为娱乐营销。

第三节
饥饿营销：饥饿营销如何创造销售奇迹？

饥饿营销已经成为当下一些品牌常用的销售方式和市场推广手段。饥饿营销的集大成者是苹果公司，国内学得最好的是小米公司。

饥饿营销是一把"双刃剑"，用得好的品牌不少，玩儿砸的品牌更多。如果想用好饥饿营销，就要理解饥饿营销的本质。

什么是饥饿营销？标准的解释是，有意激发消费者强烈的购买欲望，同时不给予满足或者将满足的时机拖延滞后，从而引发消费者更强烈的购买动机，形成供不应求的抢购现象，进而达到稳定商品价格、获得较高收益、维护品牌形象等目的的营销手段。

这个定义看起来很复杂,但其实只要弄懂了它的内核,就一点儿也不复杂了。大到营业额上百亿元的企业,小到一个路边煎饼摊,都可以用饥饿营销的原理快速设计一套"超级"促销模式。

举个很有意思的例子,就是古龙笔下的陆小凤。陆小凤特别喜欢吃卧云楼的肉粽,但是卧云楼的肉粽一个客人一天最多只能买 5 个,于是一代高手只能托各种人去买。这就是典型的饥饿营销。现在有些"网红"餐厅的招牌菜一天限量销售 50 份,这也属于饥饿营销的套路。

再如,一度火遍全中国的电视购物广告,每个电视购物主持人都会用"打鸡血"般的情绪和十分激动的语气告诉观众:"本件商品仅售 98 元,限量 100 件,目前还剩 49 件,机不可失,时不再来,赶紧电话订购吧!"这也是饥饿营销。

要深刻理解饥饿营销,不妨先从字面上解读一下。什么叫饥饿?饥饿就是吃不饱。一个人在吃东西时,对应的生理反应有哪几种?无非就是撑"死"了、饱了、不饿、有点饿、饥饿、饿"死"了这 6 种状态。当你不饿或已经饱了的时候,就算是山珍海味摆在你面前,你也不会有太大的兴趣。当你感觉到有点饿的时候,就会产生想吃东西的念头。当然,这个时候你的大脑还有一种意识:我想吃什么,是选择吃水果、小吃、火锅、甜点,还是选择吃其他食物。这时候你虽然饿,但是还没有那么急迫,还可以从容不迫地考虑想吃什么。但当你处于饥饿或饿"死"的状态,就会饥不择食。这时候就是一个馒头加一碟咸菜,对你而言也是绝佳美食,而且只要想到食物就会开始咽口水。

将上面的分析延展到消费者身上:饥饿感就等同于消费需求的强烈程度。如果没有饥饿感,那用户的需求就是隐性需求;而饥饿感越强烈,消费者的需求就越强烈。所谓饥饿营销,就是进一步激发用户购买需求的手段。

综上所述,什么是饥饿营销的本质呢?**一句话概括:为你的目标受众经营一种特定的"饥饿感"!**

饥饿营销的优势

1. 可以强化消费者的购买欲望

饥饿营销实施的是欲擒故纵的策略,通过调控产品的供求情况,引发供不应求的假象。消费者都有一种好奇和逆反心理,越是得不到的东西反而越想得到,于是企业通过策略对消费者的欲望进行了强化,而这种强化会加剧供不应求的抢购氛围,使饥饿营销呈现出更强烈的戏剧性和影响力。比如,喜茶曾对排队购买进行过炒作;楼盘新开时,雇佣"黄牛"制造排队摇号的假象。

2. 可以放大产品及品牌的号召力

当消费者看到周围的人都在排队抢购,或是组成"粉丝团"与其他艺人的"粉丝"争论的时候,这种感染力是不可估量的。因为这是消费者自发的传播,于是周围的人也会被感染,进而采取和他们一致的行动。比如,锤子手机的"粉丝"喜欢抱团和其他手机品牌的"粉丝"争辩,争辩越强烈,锤子手机"粉丝"的凝聚力越强,这点很像艺人的"粉丝团"。

3. 有利于企业获得稳定的收益

一般来说,一个商品从上市到退市,基本上是价格越卖越低。而饥饿营销通过调整市场的供求关系,将产品分批分期投向市场,保证市场适度的饥饿状态;通过维护客户关系,将购买欲望持续转化成产品生命周期内的购买力。这样使得企业可以在相当长的一段时间内保持商品价格的稳定,牢牢控制商品价格,维持商品较高的利润率。比如,丰田的神车阿尔法,就是因为供不应求,所以新车很难买到,消费者甚至要加价排几个月才能买到。而且这个车买来开几年再卖掉,还有可能卖到和新车指导价接近的价格。

4. 有利于维护品牌形象

在消费者的传统意识里,品牌的形象与其所代表的商品的价格、销量、广告、宣传密切相关。企业实施饥饿营销策略,给消费者传达的信息就是,"这种商品肯定不错,不然不可能缺货,也不可能这么多人排着队购买""买这种产品比较可靠,价格在短时间内不会出现大幅下降"。于是,品牌的形象就得到了有效的维护。

饥饿营销的劣势

1. 可能会损害企业诚信形象

虽然饥饿营销可以在一定程度上体现品牌高价值的形象，但是这本质上是企业对市场供求关系的一种故意操控，这与现代销售理念相违背。如果企业总是重复用这种套路，那么可能会引起消费者的反感，进而导致消费者对企业产生厌恶，这对企业的长远发展不利。

2. 可能会消耗消费者的品牌忠诚度

饥饿营销属于短期策略，而品牌维护需要用长期战略。如果每次都让消费者千辛万苦才能购买到梦寐以求的产品，那么他们可能会对品牌进行消极评价。而且消费者购买的难度越大，他们对产品品质的期待值就会越高，如果他们千辛万苦才买到的产品无法达到他们较高的心理预期，可能就会引发巨大的负面效应。当消费者有了更多选择的时候，他们会毫不犹豫地选择离开。

3. 可能会给竞争对手巨大的机会

饥饿营销意味着通过分批次销售来拉长销售周期，这会导致两个问题。一个问题是，会延长企业收回投资的时间；另一个问题是，饥饿营销把原本属于自己的市场机会留给了别人。如果企业的产品没有足够强大的竞争壁垒，那么饥饿营销就有可能是为他人做嫁衣。因为如果你的竞争对手能够快速复制你的产品模式，并且供应充足，你通过饥饿营销造势影响到的消费者，就会转变成其他竞品的客户。

4. 实施难度比较高

饥饿营销对产品、品牌、市场竞争和整合营销等方面的要求很高，这决定了并非所有企业都适合采取这种策略。如果企业实施不当，就有可能得到事与愿违的结果。

什么样的企业适合实施饥饿营销

1. 产品需要足够优质

你的产品在同类产品中具有很大的优势且短期内无法被模仿，这是实施饥饿营销的前提条件。说得直白一点就是，你的产品必须得出色。《陆小凤传奇》里面，如果卧云楼的肉粽不是那么好吃，那么别说一天一人限量5个了，5个人里都不一定会有一个人买。消费者再冲动也不会为了一个没有实际用处或没有明显优势的产品去等待、去抢购。

2. 品牌影响力需要足够大

成功应用饥饿营销策略的企业都具备很强的品牌影响力，因为知名品牌的消费者认可度和品牌忠诚度较高，企业制造供不应求的抢购氛围，消费者容易埋单。酒香也怕巷子深，你的产品再优秀，如果知名度不够高，那么不是消费者不来抢购，而是他们压根儿不知道你的产品。

3. 企业要洞察消费者的心理

目前市场上完全理性的消费者是不存在的，消费者或多或少都会受一些心理因素的影响，如求名、求新、求奇等。像苹果以及一些奢侈品品牌，他们无须考虑这个问题，因为他们的产品和品牌足够强大，只要把生产规模控制在一定范围，势必会引发抢购。但是如果你的品牌不够强大，那么在实施饥饿营销的时候就需要研究一下消费者的心理。如果你开了一个全新口味的奶茶店，即使你雇人排队，也需要师出有名。比如，这款奶茶被某个名人或者"网红"推荐过，或是这款奶茶有比较强大的第三方背书。要利用消费者求名和求新的心理去让你的饥饿营销看起来名正言顺。

4. 企业需要有强大的舆论炒作能力

饥饿营销要想成功，产品上市之前就要通过媒体进行宣传，把消费者的胃口吊起来。饥饿营销的效果跟宣传媒体的选择、时机的选择、方式的选择密切相关。产品上市后的排队抢购和缺货的实况传播更是营造产品供不应求氛围的关键，需要企业在销售过程中配合媒体宣传。另外，还要注意信息传播的度。传播得太多，产品的神秘性可能就没有了；传播得太少，激不起媒体与消费者的兴奋情绪。例如，苹果公司的新品上市，前期总会放出一些关于新品的风声，但是不会去证实这些风声是否准确，任由消费者不停地猜测、讨论和关注。

饥饿营销该怎么做

我们已经了解了饥饿营销的优势和劣势，也清楚了什么样的企业适合实施饥饿营销。那么具体到执行层面，饥饿营销应该怎么去做呢？一般分为4步。

1. 引发关注

想成功实施饥饿营销，首先要引起用户的关注。如果消费者对你的产品一点兴趣都没有，那么何来"饥饿"一说？让消费者对产品关注，建立初步的认识是成功的第一步。通常"免费"和"赠送"是最能吸引消费者的手段。

我们在商场经常看到这样的情况，有一个中国移动或者中国联通的活动展台，一名西装革履的人站在台上，用大喇叭大声地告诉周围的人："移动公司推出新品套餐，为了回馈用户的支持，现赠送礼品。"一般这类活动赠送的东西都非常吸引人，最常见的就是智能手机。大家一听是赠送，而且是智能手机，就一下全围上来了。

在互联网上，我们也会经常遇到一些还处在众筹阶段的产品。这些产品一般还没有量产，但它通过众筹告诉消费者：前1000名参与众筹的用户可以获得5折优惠。其实无论是商场促销还是网络众筹，它们的营销原理都是一样的：通过"稀缺的、优惠的"利益来吸引消费者关注。

饥饿营销能不能成功，就看它能不能引起消费者的关注。关注的人越多，接下来的营销工作就越好开展。小米发布的第一款产品MIUI系统就是从免费切入的，培养了一大批小米MIUI的忠实用户。等小米第一款手机发布的时候，小米MIUI系统已经有数百万用户，因此小米手机一发布就有30万台的预订量。

2. 建立需求

仅仅是引起用户的关注还不够，还要让用户发现自身对产品有需求，否则还是达不到企业进行饥饿营销的目的。还用中国移动在商场中做推广的例子讲解。主持人成功吸引到围观者后，会先简要地介绍一下公司和产品，通常只讲三五分钟。介绍完后，主持人会马上问现场观众一个非常容易的问题，比如"移动公司刚推出的套餐叫什么名字"之类的。当有人答对时，主持人马上送出一部价值1999元的大屏智能手机。围观的群众看题目这么简单，而且真的有人拿到了奖品，情绪马上就会被调动起来。

人人都想免费得到一部价值1999元的大屏智能手机，需求自然就产生了。这时候台上的主持人会适时地告诉大家，准备的礼品很多，人人都有机会，活动还将继续，想拿到礼品的要参与后面的互动。等活动进行到这一步，消费者的需求就已经被紧紧抓住了。比如，小米手机在推出之前，小米的市场部门会在各个媒体上发布一些预测性文章。这些预测性文章的真假无人知晓，但其目的就是暗示小米手机功能强大，从而进一步吸引想要购买高性价比手机的消费者的关注。

3. 建立期望值

当企业通过上述方法成功引起消费者关注后，企业的营销人还需要促使消费者建立一定的期望值，让其对产品的兴趣和拥有欲望越来越强烈。在中国移动现场促销的案例中，成功送出第一份礼品后，主持人会继续对新套餐进行介绍，这次介绍的时间会比较长，有二三十分钟。之所以讲这么久，目的有两个：一是将那些没有耐心和购买欲望的围观群众给筛除，因为他们只是来围观或者免费拿手机的，并没有真正的购买需求；二是充分地给在场的观众"洗脑"，告诉在场的观众，新套餐非常划算。由于现场气氛火爆，再加上主持人滔滔不绝和眉飞色舞的讲解，很多人会在那一瞬间失去抵抗力，从而纷纷从刚开始的围观群众变为购买欲望极强的消费者。

对于苹果、小米等手机企业来说，它们会通过发布会给用户建立期待值。例如，在现场进行各种创新功能的演示、手机性能跑分数据的展示，以及做出性价比方面的承诺。现场的观众和直播间的观众会对产品产生极高的期望，从而马上上手机官网预订。

4. 建立条件

一定要给消费者设立得到产品所需要的条件。如果每个人都能得到这个产品，那就不是饥饿营销了。我们再拿中国移动的现场促销活动讲解。当主持人看到火候差不多时，就会宣布继续发放奖品。主持人首先会让想得到奖品的人举手，于是大家纷纷举手，现场情绪再一次被调动起来。这时候主持人会很为难地和大家说："我们只准备了30份奖品，可是现场有100多人举手，实在不好分，请大家帮忙出出主意。"这时候会有人在人群中大喊："我愿意出钱买套餐！"在这种气氛的烘托下，其他人也开始纷纷附和。

在人们的呼声中，主持人宣布最终的奖品分配方案，就是把奖品发给那些最支持移动公司的忠实用户。怎么能证明用户是否忠实呢？答案是需要用户预存 500 元购买套餐。但这部分钱会逐月返还用户，相当于充 500 元返 500 元，用户还能免费拿到智能手机。其实这些手机都是一些品牌商的库存老机型，本来销售情况就不理想，索性和运营商合作，把库存清理掉，还能在预装的软件中赚一些钱。

对于小米来说，所谓的"建立条件"，也就是发布"F 码"。F 码是优先购买小米手机的一种凭证，如果有了 F 码，就能优先买到小米手机。F 码可以通过参与小米的各类活动或者直接付费获得，所以仅仅是"F 码"这种玩法，就为小米创造了极大的传播声量和不菲的收入。

第四节
事件营销：如何在预算有限的情况下花小钱办大事？

诺贝尔经济学奖获得者赫伯特·西蒙曾说："随着信息时代的发展，有价值的不是信息，而是注意力。"互联网时代，信息瞬息万变，企业投入的营销预算怎样使用才能最有效率？新的品牌怎样做才能获得更多消费者的关注？这些问题成为每个企业必须面对的问题。在获取流量的各种方法中，事件营销是能迅速提高知名度、聚集关注，同时以小博大、节约大量媒体投放费用的营销方法。

什么是事件营销呢？事件营销是企业通过策划、组织和利用具有新闻价值、社会影响力以及名人效应的人物或事件，吸引媒体、社会团体和消费者的关注并让他们产生兴趣，以期提高企业或产品的知名度、美誉度，树立良好的品牌形象，并最终促成产品或服务销售的手段和方式。简单地说，事件营销就是通过把握新闻的规律，制造具有新闻价值的事件，并通过某些包装技巧，让这一新闻事件得以传播，从而达到营销的效果。

事件营销的本质是用策划新闻的方式去做营销，所以，相较于传统的营销方式，事件营销需要具备新闻的两大特质。

第一，事件营销必须要有新闻点，必须要具备眼球效应。

事件营销的核心在于事件本身。你所策划的营销事件的内容必须具备足够的新闻性，要能不胫而走，激发大量用户自分享，而不能仅仅依赖大规模的媒体投放。在策划事件营销的时候，要先问自己："如果我策划的事情是实实在在发生在我身边的，会有媒体来主动报道吗？我会有将这件事情分享给我的朋友的欲望吗？"如果答案是没有，那么你需要进一步打磨自己的策划和创意。

2014年，一则《寻狗启事》成为杭州地区微信朋友圈的热点。《寻狗启事》的内容是，一位女士愿意用蓝钻天成的一套房子作为奖励，换回自己走失的爱犬。这件事情被媒体主动报道传播后，杭州瞬时掀起一股"寻狗热"，不少上班族纷纷在朋友圈表示"不干活儿了，找狗去"。这个事件曾经被杭州各大媒体滚动报道、追踪报道，哪怕是上个厕所，都能听到好几个人在聊这件事。这种爆炸式的传播，使得蓝钻天成这个楼盘的关注度飙升。一套价值千万的豪宅，换取一条走失的狗，这样的内容放在任何地区、任何时间，都是非常具有传播价值的话题，这就是所谓的"新闻性"。

第二，事件营销必须要有时效性。

事件营销其实可以划分成两大类：一类是"创造型事件营销"，也就是企业自己去创造一个全新的事件；另一类是"借势型事件营销"，就是企业借助当下的热门话题去促成进一步的传播。

一般而言，许多拥有高知名度的大企业，适合进行创造型事件营销。比如阿里巴巴、华为这样的大企业，其本身就有相当高的品牌知名度和媒体关注度，这些公司的一举一动都会被媒体关注，如果它们特意"搞点事情"，媒体肯定会将这些"事情"放大数倍。

2018年夏天，杭州市区放了一台无人冷饮机，供环卫工人、交警、外卖小哥等人员免费拿取。阿里巴巴将这则"小新闻"通过其公众号发布后，瞬间被各大媒体转载传播，成了一个轰动杭州的事件。

但如果只是一家没有知名度的小企业，就很难取得这样的效果了。所以对于规模相对较小的品牌来说，借势营销，或者说"追热点"更为常用。所谓的借势型事件营销，不是单纯地蹭个热点海报，而是一项系统的工作。比如，以"追热点"著称的杜蕾斯，就通过微博话题、海报、宣传视频、H5等形式对品牌进行了传播。

在移动互联网时代，信息传播速度加快，当下热点事件在受众脑中的留存时间越来越短，事件的影响力也越来越弱。2015年，一个热点话题的热度能维持7天左右。然而在最近这两年，一个事件从爆发到结束也就1~2天，甚至可能一个上午就消失匿迹了。可以说是来也匆匆，去也匆匆。

所谓"天下武功，唯快不破"，如果企业是自己策划新闻事件，那么整体执行速度一定要快。当下每个行业的市场都瞬息万变，如果预热准备期过长，等到营销策划出街，市场和竞争环境可能已经发生了巨大的变化。如果是借势型事件营销，那么企业的速度更要快，甚至要抢在杜蕾斯前面，才能在事件最火的时候蹭到热度。

如何做事件营销

事件营销到底应该怎么做呢？为什么某些企业能做出特别棒的事件营销？为什么某些品牌的广告又"刷屏"了？一次成功的事件营销需要具备哪些要点呢？答案都包含在下列内容中。

（1）事件一定要有冲突性，也就是说，事件一定要超出人们的日常认知范围。新闻行业里有一句老话："狗咬人不是新闻，人咬狗才是新闻"。比如，第一代"网红"凤姐为什么会火起来？就是因为她长相一般，却还以极高的条件寻找男朋友，这就是强烈的冲突，打破了人们的日常认知。

（2）事件要具备可讨论性。也就是说，人们看到这个事件后愿意相互告知，讨论这件事情。我们看看这几年比较火爆的几个事件营销案例，不管是新世相策划的4小时逃离北上广，还是房地产商策划的一套房换一条狗，抑或是杨超越的一夜爆红，这些事件都具备一定的争议性，容易引发讨论。

（3）事件要具有极端性，也就是把事情夸张化。举个不是很恰当的例子，曾经有一个新闻，标题是《大学生掏了几只鸟，被判刑10年半》，这个标题一看就非常夸张，有煽动性。看到这个标题的人的第一反应一定是，掏个鸟竟然要判10年半，这太夸张了！实际上呢？这几只鸟是濒危的保护动物，的确需要判 10 年以上。但是如果新闻标题是《大学生抓捕濒危动物被判 10 年半》，那这个新闻就不会有很大的传播性。因为在人的印象中，抓捕濒危动物这事本来就很严重，被判刑不足为奇。

途牛网曾策划过"只要心中有沙，哪里都是马尔代夫"的话题。2015 年，网上流传出一张照片：成都一个十字路口，一名男子穿着大裤衩，躺在马路边的"沙滩"上，拿着一杯饮料，摆出一个在晒日光浴的造型。照片上写着一句文案："只要心中有沙，哪里都是马尔代夫"。这张照片被微信朋友圈、微博疯狂转发，引发各大媒体跟踪报道。这个事件营销的场景设置，本身就异于常理。而马路边的"日光浴"和马尔代夫的日光浴相比，更是夸张得近乎行为艺术。所以这个事件很快引起媒体和大众的关注。

我们已经分析了事件营销的特点，但是要真正实操好事件营销，需要参考大量的案例，才能帮助我们在需要策划事件营销的时候，迅速产出方案，并判定这个方案能不能火。接下来我会分析两个具体的事件营销案例，一个是杜蕾斯的经典事件营销案例，另一个是我自己做的网易云音乐的事件营销案例，大家可以好好研究。

【案例一　杜蕾斯教科书级别的事件营销案例——有杜蕾斯，回家不湿鞋】

2011 年 6 月 23 日 17：20，北京下了一场瓢泼大雨。这个时间正好是上班族下班回家的时间，突如其来的大雨给人们带来了诸多不便。当年微信刚上线不久，正是微博最火的时候，大家都在微博上更新动态，热心的人汇报着不同方位的情况：中关村出租车入水，二号线地铁开始关闭，写字楼下的积水至少有了 5 厘米等。杜蕾斯的代理广告公司的员工灵机一动，认为这场大雨成了当日热点中的热点，能否将这场大雨和产品相结合呢？他们进行了三个小时的头脑风暴，最终找到了大雨和杜蕾斯的结合点——展现杜蕾斯的防水性。

但具体如何表现防水性呢？杜蕾斯当时的微博运营负责人金鹏远开始问大家，雨天的最大痛点是什么？有一个员工说了一句"鞋子会湿"。金鹏远捕捉到了这一句话，"防水＋鞋套＝杜蕾斯鞋套"的创意就形成了。这个创意的逻辑非常通畅，丝毫没有刻意感。

产生创意之后，团队迅速行动，将套有杜蕾斯安全套的鞋子的照片晒到了新浪微博上，迅速引发大量网友关注。同时，杜蕾斯花费 3 万元左右，邀请了当时微博上的新闻大 V，以转发新闻的形式分享了这则微博，迅速引起了多人围观。

截至当日的 21：15，新浪微博一小时热搜榜中，杜蕾斯的话题以 10000 多条评论的傲人成绩，把"雨灾最严重的积水潭"和"地铁站的路况信息"话题甩在身后，成为第一名。此后三天，晒鞋子照片的那条微博转发超过了 9 万条。

这一案例为什么会成功？就是因为它满足了前面所分析的事件营销的一些基本要求。

（1）结合了当下最热门、最令人关注的新闻点。在北京下大雨的当天，人们不会太关注其他的话题点。做事件营销的第一要义，就是要和当时的热门话题相匹配。

（2）充分将产品的卖点与热点相结合，且不具有刻意感。现在很多人做事件营销，看起来创意很不错，但产品的植入在创意中显得很奇怪，大家一看就知道这是个广告，便会失去兴趣，而此次事件营销也就丧失了新闻性。

如何才能将产品的卖点不违和地植入事件营销中呢？就是要像杜蕾斯的创意讨论流程一样，分四步走：明确当时的热点，确定产品的卖点，了解人们关心的热点或者人们的痛点，将热点与产品的卖点相结合。

在杜蕾斯的案例中，杜蕾斯首先确定热点是北京暴雨；然后确定了杜蕾斯的卖点——隔绝一切，安全可靠；接着确定了人们在热点中最关心的事情之一——下雨走回家，鞋子会湿；最后，将隔绝一切与鞋子会湿相结合，产出了创意——用杜蕾斯做鞋套。关于创意讨论的具体方法，会在后面的章节中讲解。

（3）超快地执行。在一个创意落地之前，没有人知道它能不能火。因此，只要创意符合事件营销的特质——有新闻点、有时效性，也就是产品植入不违和，并且执行的预算不高，就要当机立断地去执行，而不要再过多地讨论。在大部分时候,就是因为过度地讨论,而耽误了执行的时间,最后导致创意失去了时效性。

【案例二 "音乐加油站"事件营销】

我之前在网易云音乐做的这个项目应该算是比较特殊的事件营销,虽然它也满足了新闻性、时效性等特点,但在这个案例中,我们直接和大家说:"我就是一次营销",而不像杜蕾斯那样把自己包装成一种普通的个人行为。这种直接说自己是营销的案例其实已经越来越多,比如,菜鸟网络在杭州市区放了一个冰柜,里面放满了饮料,上面贴了一行字:给环卫工人、建筑工人和交警免费饮用。然后在冰柜边上放了一个摄像机,拍下了其他路人看到冰柜的反应以及打开冰柜的行为,将其包装成了一个新闻视频。结论就是,没有一个人私自喝了饮料,体现了社会的公益正能量。这个视频在各个公众号和微博进行传播扩散,大家纷纷转发。

我当时在网易云音乐做的营销活动与上述活动类似,基本的思路也是打造一个主流媒体最关心的新闻话题,然后让主流新闻媒体主动去传播我们的营销活动。我们当时以"如何尽量少花钱,让网易云音乐上新闻联播"为需求,进行了一整天的头脑风暴,最后提出了一个核心的要点——诚信。和菜鸟网络的案例一样,诚信是当下社会舆论和主流媒体最关心的话题点之一。

如何将诚信与网易云音乐相结合?我们分析了网易云音乐的主要卖点,就是听歌。而听歌是需要物质载体的,即手机。我们能不能将装有网易云音乐的手机发放给路人,让他们免费体验网易云音乐,然后约定在规定时间把手机还回来呢?于是我们就策划了"音乐加油站"的项目。

活动的流程很简单,我们在杭州地铁人流最密集的车站安置了一个展台,该展台提供100部装有网易云音乐App的iPhone 4,供来往行人免费"借用"。借用人不需要登记任何个人信息,唯一的约定是在下班路过同一个地铁站时,将iPhone和耳机放回原处。这100部iPhone里装有上百首网易云音乐高品质的歌曲,可以让领取者在忙碌的生活与工作中有更多的时间"用心感受好音乐",而这100部iPhone在活动结束后将全部赠送给贫困学生。

整个活动我们计划执行三天。第一天来借用 iPhone 的人并不多,我们便安排了一些"托儿"来排队领取。一是为了增加流量,二是为了避免手机真的全被拿走,导致最后的结果不够"正能量"。第一天活动结束后,就有很多家媒体联系我们,想来报道采访。不出所料,电视台、报纸、城市公众号等,对这种能反映市民诚信状况的活动非常感兴趣。这个活动当时获得了包括浙江卫视在内的 10 余家媒体的现场报道。后来我们将活动在广州进行了复制,央视新闻频道也闻讯赶来进行了报道。

这次活动实际花费很少,因为 iPhone 都是二手的,但获得了价值 100 万元以上的媒体报道和曝光资源。这次营销满足了事件营销三个特点:新闻性、时效性、真实性。

第五节
效果营销:搞懂令人头大的一些概念

PSP 和 RTB

互联网效果广告是当前广告行业中的热门话题,也是企业展开营销的常用工具。在互联网效果广告中,有 CPC、CPA、CPM、DSP、RTB 等专业词汇,如果你对这些词语的含义一无所知,那就要认真阅读这一节的内容了。

互联网效果广告,顾名思义,就是指在互联网平台上投放能精准检测到效果的广告。比如,网易、腾讯、新浪这样的门户网站上的广告位,就是典型的互联网效果广告。因为系统可以精准地检测到有多少人看到了这则广告,这就是曝光量;有多少人点击了这则广告,这就是点击量;有多少人不仅点击了,还通过这则广告下单或者下载了,这就是激活量。

许多广告商也会根据这些指标提供不同的广告付费方式。商量好一个点击多少钱,根据广告的点击量去付广告费,也就是 CPC(每次点击收费)模式;根据曝光量去付费,一般来说是 1000 个曝光付一定额度的广告费,也就是 CPM(每千人曝光收费)模式;还有根据一次下载或者一次下单去付广告费,也就是CPA（每次动作收费）模式。一般来说，如果企业规模比较大，只是为了展示自己的商品，那么多半会选择CPC模式或者CPM模式；而如果企业投广告的目的是急需转化，那么多半会选择CPA模式。

随着互联网和移动互联网的快速发展，当前提供互联网效果广告服务的平台已经数不胜数。不仅是传统的四大门户网站，连QQ空间、微信朋友圈、知乎、抖音、今日头条、陌陌等，只要是有流量的互联网平台就都有广告业务。如果企业需要和这些平台一对一地谈广告投放业务，那就太麻烦了。所以，程序化需求方平台（Demad-Side Platform, DSP）应运而生。下面我讲一个小例子，大家就能明白DSP是什么了。

【案例 利用DSP投放广告】

一个创业公司的老板给了我1000元预算，让我去投互联网广告，并且对我说："给你1000元，要让公司的广告在四大门户网站还有今日头条、微信朋友圈、QQ空间上都出现；我还要实时看到花费和转化的情况。"

要是没有DSP，那么我肯定会毫无头绪。一个小规模的创业公司，就拿1000元，肯定没办法找新浪、腾讯、网易等平台一家家谈，也没法拿着1000元去找专业的媒体代理公司，因为资金远远不够。

于是我就找了一个DSP，把1000元充了进去，然后就可以自己选择媒体进行广告投放了。

四大门户网站、今日头条、微信朋友圈、微博的广告位全在里面，我可以像逛淘宝一样，把想买的广告位放进购物车，然后结算。

但并不是只有我一个人在买广告位，而且广告位和淘宝上的衣服不一样，它具有同时间独一无二的稀缺性，所以我就需要竞价购买，而实时竞价（Real Time Bidding, RTB）就是一种存在于DSP上的非常厉害的竞价技术。它可以用大数据帮用户在一瞬间检索世界上上亿台电脑和手机的cookie，以及其他广告主购买的广告位的情况，根据用户所出的价格立即生成一个最匹配的投放策略。当然，这一切都是在后台发生的，不同的DSP，其RTB的具体算法也不一样。

你可以这样理解：RTB就是一种能让用户花最少的钱，产生最大、最精准的投放效果的技术。如果你不是技术人员，那么没必要搞懂 RTB 后面的技术细节。

操作完成后，我就可以下单投放啦！DSP 几乎实时给我提供了曝光量、CPM、点击量等数据，而我什么都不用干，效果好就追加费用，效果不好就暂停投放。

除此之外，我还是一个内容网站的合伙人，想靠这个网站赚点钱，所以我就把自己的网站加入了媒体服务平台（SSP）。SSP 和 DSP 其实就是卖家端和买家端的关系，我的网站加入了某个 SSP，那么其他广告主通过这个 SSP 所对应的 DSP，就可以直接在我的网站上投广告了。

DSP 的出现，在这个发达的移动互联网时代，为企业主与专业的营销人提供了非常好的广告营销工具，让广告投放以及广告效果监测变得前所未有的简单。但是，DSP 的问题也非常多。尤其是在 2017 年，宝洁全球市场营销总裁曾说，市场上 80% 以上的 DSP 都存在虚假的流量。换句话说就是，这些 DSP 都会向企业虚假报告曝光量和点击量，从而骗取企业主的营销预算。

要想尽量减少虚假的流量，专业营销人需要具备估算投放效果的能力。

首先，要避免设定不切实际的投放效果目标。例如，对于互联网效果广告，千万不要抱有一夜爆红的心理，不能将效果目标制定得太高。比如，平常每新增一个用户要花 20 元，而你却非要让 DSP 实现每新增一个用户花费 2 元——这就会促使 DSP 造假。

其次，在给某个 DSP 投入大量预算前，要做充分的测试。比如，先花几千元测一测这个平台能不能带来实际的明显效果。如果效果还可以，则逐步增加投入。

最后，寻找真正靠谱的 DSP 代理供应商。效果广告的投放是一个非常复杂的工作，不但涉及投放策略的组合计算，还涉及广告素材的设计和测试。企业主亲力亲为是很难做出有效的成果的，最好的方式就是寻找靠谱的代理商。

而寻找靠谱的效果广告代理商也是一门大学问。代理商分为核心代理和二级代理，核心代理在广告资源和价格上比二级代理有优势。但是核心代理所擅长的媒体比较单一，比如今日头条的核心代理，可能只做今日头条的广告投放优化；而二级代理可能业务更为全面。这就需要营销人根据自己的需求进行选择。

增长黑客

增长黑客是这几年非常火爆的概念，宝洁、英特尔等国际顶尖公司，相继把"首席营销官"的职称撤销，而改为"首席增长官"。这代表着，市场营销已经与"增长"绑定得越来越紧。而增长黑客的 AARRR（Acquisition、Activation、Retention、Revenue、Refer，即获取、活跃、留存、付费、自传播）理论，无疑是当下最热门的营销理论。越来越多的传统营销人开始学习 AARRR 理论，希望将自己打造成不被时代抛弃的"增长黑客"。

前面的章节里已经讲述了市场营销的概念、市场营销的基本组成部分，以及各种各样的营销方法，这一章主要介绍了互联网时代常用的市场营销方法。现在，我将把"增长黑客"这个概念与前面讲的所有知识点串起来。当然，我还会分享更为"极客"的互联网营销思维，帮助你解决营销中的实际问题。

"增长黑客"这个词最早来源于美国硅谷的互联网创业者肖恩·埃利斯。他将菲利普·科特勒的市场营销学与硅谷的技术极客思维相结合，提出了"增长黑客"的概念。他认为，互联网时代的营销人，都要成为懂营销、懂创意，同时又懂产品、懂运营的"黑客"。Airbnb（爱彼迎）、Facebook（脸书）、Twitter（推特）等知名互联网公司，就是应用了增长黑客的方法，获得了极大的成功。2015 年，国内的创业者范冰根据肖恩·埃利斯的理论写了《增长黑客》一书，增长黑客开始在国内的互联网和营销行业爆红。

什么是增长黑客？简而言之，就是能像黑客那样帮助一个产品的用户量迅速增大、销量迅速提高的人。这样的人是谁？其实就是市场营销人。本书刚开始时便提到了市场营销的概念，就是提供满足消费者需求的产品，并且获得来自消费者的利润。由此可见，增长黑客的概念，其实是互联网时代的营销概念。相较于传统的市场营销，增长黑客要求企业运用更多的方法，更迅速地获取用户、赚取利润。

增长黑客的方法论最初只适用于 App、网站之类的互联网产品。但是，当互联网越来越成为营销的主体，尤其是电商平台越来越成为快消品、食品、服饰等传统产品的主要销售渠道的时候，增长黑客的方法论便可以适用于一切面向消费者的产品。下面就让我们走进增长黑客的核心方法论，成为一个优秀的增长黑客。

增长黑客的使命是什么？就是迅速提高产品的用户（消费者）量，提高付费率，提高留存率和复购率。为了实现这样的使命，增长黑客有一套核心的AARRR模型。只要你能搞懂和应用AARRR模型，你就能搞懂为了实现你的营销目的，应该如何使用前文讲过的所有营销方法和技巧。并且，当你以后面对一个新的产品时，你就能形成一个清晰的市场营销思路。

在一些互联网公司里，获取和自传播是市场部门要做的事情，活跃、留存、付费是运营部门要做的事情。但我不认为这样的划分是科学的。其实从市场营销的角度讲，从获取用户到活跃用户，一直到用户觉得满意再去分享给其他朋友，这整个流程，都是广义上市场营销人需要做的事情，而且在具体的工作和思路上也有相当多的地方是重合的。所以我觉得，无论以后是去公司的市场部，还是去运营部门，都需要理解AARRR模型。

AARRR模型图像化以后是一个漏斗（见图4-5），从获取用户到自传播，数量会越来越小，这是正常的现象。每一步中所丢失的用户叫作"流失用户"，流失的用户和上一步的用户基数的比称为"流失率"。每一步中所剩下的用户量和上一步中的用户量的比称为"转化率"。增长黑客要做的就是尽可能地降低流失率，提高转化率。

图4-5　AARRR模型图

1. Acquisition（获取用户）

在增长黑客的方法论中，获取用户是一切工作的基础。在前面的章节中，我们讲过传统媒体、新媒体之类的概念。但增长黑客将媒体重新划分，分成了Paid Media（付费媒体）、Own Meida（自媒体）和 Earn Media（赚来的媒体）。获取用户的关键，就是用好这三个媒体的特性。

（1）Paid media，**顾名思义，就是指要花钱去买的广告营销媒体**。在增长黑客的体系中，Paid Media 尤其指的是互联网上的广告位，比如腾讯、网易等门户网站上的广告位，淘宝推荐位，一些微信文章最下面的广告条，这些都是要付费购买的。增长黑客提出了两个基本方法，来提高这种网络付费广告的有效转化率。

第一种方法：AB 测试。其实很好理解，就是你要投放一个广告的时候，先做几个不同的素材版本，然后各自少花一些广告投放预算，如花费 2000 元，在同一个媒体上做小测试。看在同样花 2000 元的情况下，哪个素材的转化率最高，就使用那个素材进行大规模投放。比较经典的案例就是，奥巴马选举团队曾做了多套竞选素材进行测试，分别判断其点击率和用户的注册率，从而选出了最终的选举广告海报。

第二种方法：灰度测试。灰度测试是软件开发时的一个词语，意思是做小范围的测试。灰度测试的意思和 AB 测试差不多，但它是先做一个广告素材，然后用最低的预算去投放。比如，第一次投放完获得了 100 个用户，转化率为 1%。那么能不能将转化率提高到 5% 呢？我会想办法找到这 100 个用户和其他看到了广告但没有点击的用户进行采访，然后再改进文案并设计出第二版方案，接着花最少的钱进行投放。第二次投放完，效果更好了，转化率为 5%。这个时候老板可能会说，当转化率达到 10% 的时候，就花 100 万元进行投放。于是我又要想办法去修改素材，最终达到 10% 的转化率。应该说，这一步步提高转化的过程，非常艰难和磨人，但这也是增长黑客的魅力所在。

一般来说，AB 测试适合迫切需要投放广告的企业，可以帮助他们在备选中找到最好的广告素材；而灰度测试则适合时间比较多的企业，可以用量化的方式选出最好的广告素材。

（2）Own Media，**就是企业自己的公众号、微博等**。公众号、微博的运营技巧前文中都讲过，这里就不展开了。

（3）Earn Media，**是指主动和免费为企业的产品去做宣传的媒体，比如用户的朋友圈，各种媒体的主动报道等**。如何在 Earn Media 上做好营销？这就需要运用前面讲过的社群营销、事件营销、饥饿营销等方法了。

2. Activation（活跃）

用户来了你的网站但立马就走了，或者消费者打开了你的淘宝网店但立马就关闭了，这可不行。这样你的广告费花出去后，转化率看起来高，但其实没用。对于互联网产品来说，活跃度可以用每日活跃用户数（DAU）来表示。比如，微信是全世界 DAU 最高的 App，它的 DAU 有 10 亿，也就是每天至少有 10 亿人打开了一次微信。对于提高 DAU，增长黑客有两个方法。

（1）从产品的设计上而言，要让用户有每天打开的动力。像微信这样，维系社交关系是用户每天打开的动力之一。除了社交关系，还可以使用利益驱动，让用户经常打开，比如常见的每天打卡领红包，或者连续打卡一定天数送大奖。

（2）从运营角度讲，要经常给用户创造打开的理由。比如，对于电商而言，要每隔几天就推出促销活动，让用户愿意打开去看新优惠；视频、音乐等 App，要经常上线新歌，或者做一些独家的节目等吸引用户打开；理财类 App，可以经常给用户推送各种赚钱的方法教程等。但要注意，不要一天给用户发送多次提醒，过多的提醒会使用户反感。

3. Retention（留存）

用户下载很多 App 就是图个新鲜，一段时间后就会因为新鲜劲儿过了，或者发现了更好的代替品而卸载之前下载的 App。作为增长黑客，要尽量把用户留住。提高留存率也要从产品设计和运营两个角度进行思考。

（1）从产品设计的角度思考，要让用户有留下来的理由。如何让用户自愿留下来呢？那就要给用户提供长期的价值。例如，现在很多的知识付费类 App 会提供给用户一个系列的课程，课程结束后，用户不仅能获得系统性的知识，还能获得一个实习证书或者学费退款。

（2）从运营的角度来看，和提高 DAU 类似，要根据用户的反馈，及时推出更多与时俱进的内容。比如，一家淘宝衣服店铺，需要根据当前的季节、潮流等不断推出当季的衣服，或者是推出当前某些流量艺人的同款衣服。再如，一款手机游戏，只有不断推出拓展地图、拓展皮肤、增加新角色等更新的玩法，长期保持内容与时俱进，用户才会感到新鲜，不至于卸载 App。

当然，万一用户真的卸载了 App，也要想办法进行用户的唤回。唤回是一件非常难的事情，比较常见的方式就是，通过手机短信、邮件的方式唤回。换句话说就是，给之前的用户发信息。但大部分短信和邮箱文案其实根本无法让用户产生重新下载的欲望，所以如何写唤回文案便显得非常重要。我曾在网易做过一个唤回活动，我们查出了 3 个月没有登录网易邮箱大师 App 的用户，给他们的邮箱发了 3 封"情书"，如图 4-6 至图 4-8 所示。

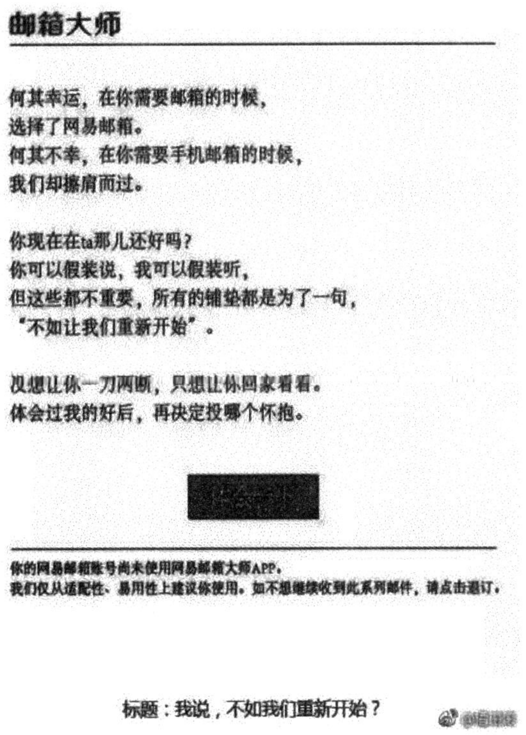

图 4-6

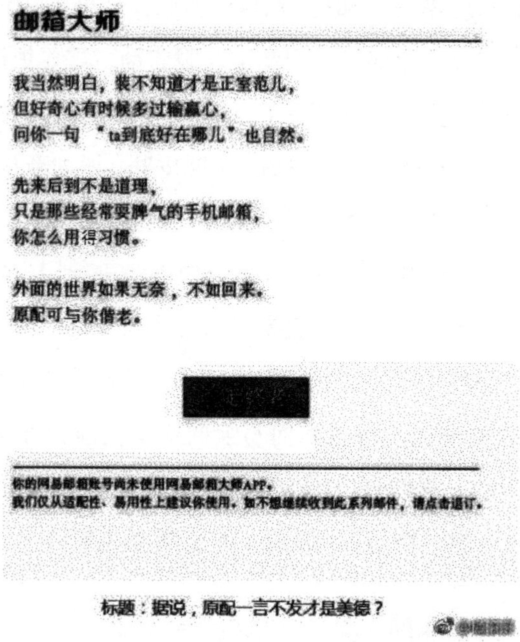

邮箱大师

我当然明白，装不知道才是正室范儿，
但好奇心有时候多过输赢心，
问你一句"ta到底好在哪儿"也自然。

先来后到不是道理，
只是那些经常耍脾气的手机邮箱，
你怎么用得习惯。

外面的世界如果无奈，不如回来。
原配可与你偕老。

你的网易邮箱账号尚未使用网易邮箱大师APP。
我们仅从适配性、易用性上建议你使用。如不想继续收到此系列邮件，请点击退订。

标题：据说，原配一言不发才是美德？

图 4-7

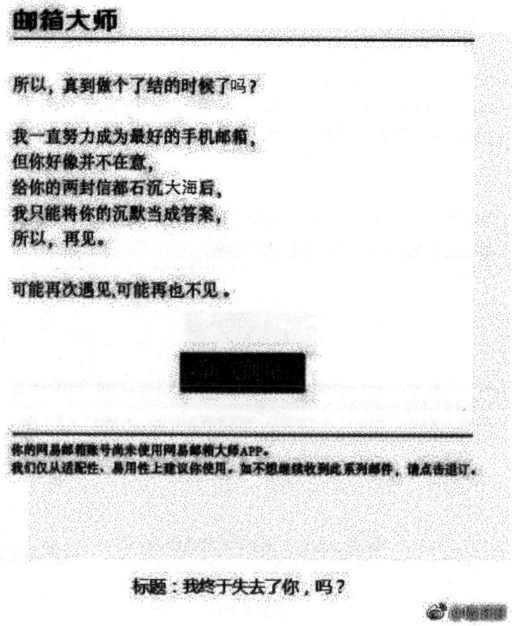

邮箱大师

所以，真到做个了结的时候了吗？

我一直努力成为最好的手机邮箱，
但你好像并不在意，
给你的两封信都石沉大海后，
我只能将你的沉默当成答案，
所以，再见。

可能再次遇见，可能再也不见。

你的网易邮箱账号尚未使用网易邮箱大师APP。
我们仅从适配性、易用性上建议你使用。如不想继续收到此系列邮件，请点击退订。

标题：我终于失去了你，吗？

图 4-8

这3封邮件是用写给前任的语气，向已经3个月没使用网易邮箱大师App的用户发出了"情书"，邀请他们重新下载网易邮箱大师App。最终，这3封邮件的平均打开率高达48%，成功召回了14万网易邮箱大师App老用户。

发送唤回短信、唤回邮件，也需要充分发挥文案创作能力。不要只是讲述"现在的功能更好了""现在有活动"之类的话，而要用更具创意的文案去打动用户。

4. Revenue（付费）

如何促进用户付费？这是大部分电商平台最关注的问题之一。同样地，我们还是从产品设计和运营两个角度思考。

（1）从产品设计角度考虑，要提高用户付费转化率，我们要做好以下几点。

①在用户确定付费前，尽量减少用户的操作步骤。比如，当用户在淘宝上点击"立即购买"按钮之后，最多显示一个页面，这个页面上包含了地址、联系人等各种信息。用户点击确认页面中的"确认"按钮后，交易立即完成。在线上交易的流程中，每多一个页面，用户的流失率就会高一倍。

②需要在各个环节主动为用户推荐各种种类、各种搭配的优惠券，促使用户付费。

③文案描述要尽可能的详细，要将用户可能会考虑到的问题都写出来。关于这个问题，可以参考前文中的文案技巧相关内容。

④使用大数据匹配的技术，为用户精准推荐他们所需要的商品和服务。

（2）从运营角度考虑，最常用的方式当然是做促销了。无论是"双11"还是其他各种有噱头的促销节日，维持每周一次小促销，每月一次大促销的频率，能极大地提高用户付费转化率。

关于应该设计什么样的活动，以及撰写什么样的促销活动文案等，除了要运用前面讲过的各种方法外，还要善于使用AB测试和灰度测试，不断对比、优化，实现最优的活动效果。

5. Refer（自传播）

用户喜欢分享、传播什么样的内容呢？这个问题虽然在本章第一节已经详细地讲解了，但AARRR模型也提出了一些从产品设计和运营角度出发的促使用户分享的小技巧。

（1）用分享即可享受权益的方法。有相当多的 App 和小程序都在使用这种方式促使用户分享。比如，你想在某个 App 上买一件衣服，你可以分享到朋友圈，享受免费或优惠；或者你可以去找更多的微信好友为你砍价，拼多多便将这种玩法发挥到了极致。

（2）用提供身份认证的方式促使用户愿意分享。比如得到 App 和混沌大学 App，你只要上完其中的某门课程，系统就会给你生成一个看起来很高端的代表你认知能力的证书，你就会愿意分享到朋友圈进行展示。再如，知乎在上线初期采用了邀请制度，当你有了邀请码之后，你也愿意主动分享，因为这是你精英身份的一种认证，你愿意去分享它。

让用户愿意分享的方法还有许多，但都逃不出我们前面讲过的社群营销中总结的内容，希望读者能反复地理解其中的含义，结合案例和实践，成为合格的增长黑客。

第5章 好好沟通，管好项目
——学会跨部门沟通与营销项目管理

第一节
学会沟通：与所有人顺利沟通的法则

如果缺乏沟通技巧，哪怕掌握了再多的营销方法，营销工作也难以展开。

对于市场营销人来说，如何才能与领导、客户和同事进行良好沟通呢？某位管理大师说过："语言是免费的，但是你如何使用语言是有代价的。一个人必须知道该说什么，什么时候说，对谁说，怎么说。"总结起来就是良好沟通的 3W1H 原则：What（说什么）、When（什么时候说）、Who（对谁说）、How（怎么说）。

我们需要在每一次沟通前都将这 3W1H 弄得清清楚楚，否则沟通就会变成鸡同鸭讲。

对于市场营销人而言，知道"对谁说"和"怎么说"非常重要。如果你没有和消费者沟通清楚，可能会导致消费者对你策划的营销活动产生误解，甚至导致消费者给差评。

2018 年，华帝在世界杯期间所做的"法国队夺冠退全款"的营销活动，本来是一个引爆全国的绝佳案例,但是在退款时,原本承诺的退全款现金变成了退购物券,最后导致恶评如潮,甚至被《人民日报》点名批评。原本的完美案例出现烂尾,不禁令人唏嘘。

如果你在乙方广告公司或者营销咨询公司工作,那你就需要经常和甲方客户保持良好的沟通。与甲方客户沟通,非常需要技巧。

我认识一位25岁就升任4A公司客户总监的朋友,这个人有两个特点:第一个特点是很少睡觉,白天、晚上都在琢磨工作;第二个特点是擅长沟通。他曾把他与甲方客户的沟通技巧汇集成了一个规范。例如,给客户老板写信,要语气尊重、语言简洁,称呼董、总要分清。给客户总监写信,如果是传真、信件,称总监;如果是邮件,称"总"。给客户市场部经理写信,看性格而定,但是传真、信件最好称经理。而他之所以25岁就能成为客户总监,就是因为他通过细腻的沟通技巧帮助公司获取了千万元的利润。

如果要和媒体沟通,那更是需要技巧。

我曾为一家啤酒企业做过品牌公关咨询。当时这家企业的消费者向媒体投诉,说啤酒有沉淀物。媒体找上门希望对啤酒企业的负责人进行采访。其实在大部分情况下,啤酒有沉淀物是一个比较正常的现象,对人体无害。企业负责人只要解释清楚,对媒体招待周到就能化解这次投诉危机。但是该企业当时的市场部负责人认为自己并不理亏,觉得媒体是没事找事,所以态度很强势,将媒体拒之门外。结果第二天,这家受了一肚子气的媒体就发出了报道:"某某品牌啤酒出现沉淀物,遭到消费者投诉,企业负责人态度粗暴,拒绝采访。"这下子许多忠实的消费者产生了恐慌,导致该企业出现了严重的公关危机,最后花费了好大精力才将危机平息。其实这原本是很简单的一件事情,但因为企业市场部负责人和媒体沟通出现了问题,所以导致小问题演变成了大危机。

如果你在企业中和其他部门沟通不畅,那么很多营销项目可能根本没法推进与执行。尤其是对于BAT、京东、网易这种大公司来说,一些大型的市场营销项目需要技术部门、产品部门、运营部门等协同完成,如果没有这些部门的全力配合,再好的创意和想法也不过是纸上谈兵。

总结并分析上面的情况，我们会发现，沟通中往往存在三个需要市场营销人规避的雷区。

(1) **在发生危机时选择回避矛盾**。很多企业在出现公关危机的时候，写公关道歉信时习惯回避矛盾点，顾左右而言他，看似道歉了，其实什么实质性的内容都没讲。这样看似做了危机公关，其实是无效的甚至是负面的公关。

(2) **认为沟通就是驳倒对方**。要记住，沟通的目的是解决问题，而不是证明对方是否有错误。即使证明了对方有错误，但如果没能解决问题，那问题不是依旧存在吗？除了逞一时的口舌之快，双方还能得到什么好处？如果把沟通变成了"争论"，那么最终的结果是两败俱伤，没有一个赢家。

(3) **固执己见**。人性的弱点导致我们经常会固执己见，但我们要学会换位思考，站在对方的角度去考虑问题。在沟通时，最重要的不是你说了什么，而是对方理解了什么。所以在沟通的过程中，我们要擅长倾听，明白对方的反馈，这才是沟通中最重要的事。

如何培养良好的沟通能力？或者说，有什么沟通技巧可以让我们在工作中应用呢？

美国著名的公共关系专家卡特立普和森特在《有效的公共关系》中提出了有效沟通的"7C **原则**"，即 Credibility（可信赖性）、Context（一致性）、Content（内容的可接受性）、Clarity（表达的明确性）、Channels（渠道的多样性）、Continuity and consistency（持续性与连贯性）、Capability of audience（受众能力的差异性）。

这7个原则用更加通俗易懂的词汇来表述，就是沟通要清晰、简洁、具体、正确、连贯、完整和礼貌。

1. 清晰原则

如果你需要写信给别人或者与他人直接交谈，清晰地表述你的想法和意图就显得非常重要。如果自己都不知道想说什么，别人就更无从知道你的目的。如果你不是大人物，没有人愿意花时间琢磨你的心思。所以在日常交流中，切忌让信息接收者反复推敲或者猜测你究竟想说什么。尤其是在用邮件沟通的时候，因为它不像面对面沟通或者电话沟通那么容易理解，因此要尽可能地把事情写清楚，层次要分明。

2. 简洁原则

保持沟通的简洁性很重要，尽量用简化的语言来表述你的观点。能用3句话说清楚的事情，没有人愿意听你唠叨6句。如果是写邮件，那么每个超过4句话的段落，第一句话尽量概括该段的内容。因为对于很多人来说，习惯一段只看开头两句。所以一定要善于把一大段话总结成一句话作为小标题，这样你沟通的对象即使没有时间和耐心全部看完，也可以通过小标题理解你的大致意图。

3. 具体原则

如果你呈现的信息比较具体，信息接收者就会在脑海里形成非常清晰的图像，明白你究竟在谈论什么。你的信息必须附带适量的细节内容并提供生动的事实，如果信息同时具有重点突出的特征，那就更好了。举个简单的例子，要为一款主打夜间拍照功能的手机撰写一句文案，你会怎么写？有人写的是，"夜拍能力超强的手机"；还有人写的是，"能够拍星星的手机"。哪个更形象？哪句话令消费者听过之后会形成清晰的图像？明显是后者。

4. 正确原则

正确原则有多层含义，首先信息的逻辑应该是正确的，没有"自相矛盾"的地方；其次信息引用的资料是正确的。从信息接收者的角度考虑，他们往往更愿意接收正确的内容。错误的信息不仅会引起他人的误解，也会给别人一种做事不认真、可靠性低的感觉，最终可能会失去个人可信度。

在发出信息之前，应该做一些基本的检查：检查信息内容是否前后矛盾，推理过程是否有逻辑性错误；检查引用的数据是否正确，引用的术语是否科学，时间、称谓等是否合适；检查信息中是否有错字、错句等低级错误。

5. 连贯原则

连贯原则要求信息的所有内容都必须为同一个主题服务。如果信息的连贯性比较好，那么其逻辑性往往也会比较强。在文本撰写方面，要擅长将内容分成几个层级，并使用序号划分层级。比如，可以用总分或者分总的形式，让整个文本始终围绕一个主题，显得整体思路清晰。

6. 完整原则

一个完整的信息，应该让信息接收者得到全部需要的信息，且不会对信息产生疑惑。理想情况下，还应该在发出的信息中指明接收者接下来应该做些什么工作。发出信息之前，做好以下两点检查：第一，检查信息是否已经包含一些基本的相关信息，如联系人名字、举办日期及开会地点等；第二，信息是否具有明确的"行动"指示，能否让信息接收者清楚地知道他该干什么。

7. 礼貌原则

礼貌原则要求沟通必须在友好、开放和真诚的前提下进行，不应该采取侮辱性的或者咄咄逼人的语气与别人交流。在沟通过程中，要时刻从信息接收者的角度来看问题，并且要时刻控制自己的情绪。如果是通知类的事情，罗列事情、表达语气要客观而平静；如果是需要对方确认的事情，用词一定要准确，罗列要具有一定的导向性，避免尖锐词句和有可能使对方产生疑虑的词语。即使是警告对方的事情，也要有礼节，激动而不冲动，且话不要说满。

第二节 管理好营销项目，避免反复加班

传统营销项目中常见的问题

我认识一些传统制造业品牌的老板和市场部负责人，发现他们在做市场活动的时候，往往喜欢"拍脑袋"做决策，在执行过程中过于依赖过去的经验，而缺乏系统的项目管理思维。他们经常会为营销活动设置不合理的目标，比如，有的传统企业的老板刚开始接触微信公众号，就对市场部提出用极低的预算达到 10 万 + 阅读量的效果，这明显是不合理的要求。

他们有时候还会给一个营销项目设置多个目标。比如，有的老板想做一个以品牌曝光为目的的活动，希望既能在传播层面覆盖大量的人群，又能实现引流导量效果，还能带来销售额，甚至要大幅度提升品牌的口碑，预算还要控

制在10万元以内……总之，老板恨不得做一个营销活动就能够"召唤神龙"，解决企业所有的问题。

而有的企业管理者则是在营销项目执行的时候分工不明确，让品牌部门承担销售部门该做的工作，又让销售部门承担品牌部门该做的工作，导致权责不清，各部门之间互相推诿。

还有的管理者则太过片面，太过注重短期利益，缺乏长期规划，不考虑项目的连续性，不知道为什么做一个营销项目，也没有前期的规划和后期的复盘。

这些问题的存在，都是因为他们缺乏项目管理经验。这有点像是农民种地，缺乏在时间和空间上的系统性及科学性规划，最终结果就是看天吃饭。运气好一点的时候，效果可能特别好；运气差一点的时候，效果就很不理想，而且往往是运气差的时候居多。这种不合理的营销管理思维和风格，导致了不科学的工作方式，从而进一步导致了市场部门永远有完成不了的工作目标，只能反反复复地拖延和加班。

项目化管理的概念及优势

企业的市场营销活动是在特定的经营观念指导下进行的，在瞬息万变的互联网时代，选择正确的营销观念对企业营销活动起着至关重要的作用。

市场营销活动的项目化管理，是将"项目管理"的思想引入市场营销活动中，让整个营销管理过程项目化、精细化，使管理工作具体化，并且具备较强的可操作性。像阿里巴巴、网易这种大型互联网公司，在市场工作中基本都采用了项目化管理的方式，也就是一个项目指定一个负责人。这个负责人不一定是管理职位，可能只是基层员工，但是他在自己负责的项目里，在其职能范围内拥有最大的权限，对结果负全责。

项目化管理对于市场营销而言，优势非常明显。

（1）通过项目化管理，可以实现企业营销观念的转变。项目化管理强调的是所有相关职能部门的参与，而不是仅仅由市场营销部门承担所有的营销工作。财务部、研发部、采购部、生产部、品管部、人力资源部等职能部门参与部分甚至整个项目管理的过程，有形或无形中培养了"全员营销"的理念。这样可以加深其他部门的同事对市场部工作的了解，可以降低跨部门合作的磨合成本。营销不是一个部门的事，而是整个公司的事，只不过市场营销部门走在最前面而已。

（2）通过新的营销管理模式，可以促进企业文化的提升。从营销项目立项到项目完成，是一个长期的过程。企业各个层面的成员，从高级经理到基层员工，在磨合中必将提高沟通能力，培养出以协作为中心的团队精神。大家劲儿往一处使，拧成一股绳，才能将营销工作真正做好。而且项目化管理可以打破传统组织架构中的等级观念，有的项目负责人不一定是管理岗位，这种鼓励相互尊重和创新的企业文化，可以将企业运营提升到一个新的高度。

（3）实施营销的项目化管理，将提升企业的内部管理水平。由于各职能部门的参与，市场部经理逐渐转型为项目经理。项目参与者除了向原职能部门经理负责之外，同时还向市场部经理报告，这样就能降低运营成本，减少部门之间的摩擦，有效地利用公司资源。对于刚入职市场部的新人来说，这也是一个很好的锻炼和晋升机会。

管理营销项目的步骤

一般来说，管理营销项目会分为以下几个步骤。

（1）确定项目负责人，然后由项目负责人牵头成立项目组。项目组需要制订项目实施计划，实施计划包含项目各个阶段的划分，包括项目成员的具体任务、每个任务的具体目标、项目的费用、项目实施计划等。

（2）项目负责人牵头完成营销项目的主题策划方案，也就是要确定做一次怎样的营销活动，是线下活动、广告片、H5，还是一次整合的大型活动。除此之外，还要确定创意是什么，预算是多少等。

（3）方案出来之后，负责人要召开全体项目人员会议，组织大家对方案进行综合分析和评估。等方案确定通过后，开始按照之前的分工执行。

（4）执行完毕后，再由项目负责人牵头进行复盘总结。

管理项目时需要注意的问题

接下来我和大家分享一下，项目负责人在管理一个营销项目时要注意哪些问题。这些经验是我用了几年时间总结的，包含了我一路走来的心血。

1. 任何营销项目的目的都一定要明确

做任何事情都必须要有目标，做市场营销项目更是如此。现实中有很多人经常会拍一下脑袋就说"我要做一个广告片""我要做 H5""我要投个微博大V"，等等。但问题在于，你有没有想好做这些事情的目标是什么。花费了精力，花费了金钱，要达到一个什么样的营销目的，这是在做事情之前首先要想清楚的。如果营销项目的目的不明确，那么考核这个营销项目的指标就会不明确。那花费大量心血完成的营销，换来的可能只是公司老板的质疑。

所以我们一定要明确营销项目的目的，并且要把目的尽可能地量化，千万不要模糊地说，这次营销活动是为了提升品牌知名度和美誉度。比如，你要做一个 H5，其实提高品牌曝光量是可以的，但希望靠这种方式带来真正的流量转化，还是非常困难的。

前几年百雀羚那个国民复古的 H5，内容以 7～8 米的一镜到底式的长图讲述特工阿玲的故事，到结尾再带出品牌。故事曲折有趣，里面夹杂了民国时期的许多知识和风貌。这个 H5 在微信平台总阅读量将近 8000 万。但是它的销售转化效果微乎其微，只为百雀羚旗舰店增加了 2133 个订单。

试想一下，如果你没有制定营销目标，或者目标制定失误了，那么即使获得了几千万的曝光量，又有什么用呢？

我几年前曾为某个直播平台策划了一个充满正能量的非物质文化遗产活动，这个活动的参与人数寥寥无几，从表面上看，好像失败得一塌糊涂。但是策划类似活动的目的并不是让用户参与，而只是为了配合政府部门的正能量相关任务。所以这个活动完成了它的目标，就是一次成功的活动。

2. 在项目中，分工一定要明确，让专业的人做专业的事

如果我们的营销项目目的是增加新的用户和消费者，那么这个活动需要很多部门一起配合。一个成功的营销活动，需要各个部门都给予百分百的支持；而一个失败的营销活动，只要一个部门拖后腿就足够了。

我曾经为某个直播平台策划了一个引流活动，活动宣传非常成功，吸引了几万用户同时进入 App。结果因为技术部门没有提前做好宽带支持，导致 App 崩溃，遭到大量用户投诉，并收到诸多差评。原本是一个非常成功的营销活动，

最后演变成一个公关事件，不得不向参与活动的用户道歉、赔偿，并安抚他们的情绪。

3. 在营销项目的管理中，一定要注意流程和节奏

什么是流程？就是这个营销项目如果需要 A、B、C 三个步骤，那么是先做 A 再做 B，还是先做 B 再做 A 呢？什么是节奏？就是 A 要持续多长时间，B 要持续多长时间，C 要持续多长时间。注意流程和节奏，这对营销项目的管理者来说是一件非常重要的事情。比如，一个新媒体营销活动，是微博先发起，还是微信先发起，抑或是抖音、快手这些短视频平台先发起？是微博先预热，然后微信推送软文；还是微信先做社群传播，然后找微博大 V 进行宣传？是提前三天预热还是提前一周预热？时间点是放在周四、周五还是周末，又或者是"周一见"？不一样的活动有不一样的玩法。

史玉柱在做脑白金的营销时，也不是一股脑地买下了热门电视台的黄金档。脑白金广告的投放，一年的费用是 3 个亿，但是据第三方评估，脑白金收到的效果是 38 个亿。史玉柱是怎么把 3 块钱花出 38 块钱的效果的呢？那就是非旺季的时候，只象征性地投放一下；而旺季的时候，集中火力投放。而且脑白金不是每天投放，而是间隔一天投放，相当于把两天的投放量全部投在一天当中。因为缺少一天，用户也不会刻意去找今天有没有脑白金的广告，但是如果第二天的广告非常密集，用户就会感觉投放量非常大，印象也会非常深刻。这就是对营销项目节奏的把握。

我在做营销项目管理的时候，喜欢把项目所有的时间节点做成时间轴。找一块白板或者一张 A4 纸，画一条长长的箭头，标注上时间坐标，然后在时间坐标上标注这个时间要做什么事情。如果持续的时间长，就把和下一个时间坐标的间距画得大一点。标注完后把这个时间轴深深地记在脑海里，像拍电影一样反复推演，思考这个执行顺序和执行节奏是不是合理，有没有疏漏。

4. 一定要注重复盘

我在学生时代就发现，那些学习好的同学特别擅长使用错题本，因为这个错题本上有他们容易出错的题目，是他们的短板。

柳传志是中国商界教父级的人物，关于他的传奇故事很多。每当有人问柳

传志,联想成功的奥秘是什么时,他总要提到一个词——复盘。他说,联想有复盘的习惯:做一件事情,不论失败或成功,都要重新演练一遍。大到战略,小到具体问题,原来的目标是什么,当时是怎么做的,边界条件是什么,回过头来看,做得正不正确,边界条件是否有变化,都要重新演练一遍。

事实上,无论对于企业发展还是个人成长而言,复盘都是极其重要的一个环节,甚至可以说是最重要的一个环节。杨澜说过一句话,"你可以不成功,但你不可以不成长",复盘便是帮助你成长的好方法。每个营销项目实施完毕后,一定要进行复盘,把执行的结果记录下来,然后再推演一遍,问问自己,如果给自己一次重来的机会,哪些执行环节需要加强,哪些需要保持。短时间看,这样的记录似乎没多大意义。但请相信时间的力量,经历同样的5年,你可能会比不擅长复盘的人拥有更多的经验或者教训,你的成长一定有迹可循。而且,当复盘的时间跨度足够长时,你甚至可以总结出一些深层次的规律,对营销工作会有更深刻的认识。

第三节
好创意都是碰出来的:如何组织一次不拖延的头脑风暴会议?

绝大多数市场人员、创意人员、团队管理者,包括绝大多数4A广告公司,都热衷于进行头脑风暴。只要一提到"创意",立刻就有人提议:开个会,头脑风暴一下,看看能碰出什么好点子。甚至有些时候,头脑风暴成了一种仪式:任何话题都要先开个头脑风暴会议,无论能不能得到有用的结果,否则就会觉得工作流程不完整。

但实践中,90%以上的头脑风暴会议都是低效甚至无效的。绝大部分的头脑风暴会议,不出20分钟就会变成净聊八卦的茶话会。哪怕没有成为茶话会,十有八九也会脱离讨论主题,与会议目的大相径庭,根本无法通过会议集思广益,进而找到解决问题的方案。

这是因为大部分的初级市场人,对头脑风暴这一会议形式缺乏明确的认知，他们认为，头脑风暴就是把大家召集到一起进行讨论。但其实头脑风暴相比其他类型的会议（如项目研讨会、流程同步会、决策表决会等），有其独特的模式和内在的逻辑。

头脑风暴最早是精神病理学用语，是指精神病患者思维无序迸发的状态。1939年，知名广告公司BBDO的创造力研究专家亚历克斯·奥斯本首次创造了一种激发参会者创意能力的会议形式，并将其取名为"头脑风暴会议"。头脑风暴会议的目标，便是在有限的时间内，让参会者针对某一个话题进行思维碰撞，以激发出更多更妙的点子，从而使会议组织者获得更多的创意点子。值得注意的是，在组织头脑风暴会议之初，你就应该明白一件事情，头脑风暴的作用是集思广益，而并非通过一次会议就得出明确的结论。

如何组织一场科学、高效的头脑风暴会议？其中包括5个基本步骤以及一些原则和技巧。

5个基本步骤

1. 设定"狭窄"的讨论主题

在开始头脑风暴前，必须先确定讨论的主题。一般来说，一次头脑风暴只能讨论一个主题。主题的设置需要尽可能地"狭窄"。所谓"狭窄"，就是切入口要窄：明确告知头脑风暴的产出物，以及产出物的限定条件。

我曾参与过网易云音乐的广告语头脑风暴会议，主持人明确规定了头脑风暴的最终产出物：一句广告语，以及整个广告语应当具备的几个要点，也就是限定条件，比如10个字以内、体现音乐属性、体现生活和音乐的连接点等。

总之，所有的商业创意都是"戴着镣铐跳舞"，在设定主题的时候就将"镣铐"拷好，这样才更有利于之后的起舞。

2. 提前通知与会者，请他们事先准备几个点子

这一点非常重要，但也极容易被忽略。一次高效的头脑风暴会议一定是有准备的，请与会者事先准备好几个点子，可以使头脑风暴更顺畅地开始，避免冷场。也可以在与会者讨论方向跑偏时，由主持人展示事先准备的点子，将与会者的思维拉回主题上。所以要切记，作为会议发起者，务必在头脑风

暴开始前通知所要参会的人员，并且要给他们足够的时间，让他们事先准备 2 ~ 3 个点子。

3. 第一轮由主持人安排轮流发言

一场科学完整的头脑风暴会议会进行三轮。第一轮便是由头脑风暴会议的主持人（发起者）安排其他与会者进行轮流发言，最好规定每个人的发言时间，如 5 ~ 10 分钟。

在第一轮中，除非发生极其特殊的情况（如出现人身攻击，或者与会者的发言和主题大相径庭），否则主持人以及其他任何与会者都不能打断正在发言的人。而且主持人还需要负责记录每个与会者的发言。需要注意的是，当有的与会者表示自己没话可说的时候，要尽可能地让他说两句，以免破坏头脑风暴会议的氛围。

4. 第二轮进行自由讨论

轮流发言完毕后，就可以开始自由讨论环节了。主持人可以通过这样的话术引出第二轮自由讨论：

大家刚才说得都很好，尤其是 XXX、XXX（复述 3 ~ 5 个不错的点子），大家对这几个点子有什么看法或者补充吗？或者大家又想到了一些什么别的点子吗？

当与会者开始自由讨论后，主持人就需要随时记录每一个人的关键发言，并且要确保会议中不出现对观点的批评。还需要注意，讨论要围绕主题进行。自由讨论时间以 15 ~ 30 分钟为佳。

5. 第三轮进行针对性追问

第三轮并不是必需的流程，但如果项目特别急迫，或者真的在头脑风暴中发现了若干个特别好的点子，需要在会议中制定一个更为完善的方案，在结束自由讨论后，主持人可以选定 1 ~ 2 个点子，主动对点子提出人发出追问。例如，"你觉得点子的不足之处在哪儿？""能不能基于这个点子想出更好的方案？"也可以组织其他人一起针对某个点子进行完善和补充。

4个与会原则

经过上述三轮讨论，会议发起人应该已经获得了非常多有效、好玩的点子。需要强调的是，在整个头脑风暴过程中，还必须遵循以下4个原则。

1. 不批评

如果遇到了你并不赞同的点子，那么你可以补充优化它，但请不要在会议上直接否定它。

2. 人人平等

如果有公司高层在现场，那么主持人需要特别强调（最好事先和高层商讨好），绝对不要受到高层发言的影响。为了会议效果，可以安排高层在最后发言。

3. 无专利

主持人需要向大家说明，最后采用的方案一定是大家集思广益的结果，并不属于具体哪一个人提出的点子。

4. 越多越好

如果与会者不断迸发出好玩又不跑偏的好点子，那么可以适当延长会议时间，绝对不要在产生点子最多的时候结束讨论。

3个技巧

如果头脑风暴会议遇到了困境或僵局，如没有人发言、陷入了混乱的讨论，或者讨论话题跑偏了，那么可以尝试使用下面这几个技巧化解困境。

1. 闭嘴默写

如果主持人发现头脑风暴会议现场变得乱哄哄的，大家七嘴八舌，无法抓住重点，而主持人试图将大家拉回到主题上也没有起效，这个时候主持人就可以采用"闭嘴默写"的方法：要求大家立即停止说话，然后花5分钟时间，将自己的点子简要地写在小纸片上。然后，每个参与者再重新轮流讲述写在纸条上的点子。

2. 自我批评

当讨论陷入思考的困境，难以再产生新的点子时，可以采取"自我批评"的方式激发话题。头脑风暴不允许批评他人，但可以要求参与者对自己提出的点子进行分析，让他讲述自己的点子在实际操作时可能会遇到的一些问题，并进一步引导他给出更好的解决方式，从而打破僵局，继续讨论。

3. 聊天群头脑风暴

很多时候，面对面的头脑风暴的效果还不如在一个微信群里一起探讨。因为非面对面的形式，更有利于参与者无压力地表达想法，也不会出现讲话被打断，或者思路和话题被他人带偏的情况。

聊天工具有自动记录所有发言的功能，因此，在聊天群里进行头脑风暴时，鼓励大家畅所欲言，甚至可以在其他人发言时随时加入。当然，会议组织者会比较辛苦，需要在后期仔细整理聊天记录，并在其中寻找有创意的点子。

第四节
管理营销预算：不同的市场预算，分别能做什么类型的营销？

前面已经分享了各种各样的营销方法，当有一天你真正到了一家公司，负责市场营销工作的时候，便需要根据不同的营销目的和市场预算，将前文中提到的多种营销方式进行选择和搭配。所以这一节就来详细讲解"预算"在真正的市场营销工作中是如何起支配性作用的。

对于许多创业型公司的 CEO 来说，一直有一个很大的疑惑：他们从阿里巴巴、腾讯、宝洁、奥美高薪挖来的营销高管，在之前的公司里可以把销售额和品牌知名度做到一年翻 10 倍，但来到创业型公司以后，却什么业绩都做不出来。而许多大公司的市场部负责人也有这样的困惑：一些在创业型公司工作了 10 年的资深营销人，一来到大公司，就完全不知道该如何开展工作了。我听过非常多的公司管理层说，很难招到满意的市场营销人才。问题出在哪里呢？不是因为这些资深营销人的专业知识不扎实，也不是因为他们的项目经验不丰富，更不是因为他们的资源和人脉太少，而是因为他们面对的市场预算不同了。

在 500 强企业里，一个市场部一年的预算可能是一个亿甚至更多；而在一些创业公司，市场部一年的营销预算可能只有几十万，甚至有些公司根本没有市场预算。而不同的市场预算，直接导致了营销策略的不同。一个习惯了几千万、几个亿的大预算的市场营销人，来到一个一年只有几十万市场预算的公司，肯定是无法开展工作的，在他的经验里，那些营销讨论根本没法施展，反之亦然。所以，必须深刻地意识到预算的重要性，无论钱多钱少，都要能产出与之匹配的营销组合方案。

接下来，我以单次营销活动的预算为例，讲一讲在不同的市场预算下，应该做什么类型的市场营销项目。

（1）如果单个营销项目拥有100万元以上的预算，就要打造专业的营销内容，选择合适的投放比例。

（2）如果单个营销项目拥有50万元以上100万元以下的预算，则要多与其他品牌联合，共同创造出劲爆的话题。

（3）如果单个营销项目拥有10万元以上50万元以下的预算，则要注重营销内容和媒介的专注性，并且要努力让创意拥有自传播性。

（4）如果单个营销项目拥有1万元以上10万元以下的预算，则要重视单点突破，还要重视营销的回报率。

（5）如果单个营销项目的预算为0，那么要尽量多用资源置换的方式去做营销。

先说单个营销项目拥有500万元以上的预算该怎么做营销。对于大部分的公司来说，这个预算都不算少。单个项目的预算为几千万甚至上亿的当然也有，比如，冠名一个最火的综艺节目就要花费1亿元左右；想在湖南卫视、浙江卫视的黄金时段投放一个月的广告，估计也得几千万元打底；拍一部成本几百上千万的影视广告片，这种案例也是有的。但对于绝大部分公司，甚至对于500强企业来说，千万甚至上亿预算的营销项目一年也就一两次，而且大部分预算都花费在购买媒体上了。因此，这种千万、亿万级别的案例我们就先不讨论。我们要讨论的是，拥有500万元以上的营销预算时，如何尽量把这些钱花出效果。

如果你有500万元以上的预算去执行一个营销项目，那么这个营销项目的目的应该是多元的，而且要将这笔钱花出直接效果。换句话说就是，至少能带动产品的销量、下载量、活跃度增长,并且推出去的营销内容要尽可能地"高大上"。这里所谓的"高大上",是指营销内容的创作专业度。

在互联网营销圈有这么一句话:投放费用应该是制作费用的三到五倍。也就是说,你花 50 万元创作了一部广告片,就应该花费 150 万元以上去做投放,这个比例是不能做过多变化的。有些企业会花几万元创作内容,然后花几百万元去投放,这样营销的效果会很差;也有的企业会花几百万元去做内容,却只花几万元、几十万元做投放,这样做的效果同样会很差。所以,需要记住一点,在一个营销项目里,营销内容的预算和媒体投放的预算比值一般是 1∶3,当然,更高一些到 1∶5 也是可以的,但不要偏离太多。

即使是一样的创意,花 10 万元和花 100 万元做的内容,其产出的效果也会完全不同。举个例子,我在刚毕业的时候创作过一部广告片,当时花 10 万元请来一家广告公司,希望他们按照央视的一部知名广告大片去拍摄,连创意、分镜都一模一样。但我的那部广告片怎么看都比央视的原片要差很多,根本没办法进一步在媒体上投放,因此导致浪费了 10 万元。后来我才知道,央视那部广告片的创作花了 200 万元,其演员、设备、灯光、调度等都是我这 10 万元的预算没法比的。

言归正传,当你有 500 万元预算做营销项目的时候,你的创意、策略、形式等都不那么重要了,你需要注意的只有两点:第一,要重视营销内容的创作,无论是广告片、H5 还是线下活动等,都要为内容本身花费足够的费用,打造出专业的质感;第二,营销内容的花费与媒体投放的花费的比例为 1∶3 到 1∶5,切勿太高或太低。

在这里我给出一些常见的内容创作和媒介投放的价格参考,供有 500 万元预算的你(假设)参考。

(1)创作一部质量较高的影视广告,价格在 50 万 ~ 100 万元,场景越复杂、演员越多、特效越多,价格就越高。

(2)一个质量较高的 H5 的创作开发价格在 20 万 ~ 100 万元,动画越多、功能越复杂,价格就越高。

（3）一场发布会的价格大多在 10 万～100 万元，跨度非常大，需要具体需求具体策划。

（4）一般来说，像浙江卫视、湖南卫视等知名卫视，单次广告投放的平均价格在 10 万元左右。如果是黄金档，差不多会高达 50 万～80 万元。当然，投放时间至少要一周起打包。

（5）一般一线综艺节目的冠名费或赞助费在 2000 万元以上；二线综艺的冠名费或赞助费在 500 万元以上。

如果你的营销预算没有那么多，如只有 50 万元的预算，应该怎么做呢？50 万元，说多不多，说少也不少。你有一定的资金可以"搞事情"，但又很有可能搞的事情不够大。这个时候你的策略就是，要与其他差不多体量或者差不多知名度的品牌进行联合营销，双方共享资源，让你的营销预算在一定程度上呈现倍数的扩大。至于跨界营销、联合营销的方式，前面的章节中已经讲过了，可以回过头去研究一下。

如果你没有 50 万元的营销预算，只有 10 万元的预算，该怎么办呢？要知道，对于很多企业尤其是创业公司来说，一个月能给 10 万元、20 万元的营销预算已经不算少了。这个时候你总不能拿着 10 万元去买媒体投放吧，这点钱在整个媒体市场，可能根本激不起一点浪花。如果你只有 10 万元，我建议你通过各种营销方式，如事件营销、社群营销、饥饿营销等，获得用户和媒体的关注，引发他们的主动传播。用增长黑客的话来说，就是获取更多的 Earned Media。

注重创意，打磨创意，产出能让媒体关注、让用户自传播的营销项目，是你拥有 10 万元营销预算时的第一选择。

当你连 10 万元也没有，只有 1 万元时，又该怎么办呢？这个时候你要做的第一步，不是抱怨预算太少，而是要和领导及企业管理层沟通，了解清楚他们的第一诉求。用 1 万元的营销预算，做出既能带来成倍用户量和销量增长，又能引起媒体关注、行业轰动的项目的可能性基本为零。所以必须和老板确定，这 1 万元的预算究竟应该着重打哪里，是投两个微博"红人"做品牌影响力，做一次简单的线下活动进行直接转化，还是做一个简单的自传播 H5 赌一赌自传播的可能性，抑或是直接投放 DSP 广告，花光 1 万元，带来几百个直接的下载量？你必须确定一个具体的切入点，选择一种最适合的方式，还要注重营销的回报率。

最特殊的情况是，你根本没有营销预算。我之前在一些创业公司做营销顾问的时候，他们的 CEO 就说得很明白，他们的钱根本不够去做营销推广。在这个时候，营销人就只能干瞪眼了吗？当然不是，不花钱同样有许多营销方法可以选择。当然，有方法不代表就好做。在不花钱的情况下做好营销，核心在于营销人要有非常扎实的创意能力、文案能力、策划能力和合作能力。

不花钱做营销的方式主要有以下几个。

（1）通过微博、微信、抖音等企业自媒体，创作能促使用户自传播的内容。

（2）通过论坛、贴吧、微博、知乎等免费媒体，使用撰写软文的方式，在这些平台上发布营销广告。

（3）通过资源互换，与其他同样为 0 预算，并且体量接近、调性接近的产品进行合作营销。

我之前服务过一个婚恋 App，名叫 MarryU，在其创业初期，营销费用基本为 0，于是我们找到一个做线下活动类的 App，两者互换了 App 内的广告位置。要知道，愿意使用婚恋 App 的用户，必然有着强烈的参加线下活动脱单的欲望，因此这两个 App 的用户群体的目标一致，进行广告位置互换也是一种共赢。

如果你以后服务的企业不是互联网公司，没有 App，你也可以采用提供商品的形式进行营销。比如，我之前在网易云音乐做市场推广时，有一家专门制作明信片等创意纸品的公司找到我们，提出了与网易云音乐共同举办一次"音乐明信片"活动。在这次活动中，这家纸品公司提供了明信片，而网易云音乐则给他们带去了巨大的流量。

应该说，不花钱做营销，很多时候会是营销人的工作常态，同时也是巨大的挑战。在市场营销行业，花钱很难，但不花钱更难。不过，无论有没有市场预算，有多少市场预算，作为一个专业的营销人，都应该有与预算相匹配的营销组合策略。

第 6 章 营销你的人生
——营销人的职业发展道路和打造自我品牌

第一节
成为 CMO 还是 CEO？市场营销人的职业发展道路

市场营销是一门学科、一种思维、一个专业、一份工作，同时，也是一种职业。但正如我们很难定义"市场营销"到底是什么一样，我们也很难定义"市场营销"到底是一个什么样的职业。应该说，全世界和"市场营销"有关的具体职业实在是太多了，所以也难怪许多人会把市场营销称为"万金油式"的专业。接下来就捋一捋营销人的职位，看看营销人的职业发展道路到底有多少种可能性。

先虚构一个人物，就叫小明吧。小明即将大学毕业，想从事营销有关的职业，那么摆在他面前的选择有哪些呢？大致上可以分为四大类：**甲方市场部、甲方销售、乙方广告公关咨询公司以及丙方。**

甲、乙、丙方的基本构成如下。

1. 甲方

甲方市场部，顾名思义，就是企业自己的市场部门。欧莱雅有自己的市场部、阿里巴巴有自己的市场部、通用汽车有自己的市场部,许多创业公司也有自己的市场部。市场部门具体是做什么的呢?简言之,就是想尽一切办法带动企业业务的增长。比如,快消大公司的市场部,每天大部分的工作就是与各种代理商一起,研究产品的卖点,制订营销计划,创作并拍摄广告,选择适当的媒体投放广告,举办线下营销活动,尝试新的营销方式,等等。

一般来说,在500强企业的市场部里,大部分人不需要参与撰写一篇具体的广告文案或者拿着摄像机拍摄具体的广告片这样的工作。大家更多的时间是制订营销计划,并且根据计划向各自的广告营销代理商提出具体的需求。比如,要在七夕的时候做一个什么样的活动,有多少预算,要达到什么样的效果,并且要管理代理商的创意、策划和执行的进度等。

但是,在许多小型创业公司的市场部里,很多事情需要市场部人员亲力亲为,比如写公关稿件、运营新媒体、谈合作、筹办和执行线下活动等。导致他们对产品和营销策略的研究反而不足。许多创业公司的市场部更需要团队能够有创造性的"野路子",实现低成本的快速增长。

在一些面向企业销售的行业中,市场营销部门还包含大客户销售,也就是人们常说的KA(关键客户)。比如,IBM、华为这类技术解决方案公司,就有大量的销售人员。这些销售人员当然不同于超市里的促销人员,他们往往被称为销售工程师,需要具备专业的营销知识,还需要对产品有全面和深入的了解。他们负责发现大客户的需求,然后根据公司的技术和产品为客户量身定制解决方案,或是参与各类项目招标等。

有一本名叫《做单》的书,描述了作者在各家科技巨头公司做销售工程师的经历,有兴趣的读者可以看一看。从广义上来说,能去大型的2B公司成为KA,也是营销人的一个职业发展方向。当然,从事KA工作,更需要营销人有很好的沟通能力和说服能力。

2. 乙方

与甲方相对的,那就是乙方了。**在商业社会中,乙方就是给甲方提供服务的机构**。对于营销行业而言,乙方根据业务范围一般分为四大类:广告公司、公关公司、媒介代理公司、营销咨询公司。这是比较传统的划分法，现如今，尤其是在许多规模较大的乙方公司中，这四类业务早已合为一体，为甲方提供一条龙式的整合营销服务。

（1）一般来说，广告公司的主要职责是为甲方提供电视广告、报纸广告、网络广告等广告的策划、创意和执行。国际上比较有名的广告公司有奥美、麦肯、BBDO、DDB等，国内比较有名的有省广、W、天与空等。

（2）公关公司的主要职责是为甲方提供媒体和公众关系的管理。例如，为甲方寻找媒体报道、撰写和发布新闻稿件，监测甲方产品的舆情信息，处理公关危机等。比较有名的公关公司有奥美公关、博雅公关、万博宣伟等。

（3）媒介代理公司的主要职责是为甲方提供电视、广播、报纸、新媒体等渠道的媒介策划和购买服务。说得简单点就是，以低价统一采购媒体，再根据某些策略卖给甲方。比较有名的媒介代理公司有群邑、传立传媒等。

（4）营销咨询公司包含两类。一类是专门为甲方提供整体的营销策略咨询（包括品牌定位、命名、差异化等）的独立公司，如国内比较有名的华与华、奇正沐古等。当然，奥美这样的国际公关广告公司也会提供营销策略咨询业务。另一类就是类似MMB这样的战略管理咨询公司，它们正在拓展营销咨询、创意咨询业务，这也是现在的一个发展趋势，尤其是埃森哲和德勤，在2017年已经成立了专门的营销创意咨询机构。

3. 丙方

除了乙方，市场营销中还有一类容易被人忽略的角色，就是资源提供方，也可以称为丙方。在营销环节，丙方的种类有很多。

第一大类是媒体，电视台、报社、新媒体、网站等都可以被称为媒体。之前的章节中讲过，在很多的营销推广中，媒体往往是营销素材的最后承载体，所以非常重要。

第二大类是调研公司，也就是提供具体的、专业的市场调研服务的公司。比较有名的有尼尔森、索福瑞等。

第三大类就是专业的素材制作商。比如，专业的广告片拍摄团队、专业的H5开发团队、专业的活动场地搭建公司等。这类公司在广义上也算是和营销有关的公司，而且这类公司的从业人员要比甲方和乙方的从业人多好几倍。

甲、乙、丙三方的重要职位及职位的发展路径

分析了市场营销中甲、乙、丙三方的基本构成后，我们再来看一看甲、乙、丙三方都有哪些重要的职位，以及这些职位各自有怎样的职业发展路径。

1. 甲方

一般来说，甲方市场部中的职位不会分得特别细，如果你刚毕业就去500强企业或者BAT这样的大公司，那你的职位往往就是"市场营销专员"。在大公司的市场部里，你的主要工作就是管理整个营销过程，与大量的乙方甚至丙方进行合作，共同产出营销结果。所以在大公司的市场部里，你需要对营销的基本理论、文案撰写、视觉设计、广告制作、公关、新媒体等都有一定的了解。

一般来说，市场营销相关专业的人，或者自认为并没有非常突出的某项技能却善于管理的人，抑或目标是在甲方公司中一路升职的人，可以试着先加入甲方市场部。

那么甲方市场部的市场营销专员的晋升通道是怎样的呢？以阿里巴巴市场部为例，刚毕业或者仅有三年以内工作经验的初级市场专员，之后会升为中级市场专员、高级市场专员、市场专家、高级市场专家。从初级专员到高级专家，在不跳槽的情况下，一般来说需要10年。再往上就是业务部门的市场总监、整个集团的市场总经理，最后是首席营销官（CMO）。当然，大部分人会卡在高级市场专家一职。

值得注意的是，市场营销行业是一个跳槽频率较高的行业。甲方的高级营销管理层很少有一步步晋升上来的，基本都有若干家公司的工作经验，而且很多公司也欢迎有多样经历的人加入。比如，阿里巴巴的现任CMO，就曾在欧莱雅、宝洁、通用等公司担任过职位，还在多家广告公司担任过职位，并且自己创办过数字营销咨询公司。如果你真的梦想有一天能在大公司担任CMO，那你不仅需要有一流的营销知识、强大的管理能力，最好还要有丰富的不同行业的营销经历。

2. 乙方

乙方公司一般会组合成一个营销传播集团，如奥美集团等。在大型的乙方机构中，一般会按照职责的不同来划分职业角色，比较重要的有文案（Copy）、美术（Art）、策略（Planner）、客户执行（AE）。

（1）文案和美术属于创意部门。顾名思义，文案就是负责广告中所有文字的撰写，包括影视广告中的剧情编剧等；美术就是负责设计。在大型的乙方公司，文案可以晋升为文案指导。美术可以晋升为美术指导，往上可以晋升为创意组长，也就是带领一支小团队执行创意项目。再往上就是创意总监了。创意总监负责把控几个创意小组的方案和执行，以及与客户和领导沟通创意方案等。

一般来说，觉得自己非常热爱创意，或者在文字或设计方面很有能力和经验的人，可以考虑先加入大型的乙方公司做创意。

（2）策略人员就是为客户提供关于营销战略、规划的咨询和建议。策略人员会从市场营销的基本理论出发，结合各类调研数据，为客户提供一整套营销解决方案。而具体的创意，则往往建立在营销策略之上。

一般来说，觉得自己的逻辑思维能力很强、学习能力很强，喜欢研究商业问题、研究消费者的深层次心理和行为的人，可以选择先进入乙方公司，从事策略类的工作。

（3）客户执行一般负责整体营销传播项目的推进和把控，并且要实时传递客户的需求给策略部门和创意部门，还要实时将团队的最新进展反馈给客户。总而言之，AE就是客户与创意部门、策略部门沟通的桥梁。初级的AE看起来可能没有创意人员风光，但由于AE和客户走得最近，最了解客户的需求，所以很多大型乙方公司的CEO都是AE出身，而且AE也最有可能实现从乙方到甲方的跳槽。

一般来说，觉得自己心细、有耐心、擅长与不同的人沟通，并且擅长流程的管理，也就是擅长把事情安排得有条理的人，可以选择先进入乙方公司，从事AE类的工作。

3. 丙方

就像前面所说的，在市场营销的整个大行业里，丙方是包罗万象的，比如媒体的广告中心、广告的制作公司、广告演员的经纪公司、市场调研公司、广告效果监测公司等。

假如你在营销这个大行业中有非常独特的能力或者资源，那么你也可以选择加入丙方。如果你是学新闻出身的，非常懂媒体的运作，那么你可以去媒体的广告中心；如果你对影视拍摄非常擅长，或是有导演的能力，那么你可以去广告制作公司；如果你有娱乐圈的人脉资源，或者对娱乐圈很感兴趣，那么可以去经纪公司；如果你在调研和数据分析上有独特的能力和经验，那么可以选择去市场调研和广告效果监测公司。

无论是去甲方、乙方还是去丙方，只要你能在某一个具体的领域内做到最好，你就能成为有名并且有钱的市场营销人。例如，甲方中的佼佼者——小米公司的首席内容营销官黎万强和阿里巴巴的前首席营销官王帅，都是拥有各自公司几十亿股票的成功营销人；乙方中的佼佼者——据传日薪3万元的国际广告公司的前任首席创意官劳双恩和能轻轻松松买别墅买名画的叶茂中；丙方中的佼佼者——创立了分众传媒的江南春和传闻设计一张海报就要100万元的商业平面设计师陈幼坚，等等。只要你能选择一条自己喜欢并且擅长的道路走下去，就能在市场营销这个巨大的行业中得到收获。

发展遇到"瓶颈"时，营销人的选择

绝大部分人或许一辈子都没办法获得那些成功的营销人的成就，那么对于大部分人来说，到了40岁，职业发展上不去了怎么办？我确实也认识好几个这样的人，他们在大型甲方公司市场部门或者在乙方广告公司工作到35岁、40岁，突然发现自己的薪资和职位都难以再突破了，这时候他们一般会选择三条出路。

1. 创业

对于有经验的营销人来说，其实创业并不是一件特别难的事情。因为营销本来就是为做生意服务的工作和思维。有些人会用他们积累多年的营销思维去开创意奶茶店、创意书店、创意咖啡店。总之，他们会进军实体行业，但他们会用自己多年的营销思维将他们所从事的业务做得与其他人不一样。

2. 开小型营销咨询策划公司

选择开一个小型的营销咨询策划公司也是不错的出路。比如，一个公司三四个人，一年为两三家公司提供营销和创意服务，客户不用太多，在保证收入的前提下，还能节省出许多自由时间，去陪伴家人和完成自己的梦想。

3. 转行

哪怕是转行，转行后的工作也是和营销有所联系的。比如李诞，他曾经就是广告公司的文案策划；陆川、李蔚然等电影导演，也都是广告营销人出身。总而言之，有不少的营销人在工作几年后，转向了更为专业的内容创作工作。因为营销人在日常工作中，会不断地进行内容和创意上的训练。由此可见，哪怕你心怀作家梦、电影梦，如果不能立即实现，那么先进入营销行业也是很好的选择。

第二节
营销人最为核心的能力：洞察力

市场营销的核心是什么？ 这个问题一旦具象化，就无法给出确切的答案了。因为不同时代的大师都给出了不同的答案，不同的答案之间甚至互相矛盾：特劳特认为营销的本质是定位；菲利普·科特勒认为营销的本质是 STP（市场调查、市场细分、市场定位）和 4P，而 4P 中最核心的是 Product（产品）；麦卡锡认为营销的本质是"满足社会需求"；奥美创始人大卫·奥格威认为营销的本质是品牌形象；传奇广告人乔治·路易斯认为营销的本质是创意；尼尔森认为市场营销的核心在于市场调查；BBDO 创始人亚历克斯·奥斯本认为营销的本质在于洞察。几乎每个"大咖"都有不同的见解，并且他们的理论和实操也都取得了很大的成功。

所以我把这个问题改为，你认为营销过程中最重要的部分是什么？

我个人认为营销过程中最重要的是"洞察"，洞察之所以重要，是因为它不是单个的元素，而是伴随着整个营销过程的全部环节。

"洞察"不是类似于"定位"的方法论，也不是类似于"产品"的营销组成元素，更不是类似于"销售"这样的营销目标。**"洞察"的本质是一种思维方式，也应该是每一个高级营销人的思维模式。**

所谓"洞察"，就是当你设计营销4P的时候，必须站在你所面向的消费者群体的角度去思考问题：他们是什么样的人，有什么样的性格，他们喜欢什么、厌恶什么，他们的行为和真实意识各是什么，他们的行为习惯是什么，他们的社会阶层和财富地位是什么，他们喜欢什么样的产品，他们接受信息的方式是什么，他们的购物习惯是什么，他们愿意接受的价格是什么，他们喜欢的广告和创意是什么，他们的文化认知是什么样的，他们有什么理由购买我们的产品……

当一个营销人在进行市场调研、市场定位、产品设计、渠道设计、广告创意的时候，应该在脑海中不断问自己上面那些问题。洞察整个市场营销活动的全部环节，任何一个环节若丢失了"洞察"，那整个营销活动就会失去客观性，会不可避免地陷入"自嗨"的尴尬境地。

一个完整的营销过程包括STP（市场调查、市场细分、市场定位）+4P（产品设计、定价设计、渠道设计、广告宣传设计）。

（1）在市场调查阶段，"洞察"的作用是帮助营销人明确市场调查的目标。

（2）在市场细分阶段，"洞察"的思维可以帮助营销人用更高级的方式去进行社会群体划分（如按性格、喜好、价值观等划分），而不仅仅是根据职业、年龄这类低效信息去划分。

（3）在市场定位阶段，"洞察"的思维可以帮助营销人更准确地进行定位。现如今大多数企业所讲的定位，都是企业对自己的主观赋意，很多的定位在市场上并没有满足任何群体的需求，无法和任何群体产生互动。而"洞察"思维的意义，就是帮助营销人在定位前理解各个群体的性格和需求，进行真正有效的定位。

（4）设计产品时不仅要根据自身技术水平、利润和成本去考虑，更要考虑目标消费者的喜好和价值观。"使用与满足"理论告诉我们，企业认为的产品的卖点和优势也许在消费者眼里一文不值，而消费者购买产品的理由也许企业根本没有考虑过。这就是企业与消费者之间的信息失衡，而唯有"洞察"思维才能尽量减少这种失衡。

（5）确定价格与渠道时，需要通过"洞察"去判断目标消费者的购买力、购买习惯、购买喜好等。

（6）在广告宣传阶段，所谓的"洞察"就是找对人，并且说出他们想说的话。当一则广告或者一个活动能精准地向目标消费者说出让他们"感同身受"的话时，那这次传播就是成功的。反之，无论获得了多大的曝光、多少媒体的转载、多少的讨论，只要没有与目标消费者产生共鸣，那这次传播就是失败的。

"洞察"不是什么奇招妙计，它只是一套最基本的思维方式。洞察的核心就两句话：站在对方的角度想问题；看到问题的本质。

"洞察"的思维不仅存在于营销领域，更存在于我们日常生活的方方面面。在与别人沟通的时候，多站在他人的角度想一想，你会了解更多；对于很多雾里看花的事物，若能看到本质，世界将豁然开朗。

那么如何培养洞察能力呢？方法如下。

（1）学习社会学和心理学。

（2）试着培养"分类思维"，也就是尝试着将事物进行归类。

（3）多读小说、多看电影。

（4）培养怀疑能力，看到任何文章、结论等，都要问一句"为什么"。

（5）每周花一定时间思考"终极问题"：我是谁？

营销人需要有敏锐的洞察力

先来看一张有名的照片，图6-1所示为1964年《中国画报》封面刊出的"铁人王进喜"的一张照片。这是王进喜在刚刚被发现的大庆油田里工作的照片。

图 6-1　王进喜在大庆油田里工作

你能从这张照片里看到什么？

因为当时中国的技术落后，所以王进喜用身体搅拌水泥？当时的石油勘探开发环境很恶劣？王进喜穿着保暖棉袄，证明当时是冬天，气温很低？

你从这张照片里得到了哪些收获？

王进喜不怕艰苦的精神很伟大，非常值得我们学习？我们今天的幸福生活是当时的工人们辛苦工作铺就的，所以我们要更加珍惜眼前的生活？

恐怕大部分人从这张照片里看到的和想到的，就是上面这些了吧。

但当时日本一家石油公司的科学家看到这张照片后，发现了一些不一样的东西。他们从照片的细节出发，进行了如下推导。

（1）他们根据照片上王进喜的衣着判断，只有在北纬46度至48度的区域内，冬季才有可能穿这样的衣服，因此推断大庆油田位于齐齐哈尔与哈尔滨之间。

（2）通过照片中王进喜握手柄的姿势，推断出了油井的直径。

（3）从王进喜所站的钻井与背后油田间的距离和井架密度，推断出了油田的大致储量和产量。

（4）最后他们得出结论，大庆油田石油储量巨大，中国石油勘探建设能力不足，应该很快会向国外招标。

由此，日本这家石油公司立即组织研发部门研制生产了适合大庆油田勘测开发的设备。果不其然,中国政府在两个月后就向国外公开采购设备了。而日本这家公司的设备因为最符合中国的需求并且已经有样品,所以立即中标了,并且赚了一大笔钱。

什么是洞察?通过一张照片赚了一大笔钱的日本公司,就展现了其超强的洞察力。而我们大部分普通人看到这张照片,则仅仅是观察而已。

无论是在商业活动中还是在日常生活中,类似的例子其实还有很多。

为什么大部分人在股市中血本无归,但偏偏有些人能赚得盆满钵满?

为什么大部分人看比特币只是把它当成一种游戏,但有的人却能以极低的成本实现财富自由?

为什么大部分人和无数次创业机会擦肩而过,只能在别人成功之后摇头叹息?

为什么大部分人求职失败,但有些明明能力不如自己的人却能求职成功?

因为大部分人只懂观察,而非洞察。观察是"我看到了""我知道了"。而洞察是"我为什么要去看""我该怎么看""我看到了哪些""我没看到哪些""我该知道哪些东西""我知道了以后该怎么办"。

概括一下,所谓的"洞察",就是带着目的性去观察某一事物,推导事物的弦外之音,为自己的目的服务,进而转化成行动去达成目的。也就是说,一次完整的"洞察"必须包含 4 个环节:目的、观察、推导、行动。

1. 目的

确立一个明确的目的,是洞察的第一步。任何洞察都是为了解决某一个问题,而不是胡乱地观察。

在观察王进喜照片的例子中,日本石油公司是带着明确的商业目的去观察照片的,而我们普通人则是完全不带目的的。我们看待一件事物的出发点不同,就决定了结果的不同。

几年前,微信公众号刚刚起步,大部分人将公众号当一个日记本去看待,纯粹为了记录心情或者追求流行;而有一小部分人则在一开始就带着商业变现的目的看待公众号。因此,这一小部分人抓住了自媒体变现的风口,而大部分人则错失良机。

2. 观察

观察是洞察中的重要环节。观察的重点在于细节。能否抓住细节，决定了观察的成败。

在观察王进喜照片的例子中，一般人看到的只是王进喜的衣着、表情、动作、背景等宏观的东西。但日本石油公司的科学家却看到了王进喜握手柄的姿势，看到了钻井与油田间的距离。而发现这些细节除了需要观察者心细外，更需要极为扎实的专业知识。

以细节观察力极强著称的乔布斯，能轻易地看出一个字符的圆角有几度的偏差，也能从消费者脸上的微表情看出他们对iPhone新功能的接受程度。而乔布斯的卓越观察力，除了得益于他与生俱来的专注力与偏执性格外，更为重要的是他在顶级大学里接受过系统的字体训练和心理学学习。

曾经有个营销案例，美国一家地产公司推出了一个别墅群，邀请一家广告公司做卖点创意。一位广告创意总监在别墅的样板房里住了一周，却完全无法发现这套别墅的亮点，做的创意屡屡被客户驳回。后来广告公司换了一位有8年地产经验的创意人员过去体验，仅仅用了一天时间，这个创意人就发现了这套别墅的卖点：由于其地理位置独特，因此每天可以比周围的楼盘提早30分钟看到阳光。由此他创作出了广告文案"每天比别人多享受半小时的阳光"，并且获得一致好评。

由此可见，观察的重点首先是掌握足够的专业知识，其次才是认真仔细。作为一个营销人，在接受某个产品之前，必须花足够的时间去了解和学习它，并且要了解整个行业。

3. 推导

推导是洞察中的核心环节。

如何通过观察到的细节，推导出不局限于细节本身的结论？这是洞察中最难也最让人痴迷的环节。一个厉害的营销人就像一个名侦探，能从对方的一个眼神，照片中的一个细节，歌曲里的一句歌词中，推导出许多不可思议却又在情理之中的结论。就像日本专家从王进喜的照片中推导出了该油田所处的具体范围、石油储量、油井直径，以及中国即将向国外招标的行为。这样的推导一下子就显得高级了很多。

当然，所有的推导都需要与目的相关联，没有必要进行无意义的推导，那纯粹是浪费时间和精力。

4．行动

一切的洞察必须转化为行动，不然就没有意义。

如果你在几年前就通过洞察发现了比特币在这几年的巨大升值空间，但没有采取行动，那么洞察就没有任何实际作用。

如果你在几年前就预见了共享经济会火，但没有采取行动，那同样没什么用。

如果这家日本石油公司没有果断采取行动，研制设备，而是一直在观望，那无疑也会错过大好商机。

第三节

如何营销你的人生、打造个人品牌？

我们的世界一直都是一个充满竞争的世界，无论是求职、升职、寻找创业机会还是追求异性、拓展人脉，如果有专业的营销思维、营销能力的加持，能有意识地打造自己的独特品牌，扩展自己的影响力，那么肯定会在各个方面获得优势。而且拥有营销思维和营销能力的人，能在这个充斥着真真假假的复杂信息的世界中拨开迷雾，辨别真伪，成为一个更加理性的消费者。

在这一节中，我将以自己以及身边一些大V朋友的经验，来和大家分享一下，如何在移动互联时代打造自己的个人品牌，扩大自己的影响力，从而获得更多更好的工作和创业机会，还能拓展更有效和更高端的人脉圈层。

首先，我们来明确一下，何为个人品牌，何为打造个人品牌？

品牌就是一个企业、一个产品、一个组织、一个个体的认知识别系统。那么，个人品牌是什么呢？简单地说，就是你在职场上、在互联网中、在所有场合里都有的一个独特的"识别系统"。换句话说就是，你要有一个属于自己的、并且被大家所认知和认可的"人设"。

很多艺人都有属于自己的人设，如"4000年美女""实力派演员""票房保障""娱乐圈大姐大""中国嘻哈第一人""商务说唱第一人"，等等，这些都是他们的人设，也是他们的个人品牌。正是因为有了个人品牌，他们才能在竞争激烈的娱乐圈中获得长久的人气和稳固的地位。即使他们会老、会变得不再好看，但个人品牌一旦建立起来了，被大家认可了，就很难被轻易颠覆。

个人品牌绝不仅仅存在于娱乐圈，这个时代提供了太多让我们普通人打造个人品牌的机会和方式，而且我们也必须学会打造个人品牌，这样才不会被时代淘汰。

在互联网没有普及的年代，拥有个人品牌的人，往往是那些在某一个行业里深耕细作几十年、操刀过无数项目、有厚实的人脉积累的前辈，他们的个人品牌的形成来自于时间。但是，在这个移动互联的时代，每一个人都可以打造个人品牌，我们的个人品牌可能无法来自时间，但可以来自"流量"。真格基金的创始人徐小平说过，每一个人都应当学习如何成为"网红"。这句话虽然一度受到很多批评，但我认为，学习如何成为"网红"就是学习如何打造个人品牌。

那么到底应该如何打造个人品牌呢？一般而言，主要包括以下3个步骤。

第一步，自我定位

要打造自我品牌，当然要在自己擅长的领域内打造。如果你擅长玩游戏、研究游戏，玩过上千种游戏，得过各类游戏比赛的冠军，那么你当然要将自己定位成一个"厉害的游戏玩家和游戏研究者"。

这个擅长的领域可以来自你的本职工作，如果你擅长写文案，就可以把自己定位成"文案'大神'"；如果你擅长数据分析，就可以把自己定位成"最专业的数据分析师"；如果你擅长人际沟通，就可以把自己定位成"最专业的资源整合者"。当然，在这个自媒体时代，你的个人品牌也可以不来自本职工作，比如你可以将自己定位成"美妆博主""科技达人""旅行达人""摄影达人"等。总之，只要你对某一个领域有着浓厚的兴趣，你就要应该将自己的个人品牌定位在这个领域中。

这其实是一个常识，可是问题在于，现实中大部分人并不知道自己真的擅长什么，而且因为网络上经常出现爆火内容，导致许多人会盲目跟风进入某个行业。

我有一个朋友，他经常撰写广告营销类的文章，出了许多爆款，在知乎上有十几万的关注者，已经算是有了知名的个人品牌——知乎优秀营销大师。但是，他在前不久盲目进了自己压根儿不熟悉的区块链行业，和其他人搞了个类似比特币的项目，结果被爆出他在诈骗他的"粉丝"们，因而导致品牌形象大大受损。

其实他也挺冤枉的，因为他只是被朋友拉入了伙，而他的朋友正是想通过他的影响力去吸引知乎上的"粉丝"投资。但是因为他完全搞不懂这个项目的真正含义，对于他的"粉丝"来说，他就是区块链领域的一个外行，那"粉丝"们又怎么可能会相信他呢？

明确自己的定位一般以下有两种方式。

第一种，选择自己所从事的职业领域。因为在这个领域，你具备更强的专业知识和职业阅历，更有机会接触到行业资深人士。

第二种，选择自己喜欢的领域。因为喜欢，才会热爱；因为热爱，才能坚持；因为坚持，才能不断进步。

第二步，持续输出

既然品牌的塑造具有长期性，那么持续的输出就成为强化外界对自己认知的一个必要手段。这并非易事，需要源源不断的"内容输入"，再通过自己的认知模型进行信息的二次加工，最后进行内容的输出。因此，主动快速的学习能力，便成为打造个人品牌的一个基础要求。

什么叫"持续输出"呢？说得简单点，就是你要不断地在自己决定塑造品牌的领域内创造内容，并且要通过各种有效的渠道，把内容传播出去。

例如，我写这本市场营销的书籍，对我自己而言，其实也是一种打造个人品牌的方式。我通过写作输出了大量和市场营销有关的内容，并且又被大量的人看到、了解到，对于我来说，我在市场营销这个领域内的个人品牌影响力就提升了。

我把持续输出分成两部分，这两部分可以同时进行。

1. 自媒体输出

这个很好理解，在过去几年，太多人通过运营公众号和微博成名，成为某个领域的 KOL（关键意见领袖，通常指拥有更多、更准确的产品信息，且为相关群体所接受或信任，并对该群体的购买行为有较大影响力的人），不仅赚得盆满钵满，还获得了大量的流量和话语权。至于如何运营自媒体，这是一个非常大的话题，这里就不展开讲了。

我们现在处于一个社交媒体渠道越来越分散的时代，不仅要在公众号、微博这样的主流自媒体上持续输出内容，还要尝试在知乎、领英、豆瓣等次级自媒体上输出内容。

除了上述主要的和次要的自媒体平台，还要根据自己擅长的领域，去选择更专业的自媒体平台输出内容。在更专业、更垂直的自媒体平台上输出内容，对于打造个人品牌的效果会更快、更好。例如，你对美妆、护肤很擅长，那你可以去小红书输出内容；你很懂汽车，就可以去懂车帝输出内容；你很懂体育，可以去爱虎扑输出内容；你很擅长摄影，可以去蜂鸟摄影输出内容；你对写文章很擅长，可以去简书输出内容。总之，当前每一个专业化、垂直化的平台都在着力培养自己平台的 KOL。如果你觉得微博、微信的竞争太大，完全可以将自己的大部分精力放在这类专业平台上。

要注意的是，在自媒体平台上打造个人品牌，坚持不懈是非常重要的。我见过太多有想法、有专业能力，又有表达力的人，因为刚开始运作自媒体无人问津，结果一两个星期就放弃了；也有的人可能无论是专业能力还是表达能力都没有那么强，但是他能够多年如一日地持续输出，最终量变产生质变，获得了极大成功。

2. 参加线下聚会，拓展圈子人脉

有很多人认为，一个人在拥有很强的能力之前，不应该把心思花在拓展人脉上，真正厉害的人，应该让人脉来找我。这个观点我当然是认可的，所以这里所说的参加聚会和拓展人脉不是说让完全没有专业能力的你去认识各种"大咖"，这部分内容应该和"自媒体输出"结合起来。当你在自媒体上收获了一定的关注度之后，就要主动将线上的关系发展为线下实打实的关系。一般来说，很多自媒体平台的某些KOL，都有各种私下交流的微信群，也会经常举办各种各样的线下聚会。这个时候你就应该主动参加，去认识ID背后的真实的人，这样你才能更好地将自己在互联网上的品牌影响力转化到现实中。也许还能通过这些人脉找到更好的工作，获得更好的机会。

第三步，打造背书

除了通过自媒体和人脉去打造品牌之外，还有一点也比较重要，那就是为自己持续添加有影响力的背书，也就是身份。只有获得了独特的、有公信力的身份，你的个人品牌才会被更多人认可，才会有自我传播性。

这里我简单介绍一些有用的背书，如果你已经有了其中的某些背书，那就把它写在你的简历中、自媒体平台中、个人介绍中；如果没有，那就去想办法得到一些。

第一，学校背书。国内外Top10高校的毕业生、各类专业的博士研究生、MBA、EMBA、各类高级职称、各类国家认定的学者身份等、兼职教授、兼职导师等。

第二，职场背书。高级投行、咨询公司、外企、BAT、四大门户网站、一线互联网公司、4A公司等名企的员工，如果是主管或者总监级别的就更好了。

第三，奖项背书。各类行业内的知名奖项的获得者。

第四，自媒体背书。公众号大V、微博大V、知乎大V、知乎优秀回答者等。

第五，项目背书。比如参与过某个知名项目的开发，我就经常说自己是网易云音乐从0到1的亲身参与者。

第六，出版背书。在各种刊物上发表过文章、出版过自己的专业书籍。

第七，讲座背书。作为主讲人，参与过各种知识付费类的栏目。

第八，媒体背书。上过各类电视节目、接受过媒体专访等。

以上是常见的可以用来打造个人品牌、提高个人品牌的独特性和公信力的背书。这些背书每一个都不容易获得，但还是希望你能努力去得到其中的2~3个，把它们标注到自己的身份里，它们就是你的个人品牌资产。

第四节
优化你的简历和面试,获得知名企业的工作机会

如何优化简历

如果你是一个没有很多经验,或者说几乎没有市场营销经验的新人,那么应该如何准备自己的简历和面试,从而获取 500 强企业市场部门的工作机会呢?

对于新人而言,每个人的工作都要根据自己擅长的能力而有所侧重。换句话说就是,每一个加入市场营销行业的新人,肯定不是刚加入就会参与到市场营销的各个环节,他需要在全面了解市场营销知识的基础上,选择自己较为擅长的领域。常见的能力有文案能力、分析能力、设计审美能力、沟通能力和管理能力。作为新人,若想求职大公司的市场部,那么除了要拥有整体的市场营销知识,还要有其中一个类型的能力特长。

所以,最受欢迎的市场营销求职者,往往是拥有"市场营销知识体系+X 能力"的复合型人才。我自己在挑选简历的时候也特别偏好这类人,因为对于大公司来说,拥有营销知识体系证明他有相对专业的营销思维和全局的战略思维,在和不同部门沟通时能更为顺畅;而 X 能力则代表他在入职后能迅速进入某一职位工作,并找到自己在团队中的角色。

在动手撰写简历之前,一定要明确自己的 X 能力到底是什么:是写作能力、管理能力、协调沟通能力、设计审美能力,还是数据分析能力。明确了自己的 X 能力之后,就要从下列 4 个方面进行简历的撰写。

1. 优化教育背景

除了市场营销专业之外,传播学、经济学、金融学、管理学、会计学等泛商科的专业中也会有市场营销的课程。只要你学习过市场营销的相关课程,就应当把它们写入你的简历中,并且可以用一段话着重解释一下你从这门课程里学到了什么。

如果你所学的专业真的和市场营销没有关系,那你可以选择参与各类线上、线下的市场营销培训,来培养自己在市场营销方面的专业能力。

此外，还要根据自己擅长的 X 能力，添加与 X 能力相关的教育经历。例如，你所学习过的课程中有中文写作之类的课程，而你给自己设定的 X 能力又是文案，那你除了要在简历中强调市场营销的基础能力外，还要突出强调"中文写作"的课程。以此类推，你可以在简历上形成更多的"市场营销+X"的组合。

2. 优化项目经历

作为新人，可能经常会感到困惑，因为自己根本没有参与过具体的市场营销项目，而很多企业招聘市场营销人员的时候，最为看重的就是求职者的项目经验。于是很多新人要么乱写一通，明明是求职市场营销部的工作，却写上了编写代码的经验；要么就胡编乱造，把明明不是自己的项目写成是自己的。对于这种情况，最好的方式就是让自己拥有"模拟项目"的经历。

"模拟项目"经历主要来自以下 3 个方面。

（1）只要你有过任何与营销相关的培训，无论是学校里的专业课，还是网上的在线课程，把其中所涉及的作业和项目写进你的简历里。

（2）前往各类威客网站，推荐的有创意星球、猪八戒等，这些网站上会有许多企业付费征集一些营销策划方案等。你可以尝试选择几个完成，这样不仅能为自己积累实战的项目案例，还有机会获得收入回报。

（3）尝试参加各类广告营销比赛，比如"中国广告协会学院奖""One Show 中国青年创意大赛""台湾时报金犊奖""戛纳广告节幼狮奖"等。这些比赛中，有些需要以学校名义参与，有些则可以个人直接下载企业的命题，完整策划作品，并上传作品。如果你能获得其中任何一个奖项，那么不仅能得到很高的奖励，还能在求职的时候，为自己的能力和项目经验作证明。

当你有了模拟项目的经验之后，应该怎样将它们写在简历中呢？一般来说，作为新人，可以在简历中专门开一个板块，叫"营销项目经历"。在这个板块中，你可以根据重要程度或者时间顺序，详细描述 3 个左右曾经参与的营销项目经历。营销项目经历可以按照下面的模板来描述。

（1）项目名称。

（2）项目背景和目标。

（3）项目过程和内容简述，如果有作品原件，那么可以附上。

（4）自己在项目中所做的事情或担任的角色。

（5）感悟。

我在毕业之前曾参加过一个营销策划的比赛，为一个热水器品牌做了一次营销策划。我当时在简历上是这么写的：

（1）×××比赛——×××热水器公益广告策划。

（2）×××热水器为了提高自身的品牌影响力，提升品牌调性，希望策划一次以公益为主题的整合营销战役。

（3）我们成立了一个三人营销策划小组，完成了一份完整的公益营销策划方案，内容包括策略分析、平面广告创意、影视广告创意、线下活动创意、营销推进时间表等。我们以"为青藏高原贫困盲童送去阳光"为广告营销的主题，创作了"我们为世界上离太阳最近的地方创作阳光"的创意概念，并据此设计了多个平面广告、线下活动和电视广告。这次策划最终获得了×××比赛的营销策划创意铜奖。

（4）我在这个项目中担任主导角色，完成了策略分析、平面广告创意、线下活动创意和整体文案润色的工作。并且组织团队成员开展了多次有效的头脑风暴发散会。

（5）通过这次策划，我发现了×××，感悟到了×××。

3. 优化特长爱好

我见过很多求职有效岗位的简历，有些人会在特长爱好里写一些看似和求职的工作无关的内容，比如钢琴八级、喜欢攀岩、参加过多次马拉松等；有些人则会写喜欢听歌、读书、看电影这样无关痛痒的内容。这些内容对求职基本是没有什么帮助的。但是，如果尝试着优化这些爱好的表述方式，或许就能成为简历中的又一个亮点。

普通的表述：我喜欢读书，尤其喜欢×××、××的书籍。

优化后的表述：我喜欢读书，目前读过了《营销管理》《广告人的自白》等营销策划类的书籍；我还喜欢读作家×××的小说集，并且经常尝试模仿他的文字技巧撰写商品文案。

普通的表述：我喜欢攀岩，参加过多次攀岩比赛。

优化后的表述：我喜欢攀岩，参加过多次攀岩比赛，并且为攀岩俱乐部写过一些招募团员的文案；我认为，攀岩就如同做营销一样，有诸多的困难，但只要爬上山巅，便会豁然开朗。

4. 体现职业规划

可以在简历的最后写上自己的职业规划。比如，想做出更多经典的营销案例，想成为品牌专家、营销专家或CMO等。可以尽情发挥，将你在市场营销行业的规划写在简历中。

如何通过面试

如果你能做好充分的准备，将自己的简历优化成上面所讲的样子，那么你的简历通过初选的机会就会大很多。下面我们来讲一讲，如何通过市场营销职位的面试。

1. 将自己的模拟项目案例整理成可演示的PPT

作为新人，将自己做过的模拟项目案例整理成一份PPT，并且在面试的时候主动展示，是一种非常好的面试技巧。当面试官让你介绍自己项目的时候，你就可以拿出PPT来介绍了。

制作PPT的方式和撰写项目经历的方式差不多，只不过要将自己项目中的实际作品（或者成果）也附在PPT中。

第一页：项目名称+项目背景。

第二页：项目过程和内容简述。

第三页：我的角色和我的感悟。

从第四页开始：平面广告作品+影视广告作品+线下活动方案概述。

2. 用讲故事的方式讲述自己的项目经历

所谓"讲故事的方式"就是说，你在介绍自己项目经历的时候，不要按照简历上和 PPT 上的内容再读一遍,否则你的表述对于面试官来说根本没有意义。应当将口头的表述设置得更有悬念,更具戏剧化。比如,我上一次面试的时候,是这么描述自己之前的项目经历的:

我上一份工作是在网易云音乐担任市场主管。其实,我刚到网易云音乐的时候,网易云音乐才刚刚成立。而且那个时候整个市场团队才两个人,我们的市场预算一个月还不到 10 万元。可是仅仅用了一年的时间,网易云音乐就成了全国口碑第一的音乐平台,这也是我没有想到的。

这段话的意义是给面试官一个悬念。

"完成网易云音乐的整体营销一共才两个人,一个月还不到 10 万元的预算,只用了一年的时间,网易云音乐就成了全国口碑第一的平台"。这样的描述,会让面试官产生一种想知道答案的急迫感,从而推动面试往我主导的方向走。

用讲故事的方式描述自己的项目经历并没有固定的格式,要做的就是尽量在表述中埋下更多的悬念,然后按照一定的节奏去表述。这也是你日后从事营销工作时经常要做的事。可以多去看看各类脱口秀和相声类节目,学习脱口秀的表达方式,从而提升你的表达技巧。

3. 准备和分享最前沿的营销咨询

面试中还有一个加分项,就是需要在面试中时不时地分享一些市场营销行业中最新、最热的话题。我之前作为面试官面试其他人的时候,假如被面试者时不时能说出营销行业中最近的热点、话题,甚至是一些八卦,对于我来说,就会产生一种"他很了解营销行业"的感觉。在这种情况下,被面试者面试通过的概率就会大很多。

如何了解营销行业中最新、最热的资讯和八卦?方式很简单,我推荐给大家几个网站,只要每天花十几分钟去看看,就能轻松成为走在行业前沿、掌握前沿资讯的营销人,这类网站包括广告门、梅花网、36Kr、虎嗅、SocialBeta、艾媒咨询、易观国际等。

附录 爆款营销案例深度分析

玩转消费者心理：蒂芙尼为什么要把一根回形针卖到 1500 元？

【场景导入】

也许是因为学市场营销的缘故，我个人对奢侈品不太感兴趣。在我看来，奢侈品售价的 80% 其实就是品牌溢价，也就是你为那个 LOGO 付的钱——但这个 LOGO 对我来说没什么重要的作用，因为我并不关心。

当然，我不是说买奢侈品的人都不理智。奢侈品既然存在，就必然有它存在的理由。是否购买奢侈品，可以依据个人的财力和消费观念来选择。

奢侈品品牌往往都是操纵消费者心理的好手，它们所推出的营销策略都值得我们好好分析。

【商业案例分析】

如果你关注奢侈品，就一定会记得，2017 年，多个奢侈品品牌推出了天价日用品，让许多路人大呼看不懂。

首先是 Prada 推出了一款售价为 1256 元的回形针（见附图 1），Prada 官方对这款回形针的描述是："这是一款由知名设计师纯手工打造的回形针，可以用于夹纸币、名片等，非常方便。"道理大家都懂，可是一个路边小摊只卖 5 毛钱的回形针，Prada 却要卖 1256 元，翻了 2500 多倍。这款产品在当时一度成为被调侃的对象。

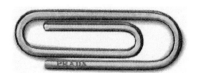

附图 1　Prada 天价回形针

但 Prada 的天价回形针似乎只是一个开始，来自意大利的奢侈品品牌 Bottega Veneta（葆蝶家）也推出了回形针，外观看起来和 Prada 的完全一样，售价却高达 2100 元。而卖高端钻石的蒂芙尼也迅速跟进，将回形针进一步简化，推出了一款售价为 1500 元的回形针。

天价回形针的潮流只是个引子。蒂芙尼开始打开脑洞，相继推出了 2000 元的吸管、8000 元的三角尺、20000 元的垃圾桶、50000 元的毛线球。这让围观的群众纷纷表示："贫穷限制了我的想象力。"但被限制了想象力的可不只是普通的"吃瓜"群众，当时万达集团董事王思聪转发微博，称"我的想象力也不够用了"。

为什么这些奢侈品品牌要推出这么多天价的日用品呢？其实他们的目的绝不是让消费者真正去买它们。这些品牌推出奇形怪状的奢侈品的目的其实有以下两个。

（1）通过推出与常理反差极大的产品，引起舆论的广泛关注与讨论，从而以低成本的方式实现大规模的营销传播。天价日用品的炒作，实质上是奢侈品品牌的一次成功的事件营销。

（2）采用"价格锚点"的原理让消费者认为，蒂芙尼等奢侈品品牌的正常产品"很值"。说得具体点就是，蒂芙尼天价回形针产品的意义，很大程度上是设置一个价格锚点，当你看到这类产品的价格后，再看蒂芙尼的其他产品就不觉得贵了，反而觉得很值："一个回形针就要一千多元，那一个镶钻的手镯卖一万元好像也不太贵"。就像星巴克卖 20 多元的依云矿泉水一样，没几个人会去买，但它起到了价格锚点的作用："矿泉水都卖 20 多元呢，一杯咖啡卖 30 多元也不算贵"。

知识点：常用的营销心理——价格锚点

通过上述的案例，我们大概明白了"价格锚点"的含义。奢侈品品牌故意推出昂贵的日用品，让大众觉得不可思议，但在潜意识中大众会认为，这个品牌的其他产品相较而言便宜一些。价格锚点是许多高端商品在定价时常用的方法，也是营销心理学中最为常见的概念之一。

接下来进一步详解价格锚点的原理，相信会让你对市场上各种商品的定价有一个更系统、更深入的理解。就算你以后不从事营销工作，理解这个原理后也能避免被商家的套路忽悠而花冤枉钱。

价格锚点是 1992 年的时候一个叫托奥斯基的人提出的。他认为消费者在确定某件产品的价格是否合理的时候，会采用两个非常重要的原则来判断。

第一个原则，避免极端。也就是当消费者被告知这件商品有 3 个或者更多的价格可能性的时候，很多人不会选择最低或者最高的价格，他们倾向于接受居中的价格。

第二个原则，权衡对比。就是当消费者无从判断价值是高还是低的时候，会选择一些他认为同类的商品做对比，让自己有一个可衡量的标准，并且认为自己的衡量是准确的。

当消费者根据这两个原则进行消费的时候，就形成了"锚定效应"。

你可能对这两个原则的概念还不太理解，没关系，下面我还会举几个例子，让你理解价格锚点和锚定效应的含义，以及它们在市场营销中的应用。

我们去住酒店，该酒店有三种付费方案：一种是 100 元 1 个小时；一种是 200 元 1 整天，也就是次日 12 点退房；还有一种是 250 元一天半，也就是可以次日 15 点退房。

我会毫不犹豫地选择 200 元一天的付费方案。因为我的需求就是住一晚，200 元一整天肯定比 100 元 1 小时要划算得多。而且我第二天完全不用待到下午 3 点，所以没必要再花 50 元多待两个小时。我会认为自己"赚到了"，从而迅速付费下单，而不会进行讨价还价或者去其他酒店再看看。

100 元 1 个小时和 250 元一天半的付费方案，除了能满足极小部分客人的需求，其实在大部分时候是没人埋单的。其唯一的作用就是作为价格锚点，让消费者产生"选择 200 元一天"很划算的心理，从而迅速埋单。

在这个案例中，消费者的心理和行为就符合前面提到的两个原则：第一，选择相对居中的价格方案，即 200 元一天的方案；第二，在进行同类服务对比后——其实只是在商家故意设置的价格类别中进行对比——选择自己认为最划算的方案，从而获得内心的满足感。

再举个例子，假设你是一家手机公司的 CEO，原来你公司的手机只有两个类型：内存为 64GB 的手机卖 3999 元，内存为 256GB 的手机卖 4999 元。在很长一段时间里，消费者都会选择购买 3999 元 64GB 的这一款。但其实你知道，利润比较高的其实是 256GB 的手机。

这个时候你该怎么办呢？最好的方式就是，再推出一款售价 7999 元的 512GB 的手机。这个时候消费者在进行选择时就会产生"锚定效应"了。他们会遵循第一个原则，偏向于价位适中的手机；还会遵循第二个原则，对三个手机哪个更划算进行对比。这个时候如果你对 256GB 的手机进行一些小小的优惠和促销，并且发布一些软文去论证买 256GB 的手机更划算，那么消费者完全会听从你的安排，选择购买 256GB 的手机，而不是 64GB 的手机。

这个案例是不是有点熟悉？是的，iPhone 在很长一段时间内，就是采用了这样的价格策略，利用"价格锚点"原理，成功地将利润最大的手机卖给了消费者。

在营销中，企业会通过"价格锚点"制造各种价格幻觉，影响消费者对于商品真实价格的评估。在消费者眼里，商品的价格是"相对存在的"，这件商品到底值不值这么多钱，这个定价实惠与否，都需要一个可供参照的标准。而价格锚点便是企业设定的供消费者参照的标准。

无论消费者如何理性，总是会迷失在由企业设计的种种价格"合理化烟雾"中，这是我们难以克服的自身缺陷。尽管我们都试图保持理性和客观，却未必能掌握足够多的信息，也未必拥有足够多的知识储备，在特定的环境影响下，难免会陷入情绪旋涡中。这也是经济学意义上所谓的"有限理性"。

【思考与分析】

这一节中列举了非常多的企业应用"价格锚点"的例子，想想看，生活中还有什么案例用到了价格锚点？或者你还可以思考一下，普通消费者如何才能在日常消费中避开商家设置的"价格锚点"圈套？

为什么LV的包卖得这么贵，还能让人心甘情愿为它的品牌付费？

【场景导入】

前面以蒂芙尼作为案例，分析了它为什么可以把一根回形针卖到天价。接下来进一步分析奢侈品能卖高价的原因。

同样是两个女士拎包,在设计和用料极度接近的情况下,达芙妮的包可能售价才 500 元,但 LV 或者香奈儿的包就要卖到 10000 元甚至更高。如果我们买了 LV 的包,那么相对于买达芙妮的包,我们多花的几千元买到了什么呢?你可能会说,买到的就是 LV 的品牌啊。可是你再进一步想一想,为什么 LV 的品牌会值那么多钱?或者说,为什么你愿意为 LV 这个品牌多花几千甚至上万元呢?接下来将从营销的角度分析:奢侈品卖那么贵的逻辑。

【商业案例分析】

LV 全称是 Louis Vuitton(路易•威登)。LV 创立于 1854 年,创始人路易•威登(见附图 2)只是一个出身底层的工人,他的第一份工作是为当时的法国贵族收拾行李。他见证了蒸汽火车的发明,目睹了汽船运输的发展,同时也深深体会到了当时收纳圆顶皮箱的困难。于是路易•威登革命性地制作了平顶皮衣箱,并在巴黎开了第一家小店铺。当时路易•威登的皮衣箱以耐用、方便、性价比高而闻名。可见,LV 并不是一开始就将自己定位成奢侈品的。

附图 2　路易•威登

为什么 LV 后来渐渐成了奢侈品呢？其原因让人有点啼笑皆非：LV 之所以后来成为奢侈品，是因为 LV 一开始的皮衣箱制作成本太低，在当时的巴黎，大量的模仿品出现，路易·威登在巴黎开的店铺一度面临破产。

1896 年，路易·威登的儿子乔治·威登认为，父亲制作的箱包在工艺和价格上已经没有竞争力了，必须另辟蹊径。首先，他将所有商品的价格都提升了 20%，成为当时巴黎最贵的皮衣箱。其次，将父亲姓名的缩写字母 L 及 V 配合花朵图案，设计出了今天仍然蜚声国际的交织字母和花纹的样式，如附图 3 所示。从此 LV 系列产品有了属于自己的独特花纹标识。最后，乔治·威登还在巴黎打出广告——"这才是真正的路易·威登皮衣箱"。

附图 3　LV LOGO

乔治·威登的这一系列操作，不仅没有让 LV 破产，反而吸引了巴黎的贵妇人纷纷前来购买 LV 的箱包。因为她们认为，其他的箱包都太便宜了。久而久之，LV 箱包就成了高端箱包的代名词，而它的独特花纹则成了当时巴黎的时尚符号。由此可见，是 LV 的第二代继承人——乔治·威登，奠定了 LV 的奢侈品基调。

而乔治·威登的儿子——卡斯顿·威登，则进一步拓展了 LV 的奢侈品内涵。卡斯顿·威登喜欢旅行和艺术，首先，他邀请了当时全世界最有名的设计师，以 LV 的独特花纹为基础，为 LV 品牌设计出了更多的产品，如条纹旅行箱和手提包。然后，他开始为 LV 注入旅行的内涵，推出了一项业务：可以为乘坐邮轮头等舱的客户定制专属的 LV 旅行箱，将他们的名字刻在旅行箱上。当时欧洲的一些名流都拥有属于自己的 LV 旅行箱。这一营销行为使得 LV 的品牌形象又拔高了不少。换言之，LV 的品牌已经与头等舱、名流、定制、旅行这些词汇绑定在了一起。

在卡斯顿·威登逝世后，LV 的历代继承人都在保持 LV 品牌内涵和品牌高度的基础上，进行了进一步的扩充和拔高。2008 年，LV 推出了它的第一部电视广告——《生命就是一次旅行》，将 LV 的品牌内涵展现得淋漓尽致。

知识点：品牌溢价

听完 LV 的品牌发展史，你应该大概明白了 LV 是如何一步步成为奢侈品的。在刚开始的时候，LV 的创始人只是想做一款结实耐用又便宜的箱包，但由于太过便宜，且设计感不强，LV 的初代箱包迅速被抄袭。LV 的二代继承人发现了这个问题，于是为 LV 设计了属于自己的独特的视觉符号，还将价格上调，吸引了巴黎的贵族购买，奠定了其奢侈品的基础。而 LV 的三代继承人，则更进一步地为 LV 注入了更多艺术和旅行的内涵，还通过各种营销方法将 LV 和当时的社会名流进行了关系绑定，从而彻底让 LV 成为一款奢侈品。

我们在买 LV 的时候，既不是买它的商品，也不是买它的商标，而是买它的文化价值，买它给我们带来的期待。买了 LV 之后，我们就会在潜意识中认为自己也拥有了文化艺术内涵，会认为自己已经或者即将成为社会名流。

用市场营销中的理论来讲，LV 的包比达芙妮的包贵的那几千甚至上万元，就是 LV 的品牌溢价。

什么是品牌溢价？可以举个更通俗的例子，一件 T 恤，它的物料成本、生产成本、流通成本、生产厂家要赚取的利润等加起来是 5 元。要是就按照 5 元的价格卖给消费者，那品牌溢价等于 0。这件 T 恤要是在一些网站上作为某品牌的仿品卖 20 元，那么这 20 元里就包含了 15 元的品牌溢价，但这个溢价来自其他品牌，网站上的仿冒品其实是一种"窃取溢价"的行为。

如果这件 T 恤是阿迪达斯生产的，在阿迪达斯官方旗舰店卖，打上 Adidas 的 LOGO，卖 200 元，那么这 200 元就包含了 195 元的品牌溢价。当然，你别觉得阿迪达斯就净赚了 195 元。这 195 元包含阿迪达斯打广告的钱、赞助的钱、请代言人的钱、开各种线下店的钱，等等。但不管怎么说，其单件商品的净利润要比一些网站的商家高很多。

如果这件 T 恤打上个 Superme 等奢侈品的 LOGO，那就能卖 1000 元，而且还得通过"黄牛"买。你会发现，这 1000 元里包含近 995 元的品牌溢价。而且即使除去 Superme 的各种设计费用、营销费用等，其单件商品的利润依然是一个庞大的数字。

通过上述介绍可以看出，品牌溢价就是品牌的附加值。同样的产品，一个品牌能比竞争品牌卖出更高的价格，高出的价格就是品牌的溢价能力。一般来说，品牌溢价能力越高，这个品牌的商品的盈利能力就越强。对于大部分企业来说，它们做营销、做广告、做公关、做品牌的最终目的，就是提升品牌溢价能力，从而获得更多的利润。

那么，企业应该如何提升品牌溢价的能力呢？从 LV 的例子中，我们可以总结出三个基本的方法。

第一，为自己的品牌设计独一无二的品牌识别体系，这是提高品牌溢价能力的第一步。

第二，为品牌注入独特的文化内涵。几乎所有的奢侈品品牌都有自己的文化内涵。例如，LV 的文化内涵是"旅行的意义"，香奈儿的文化内涵是"鼓励女性突破传统"；Superme 的文化内涵是"引领街头潮流"。没有独特文化内涵的品牌，是不可能有巨大的品牌溢价能力的。

第三，将品牌与社会高阶层进行关系绑定。LV 进行品牌升级

> 后的第一波消费者就是巴黎贵族，香奈儿本人就是高级社交圈名媛，Superme 也拥有美国一大批潮流艺人做代言。在许多营销人看来，在一个商业社会中，上层社会的消费行为会被其他阶层尤其是中产阶层的消费者模仿。因此，只有让品牌与高阶层进行关系绑定，比如邀请明星做代言人或者赞助上层聚会活动，才能进一步地提升品牌的溢价能力。这也是各种售价较高的服饰、珠宝等品牌，都喜欢邀请著名演员和歌手代言的原因。

【分析与思考】

事实上，品牌溢价到底好不好，还是一个存在争议的问题。尤其是在互联网时代，相当多的群体已经发起了"反品牌溢价"活动。网易严选、拼多多等平台的崛起，奢侈品品牌市值的持续下降，都代表着高品牌溢价的时代似乎快过去了。那么，你对品牌溢价怎么看呢？你认为哪些品类的商品是绝对不能采取高品牌溢价策略的呢？

视频广告片《啥是佩奇》为什么能一夜走红？

【场景导入】

Google 曾经调查过 1000 位消费者和 500 名营销人员，以了解视频广告在互联网时代的营销价值。调查显示：64% 的消费者表示，在 Facebook 上观看的营销视频影响了最近的购买决定。而有 92% 的营销人员已经在使用视频广告，81% 的营销人员正在为移动平台创作视频广告。

在国内，2017—2018 年"刷屏"的营销案例中，接近一半的形式都是视频广告。相较于其他形式的广告，视频广告的信息更为丰富，往往能以最有吸引力的方式捕捉观众的注意力，可以提高品牌知名度，并给观众留下包含视觉和声音的印象，以及与特定产品的关联度。也正因如此，在 2019 年的春节，又一部视频广告——《啥是佩奇》"刷爆"了朋友圈。

【商业案例分析】

《啥是佩奇》是阿里影业和中国移动共同推出的广告片，这则广告片主要是为了宣传阿里影业出品的，在2019年春节上映的电影《小猪佩奇过大年》，而中国移动也在广告片中强势"露脸"。所以，这部广告片其实有两个广告主。

《啥是佩奇》最早是于2019年1月17日晚间在一些公众号上发布的，发布之后迅速形成病毒式传播，"刷爆"了朋友圈，一夜之间播放量过亿，甚至影响了阿里影业的股价，这无疑是2019年春节期间最精彩的一次营销。

《啥是佩奇》广告片的情节也不复杂：临近年关，眼瞅着3岁的孙子要回村过年，农民李玉宝难为坏了，孙子想要一个佩奇，可啥是佩奇呢？一头雾水的他借村里的喇叭问了一圈，得到的答案令人啼笑皆非。有人说是直播网站中的性感女主播，有人拿出了同名洗洁精，还有人说是棋牌的一种。兜兜转转，最后李玉宝用鼓风机自制了一个"佩奇"。

这部广告片的制作水准相当高，导演组进入河北张家口怀来县取景拍摄，场景非常真实，镜头语言也非常成熟，而片中的主角李玉宝是纯素人出演，但其表演效果远远超过了预期。

当然，《啥是佩奇》最成功的点还是在于其出色的创意。创意团队以"佩奇"这一虚拟形象为线索，连接了老人的旧世界和孩子的新世界。虽然新、旧两个世界充满了各种各样的代沟和曲解，但唯有爱是不需要解释的，是超出观念和认知限制的。这样的创意和展现方式迅速打动了亿万网友。

知识点：如何创作一部广告片

如果你以后从事与营销广告相关的工作，那么创作广告片或许是你会遇到的工作内容。虽然你不需要自己当导演，或者自己扛着摄像机去拍摄，但你必须要懂视频广告创作的基本流程和规范，要明白如何把一个你认为好的创意，转化成一部能够传播的广告片。如果你不懂这些，那么哪怕你有比《啥是佩奇》更好的创意点，也只是纸上谈兵，没法做出真正的方案。接下来我将结合《啥是佩奇》，给大家举例讲解。

（1）分析商品的卖点和定位，提炼出一个视频广告的创意，然后把创意写下来。在视频广告的创作流程中，这叫作"创意概述"。创意概述指的是这支广告的传播定位和特点，以及整支广告的创意大纲。主要包括三部分内容。

①描述这次创意的目的和基本创意思路，用通俗、简短的文字描述即可。

②简要描述这支广告片的拍摄方式、演员、拍摄场景等。

③确定这次广告片的呈现形式和数量，包含广告片的数量、每部广告片的名称和时长，以及广告片预计投放的媒体。

例如，《啥是佩奇》的创意概述应该这样写：

第一，为了推广电影《小猪佩奇过大年》，公司计划推出一部视频广告。主要内容是，某农村老人因为在城里生活的孙子要"佩奇"当新年礼物，于是开始在全村寻找"佩奇"。以"佩奇"这一虚拟形象为线索，连接老人的旧世界和孩子的新世界。新、旧两个世界充满了各种各样的代沟和曲解，但唯有爱是不需要解释的，是超出观念和认知限制的。

第二，此次广告片内景、外景皆有，广告片不请艺人，全部用素人拍摄。拍摄场景为山区农村。

第三，广告片时长为5分钟左右，传播的媒体为微博、微信等社交媒体。

创意概述的主要目的是，在拍摄广告片之前，让甲方客户或者公司负责人明白你拍摄的意图和创意点。如果客户或者公司领导认可这个创意点，那么等双方意见达成共识后，就可以进行脚本的创作和广告片的拍摄了。

（2）撰写文学脚本。文学脚本就是要像讲故事或者说书一样，把广告的大概创意复述一遍。《啥是佩奇》的文学脚本应该这样写：

> 临近年关，在一个大山村里，老人接到了孙子的电话，孙子说要回村过年，而且想要佩奇当礼物。老人难为坏了，孙子想要一个佩奇，可他不知道什么是佩奇。一头雾水的他借村里的喇叭问了一圈，但得到的答案令人啼笑皆非。有人说佩奇是直播网站中的性感女主播，有人拿出了同名洗洁精，还有人说是棋牌的一种。后来老人找到了村里去大城市见过世面的女人，在女人的指导下，用鼓风机自制了一个"佩奇"。在家庭聚会上，老人把它送给了孙子，孙子和其他人目瞪口呆又转为浓浓感动。最后出现《小猪佩奇过大年》的电影宣传画面。

其实，文学脚本就是一个微小说，当你脑海中的创意成型了之后，就可以开始写文学脚本了。对于初学者，文学脚本可以按照以下步骤进行撰写。

首先，描述这个故事发生的场景，比如地点、时间等。

其次，描述这个故事中要出现的人物，介绍人物的基本特征，如年龄、身份和特殊外貌。

再次，展开描述故事的剧情，比如老人接到孙子电话，寻找啥是佩奇。一个故事必须要有一个冲突点，或者说要有一个高潮点。《啥是佩奇》的例子中，高潮就是老人用鼓风机做出佩奇，并且在家庭聚会上送给孙子。

最后，写出产品实物、广告语、LOGO等的展现方式。

（3）撰写分镜头脚本。分镜头脚本是用文字来描述广告场景、动作、对白和音效。分镜头脚本较为复杂，这里就不过多讲解了，有兴趣的话，可以翻阅资料或者报名小灶市场营销线上学徒的课程。

（4）制作故事板。故事板就是视觉化的分镜头脚本，也叫Story Board。具体内容第3章已经做过详细讲解，这里不再赘述。

【思考和分析】

找一则你最喜欢的视频广告，时间不用太长，一分钟内就行。试着写出这则广告的创意概述和文学脚本。建议你去搜索引擎找一找"分镜头脚本"的基本写法。